CHALLERIENNES

Paroles de Schiller

ÉTUDES

SCHILLÉRIENNES

ET POÉSIES DIVERSES.

Les formalités voulues par la loi ayant été remplies, toute contrefaçon est interdite en France et à l'étranger.

ERRATUM GÉNÉRAL

Noble et unique Mécène de l'auteur, le public, qui a si bien encouragé les premières éditions de ces ÉTUDES POÉTIQUES, *voudra bien pardonner les fautes d'impression de cette nouvelle édition, à un littérateur dont la quasi-cécité ne lui a pas permis de faire usage de ses yeux pour arriver à une correction plus sévère, plus exacte et plus complète.*

Bruxelles. — Typ. de J. NYS, rue Potagère, 41.

ÉTUDES
SCHILLÉRIENNES

Poésies de Schiller,

MISES EN VERS FRANÇAIS, PAR A.-J. BECART,

avec

NOTES & OBSERVATIONS CRITIQUES & ÆSTHÉTIQUES.

PETITS POÈMES ET POÉSIES DIVERSES

De A.-J. Becart,

Docteur et Professeur en Philosophie, en Sciences et en Lettres,
Auteur de divers ouvrages, Historiques Philosophiques et Littéraires,
Membre de plusieurs Académies ou Sociétés savantes,
Ancien Professeur de Poésie et de Rhétorique à l'Athénée de Gand,
agrégé des Universités de l'État, etc., etc.

« *Je ne sais rien, dans les œuvres de l'esprit humain
au-dessus de la belle poésie.* »   THIERS.

Troisième édition,
revue, corrigée et augmentée de pièces inédites, curieuses et intéressantes.
Tirage à 700 exemplaires numérotés et signés.

PARIS.
Bruxelles. — Berlin. — Vienne. — Londres,

CHEZ LES PRINCIPAUX LIBRAIRES.

1862

BELLES-LETTRES

BEAUX-ARTS

La poésie, par son essence, est le premier des beaux-arts.

ESQUISSE

d'une

BIOGRAPHIE DE SCHILLER [1]

Appréciation critique et esthétique de ce grand poëte.

Schiller est né en 1759, à Marbach, petite ville de Souabe, d'un père tour à tour jardinier, chirurgien et aumônier.

Ses premières poésies et ses pièces de théâtre datent de 1783.

Schiller manifesta de bonne heure une indifférence marquée pour tous les jeux et les amusements de l'école. Il passait ordinairement ses jours de congé dans les promenades solitaires, et traduisait, avec un ami choisi, *les Fastes d'Ovide*, *les odes d'Horace* et *l'Énéide*. Ce dernier poëme surtout et *la Messiade* faisaient ses délices. Il se nourrissait aussi de la lecture de la Bible, dans l'énergique et mâle traduction de Luther. La Bible, écrite en style oriental, et remplie d'images sublimes, inspira d'abord au jeune Schiller un goût prononcé

---

[1] M. de Barante a publié sur Schiller une notice détaillée, où la pureté de goût s'unit à l'élégance du style. Nous la recommandons à nos lecteurs.

pour le ministère sacerdotal. Son cœur naturellement ardent, son imagination élevée jusqu'à l'enthousiasme, lui persuadaient que la Providence l'avait destiné pour enseigner à ses contemporains la morale de l'Ecriture sainte.

Aussi, est-ce avec une grande répugnance qu'il entra à l'école militaire que venait de fonder le duc de Wurtemberg. Forcé de se décider pour la profession qu'il devait exercer dans le monde, afin de soutenir son existence future, il se détermina d'abord pour la jurisprudence, à laquelle il renonça bientôt pour la chirurgie et la médecine, dont il fit un cours de deux années à Stuttgardt. A peine âgé de vingt ans, il fut nommé chirurgien du duc de Wurtemberg qui aimait beaucoup le père de notre poëte.

Le jeune Schiller se dégoûta bientôt de ses études médicales. Il avait eu, dans le cours de ses travaux universitaires, l'occasion de lire les ouvrages de Lessing, de Shakspeare, et l'*Ugolino*, tragédie en 5 actes, écrite avec feu, élévation, et dont le sujet, tiré de l'*Enfer* du Dante, a été bien traité par Gerstemberg, et d'assister à différentes représentations d'autres pièces jouées sur le théâtre de Stuttgardt.

Ni les remontrances de ses parents, ni les conseils de ses amis, ni les ordres absolus de son souverain, ne purent le détourner de son goût dominant pour la poésie, les langues anciennes, l'histoire et la haute philosophie. Il dit dans un de ses ouvrages, en parlant de lui-même : « Le sort, par un de ses caprices bizarres, voulut me condamner à être poëte dans ma ville natale. Un penchant irrésistible pour la poésie blessa les lois de l'institut où je fus élevé, et contraria le plan de son fondateur. » Schiller, quoique passionné pour le théâtre, ne put s'y montrer devant la cour même qu'en acteur gauche et timide, lui qui devait être un des plus illustres auteurs dramatiques, un des plus grands et des plus féconds poëtes de l'Europe.

Sa première pièce, si originale, *les Brigands*, lui causa beaucoup de désagréments et lui ravit même sa liberté pendant quelque temps par suite d'allusions très-offensantes qu'on crut y voir. Ce n'est pas la première fois que le despotisme a fait usage de la force pour enchaîner le génie ; et ces tentatives arbitraires ont pour la plupart été dirigées, mais souvent sans succès, contre les jeunes écrivains indépendants qui, dans la suite, ont le plus honoré les lettres et même illustré leur patrie. Cette persécution, d'autant plus inattendue que le duc s'était montré jusque-là son bienfaiteur, devint pour Schiller l'aurore de la réputation si brillante et si méritée du prince des poëtes de l'Allemagne.

Jusqu'ici Schiller, sans fortune, et pour ainsi dire sans patrie, abandonné à son propre génie, connaissant peu les hommes et les choses du monde réel, n'avait pu suivre que l'impulsion de son imagination riche, variée, féconde et puissante. Quand il vint habiter Manheim, il se vit bientôt introduit dans l'intime société des hommes les plus recommandables et les plus distingués par leur rang et par leur mérite. Il y fixa surtout l'attention, et s'attira l'estime, la faveur et l'amitié de deux hommes célèbres : l'un, le prince Dalberg, grand-duc et évêque ; l'autre, le fameux Ifland, acteur, directeur et auteur. Ces deux Mécènes, justes appréciateurs du mérite de Schiller, se réunirent pour le soulager dans sa détresse, pour donner à son génie naissant une direction plus fixe et plus régulière, pour élever et soutenir sa réputation littéraire. Quoiqu'il n'eût encore publié que trois pièces, *les Brigands, la Conjuration de Fiesques* et *Don Carlos*, il devint, à l'âge de vingt-quatre ans, l'un des écrivains dramatiques les plus estimés de sa patrie.

Les Brigands, son premier ouvrage, eurent un grand succès.

C'est sans doute une œuvre dramatique un peu immorale, mais ce sont les prémices d'un génie original et souvent sublime : ils ont été traduits, dès 1795, par Lamartellière.

Don Carlos a été assez littéralement traduit en prose par Adrien Lezay.

Ce sont les études que Schiller avait faites pour cette tragédie, qui avaient attiré son attention sur *la Révolution des Pays-Bas sous Philippe II*, dont il a écrit l'histoire avec tant d'éloquence et tant de charme dans le style.

Les deux parties de *Wallenstein*, mutilées, ont été fondues en une seule tragédie par Benjamin Constant de Rebecque.

Fiesque a été imité en 1824 par Ancelot.

Enfin, il n'y a guère que *Marie Stuart*, traduite par Lebrun, de l'Académie, qui puisse soutenir la comparaison avec l'original.

La poésie doit rendre les objets inventés aussi réels pour l'imagination que les objets physiques le sont pour les sens ; on la définirait avec une juste précision : le concret spirituel.

Marie Stuart est un chef-d'œuvre : il fallait un bien grand génie pour s'élever si haut et ne point tomber ! Une telle élévation exige une force d'entendement peu appréciée. Mainte phrase noblement poétique exige plus d'art et de talent qu'un millier d'écrits ordinaires. Certaines figures de Raphaël et du Guide font voir d'abord le grand peintre. Un seul trait pareil dévoile l'un à l'autre les génies extraordinaires. Comment donc retenir son admiration quand cette divine grandeur circule dans toute une œuvre? Ceux qu'elle pénètre ainsi ne sont point très-nombreux. La *Passion*, *Marie Stuart*, le *Phédon* et l'*Apologie de Socrate* des *Oraisons* de Bossuet, *Sardanapale*, *Cinq-Mars*, la *Nouvelle Héloïse*, les *Méditations* de Lamartine, sont des phénomènes en littérature. Outre une force rare d'imagination, il faut au génie un sujet qui lui permette de déployer ses ailes.

En 1790 parut l'*Histoire de la guerre de trente ans*, un des plus beaux monuments historiques de l'Allemagne. Schiller composa *Jeanne d'Arc* en 1792, comme tribut de reconnaissance envers sa nouvelle patrie. (L'Assemblée nationale lui avait déféré le titre de citoyen français.)

Ses traductions diverses et sa version littérale de la *Phèdre* furent ses derniers écrits.

Revenons à notre esquisse biographique.

Après avoir voyagé quelque temps, il s'arrêta en Saxe, où il rédigea la feuille littéraire connue alors sous le nom de *Thalia Rhenana*. Il y inséra plusieurs réflexions philosophiques sur l'art théâtral, des scènes de *Don Carlos* qu'il venait de terminer, et surtout une foule de poésies légères et fugitives, remplies de charmes, de grâces et d'harmonie. Elles sont pour la plupart d'admirables petits chefs-d'œuvre que nous nous sommes efforcé de ressusciter en vers français équivalents, car il est clair comme le jour que tout poëte, et plus que tout autre, un grand poëte, doit être traduit en vers, et non en vile prose, comme on le fait si souvent. La langue des dieux ne peut trouver d'analogue ou d'identique que dans elle-même.

A la même époque, Schiller se livra avec ardeur à l'étude des sciences exactes, de l'histoire et de la philosophie. Malgré ces vastes études, il ne négligea point la poésie; et l'on a peine à concevoir, en lisant ses ouvrages et en considérant le peu de temps qu'il a vécu, comment son esprit a pu suffire à tant de productions ingénieuses, toutes d'un genre très-différent. C'est une nouvelle preuve très-forte à l'appui de ce que nous avons déjà démontré dans d'autres ouvrages philosophiques et littéraires, qu'une *heureuse fécondité* est un des signes les plus caractéristiques du *génie*.

D'un autre côté, Schiller paraît aussi avoir vivement éprouvé le sentiment de l'amour. Les scènes brûlantes de *Don Carlos*, où l'on prétend qu'il s'est peint lui-même sous le personnage de ce prince, si intéressant par ses malheurs et par son amour pour l'humanité, prouvent combien Schiller avait dans le caractère de tendresse et de sensibilité, et combien il a dû, dans sa première jeunesse, être tourmenté par la violence d'une passion dont les cœurs même les plus froids subissent l'influence.

En 1787, Schiller quitta Dresde pour s'établir à Weimar. Cette ville offrait la réunion de tout ce que l'Allemagne avait de plus distingué en hommes de lettres et en savants dans tous les genres. Il y fit la connaissance de Wieland, de Herder et d'autres littérateurs renommés. Malgré le grand succès de l'*Iphigénie* de Gœthe, le *Don Carlos* de Schiller n'en eut guère un moins grand. Si notre poète eut de nombreux admirateurs, il eut aussi des critiques sévères; il se crut obligé de les combattre dans une série de lettres justificatives, insérées dans *le Mercure allemand*.

Ce fut en 1788 que Schiller vit pour la première fois Gœthe, son rival de gloire et de génie. La réputation de celui-ci était alors à son apogée. La première entrevue de Schiller et de Gœthe eut, de part et d'autre, quelque chose de froid et de réservé; mais ils se lièrent bientôt de l'amitié la plus intime, et cette amitié qui chez les hommes de génie n'est pas toujours sans quelques nuages, ne paraît pas avoir éprouvé la moindre altération entre ces deux littérateurs du premier rang. Gœthe a même composé une pièce de vers très-touchante pour déplorer la mort de Schiller.

C'est vers ce même temps qu'il composa différentes pièces de poésie : *les Artistes, les Dieux de la Grèce, les Plaintes de*

Cérès, la traduction du second et du quatrième livre de l'*Æneïde*, etc. Tout semblait concourir alors au bonheur de Schiller. Ses protecteurs bienveillants lui avaient procuré une existence honorable et digne de son génie ; il venait d'unir sa destinée à une jeune personne bien née qu'il aimait passionnément ; mais les travaux excessifs auxquels il s'était livré autant par goût que par nécessité, avaient tellement influé sur sa constitution, qu'il ne cessa de languir jusqu'à la fin de ses jours. Il avait d'ailleurs un caractère très-mélancolique, et cette mélancolie se fait remarquer dans ses ouvrages. Sa manière de composer approchait beaucoup de celle de Milton et de Crébillon. Sa tête était l'immense volume dans lequel son génie imprimait ses ouvrages avant que sa main les transcrivît sur le papier. Heinsius rapporte que Schiller travaillait le plus souvent la nuit et dormait la plus grande partie du jour. Les travaux de son cours d'histoire à Iéna achevèrent de ruiner la santé de l'illustre poëte. Il tenait sous le charme pendant des heures entières et ravissait ses nombreux auditeurs par sa mâle et poétique éloquence, par son érudition universelle, et par les sublimes et utiles vérités philosophiques dont il fortifiait ses discours.

Rentré au sein de sa famille, Schiller se livrait sans relâche et avec une ardeur inépuisable à ses occupations poétiques et littéraires. Tant de travaux difficiles, tant de fatigues sans cesse renaissantes, des excès d'activité et d'ardeur entretenues par le feu sacré du génie et d'une âme brûlante qui dévorait un corps affaibli, avancèrent la fin de sa carrière. Cependant son génie ne semble nullement s'en être ressenti. C'est même pendant ces dix dernières années qu'il a enrichi sa patrie de ses meilleurs ouvrages dramatiques. On voit se succéder, comme par enchantement, une suite de tragédies admirables par la pureté du style, la fraîcheur du coloris et la force du langage : la traduction de *Macbeth*, *Marie Stuart*, *la Fiancée de Messine*, *Jeanne d'Arc* et *Guillaume Tell* sont des œuvres réellement admirables et respirant au plus haut degré le sentiment du beau, du pathétique et du sublime.

Schiller est certes l'auteur dont les poésies lyriques et dramatiques furent le plus répandues en Allemagne. Cependant Schiller est toujours dramatique, même dans ses poésies les plus lyriques ; et comme Kant a eu une grande influence sur la poésie de Schiller, il composa plusieurs poésies philosophiques et didactiques, telles que *la Résignation*, etc. Il est, en outre, descriptif et toujours grand orateur. La *rhétorique* joue en effet un grand rôle dans ses poésies comme dans ses drames. Les poésies de Schiller furent populaires avant celles de Gœthe, car le sentiment de la liberté et du progrès politiques accompagne Schiller jusque dans ses chants d'amour, jusque dans ses ballades et ses odes. Gœthe vint, et forma avec Schiller le plus grand contraste littéraire. Gœthe se sert pleinement des formes grecques pour l'expression et n'admet qu'une charpente plastique pour le chant lyrique. *C'est un artiste qui crée, et non une mère.* L'œuvre ne ressemble aucunement à son maître, qui ne veut que peindre et achève son travail à son aise. Le rival de gloire de Gœthe fait passer au dehors par l'expression tous les sentiments de son âme, toutes les émotions qui agitent son être.

De temps en temps Schiller allait méditer sur des rochers sauvages. Souvent, au milieu de la tempête, on le voyait s'élancer dans une barque et se livrer aux flots irrités de l'Elbe. Alors son esprit et son génie prenaient un plus rapide essor; le cercle de ses pensées s'agrandissait. Mais si le tonnerre venait à sillonner le front des montagnes, si les vents soufflaient avec fureur, si l'ouragan soulevait les vagues écumantes, un ravissement, un délire inexprimable s'emparait de son âme, et il saluait, par des cris de joie et par des transports poétiques, ces scènes majestueuses de la nature!

Comme tous les grands génies, Schiller était à la fois *dans son époque et hors de son époque.* De même que celle-ci l'influençait, il pouvait agir sur elle. Les âmes communes n'ont que la valeur de la période où elles naissent; les sots ont une valeur inférieure et nient leur siècle, faute de pouvoir le comprendre. Les intelligences élevées discernent le mal et le bien, appprouvent celui-ci et censurent celui-là. Le temps les enveloppe de ses formes; mais leur physionomie demeure libre et leurs yeux ne reculent pas devant la mesure de l'infini. Schiller était convaincu que la *liberté rationnelle* constitue le plus haut degré de perfection auquel on puisse arriver : sans elle, l'homme n'est pas le roi, mais le jouet de la nature. Plus fort que les maux et les plaisirs, il monte au rang des causes premières, à l'instar de Dieu même ; il n'a plus d'autre guide que la voix de son cœur et de son âme. Sa victoire sur les désirs matériels lui donne infailliblement la *liberté politique*, car où seraient les moyens de l'asservir? Il ne craint point le mal, ni les supplices, et quant au bien, il le fait spontanément. A qui lui commanderait l'iniquité, il opposerait une résistance passive. Les préjugés et les craintes n'augmentent point ses maux et ses souffrances ; il est heureux déjà par la seule paix de sa conscience et jouit mieux que tout autre des biens de la vie.

Schiller n'est pas seulement classique dans le genre dramatique, il l'est encore plus dans la poésie fugitive, quoique, dans plusieurs de ces œuvres lyriques, il n'ait pas su toujours assujettir sa brûlante imagination aux lois rigoureuses de la versification. Mais ces licences sont rachetées par des beautés du premier ordre. Cet illustre littérateur était doué d'un esprit vaste, solide, ingénieux, d'une âme mobile et impressionnable de poëte, de l'enthousiasme, de l'artifice et de la finesse d'investigation idéale propre au philosophe allemand. Il se jeta tour à tour dans chacune des voies offertes aux diverses et aux nombreuses facultés de son intelligence variée, flexible et féconde. Si le grand Schiller partage avec ses compatriotes les défauts littéraires particuliers à ceux qui s'égarent trop souvent dans le vague de leurs conceptions (1), il n'en a pas moins acquis un nom immortel parmi les peintres de la nature et du sentiment, parmi les vrais poëtes æsthétiques. La faculté de créer les caractères, de les développer, de les faire agir, la connaissance du jeu des passions des mœurs humaines, l'admirable habileté à faire revivre les hommes et les temps, une poésie charmante, pleine de force et de raison, de grâce et d'originalité, lui assurent un nom immortel et une gloire impérissable.

Si Gœthe a l'esprit porté vers les objets extérieurs, Schiller, au contraire, l'a concentré en lui-même et a le génie bien plus propre au lyrisme. On pourrait suivre par les poésies de Schiller la trace de ses sentiments et des révolutions intérieures qu'ils ont éprouvées. Le premier était calme et indépendant ; le second commença sa carrière sous des auspices défavorables, d'où vint sa haine pour la société : il était d'un caractère passionné et mélancolique, d'une tendance presque con-

---

(1) Schiller fonde trop souvent ses théories sur le profond mais obscur système de Kant.

tinuelle vers l'exaltation. Il avait une manière de voir et de sentir si individuelle, qu'il lui fut difficile de peindre toujours le monde tel qu'il est en réalité ; son âme, profondément sensible, lui présentait un monde idéal sur lequel s'exerçait sa pensée. La belle âme de Schiller, son caractère élevé et généreux se reflète dans ses productions. Sans avoir atteint à la hauteur et à la force de Gœthe, écrivain cosmopolite, s'identifiant avec tous les âges et tous les peuples, et résumant en lui tout le mouvement intellectuel du nord de l'Allemagne au dernier siècle, Schiller a été plus goûté et est devenu poëte national : c'est le Sophocle des Allemands, c'est leur Homère et leur Platon. C'est surtout dans la dernière phase de sa vie qu'il a compris le monde et l'a peint tel qu'il est. Poëte, historien, philosophe, Schiller observa la société, perfectionna son goût et remonta aux véritables sources de l'art : l'unité dans la variété, la fidélité, le naturel, le simple, le vrai, le bon, le correct, le beau et le sublime.

Schiller était en Allemagne le *poëte national*, comme Gœthe, moins populaire et moins à la portée de la majorité ou des masses, était celui des philosophes. En effet, Gœthe, au génie plus vaste, plus profond et plus élevé, a été réellement *le poëte de la philosophie* de son siècle. Il a l'idéalisme de Herder et le sentiment plastique de Wieland.

Schiller était le poëte vertueux par excellence. Son but n'était pas, comme celui de Gœthe, de peindre les mœurs, les préjugés d'une époque ; il voulait descendre dans le cœur humain, le peindre dans l'espérance d'une meilleure vie, et montrer dans toute sa sublimité, l'âme élevée par des sentiments religieux. C'est à la lueur de ces sentiments qu'il retrace tour à tour la lutte de la liberté avec la fatalité ou la nécessité, de la raison avec les passions humaines, et des combats de l'homme avec sa destinée. Ces idées gigantesques l'entraînaient toujours au delà du plan qu'il s'était tracé, et il lui devenait impossible de se renfermer dans le cercle des habitudes de ses lecteurs ou de ses spectateurs. Il se formait sous sa plume un mélange extraordinaire de choses simples et surnaturelles, de notions vulgaires et d'idées sublimes, fruit de ses études shakespeariennes.

Supérieur à Gœthe dans le genre lyrique et très-souvent dans la poésie fugitive, Schiller a composé un grand nombre de pièces détachées dont les sujets sont historiques ou mythologiques, des ballades, des hymnes, des chansons et autres petits poëmes. Il y peint fort bien son caractère, ses dispositions morales ou habituelles, ses goûts et ses sentiments, les changements successifs que les phases de l'âge ont opérés dans sa manière de voir et de sentir. *Ces poésies sont vraiment lui!* Tous les amateurs de beaux vers, en Allemagne, savent par cœur les diverses pièces que nous avons reproduites en vers français. Elles sont, dans l'original, écrites en mètres variés qui leur communiquent beaucoup de mouvement, de vie et de grâce : plusieurs de ces morceaux ont une perfection classique, un charme qu'on ne saurait définir.

Quant à notre traduction en vers, il faut observer que la poésie allemande, aussi riche et féconde en expressions hardies et d'un choix heureux qu'en tableaux variés, abondants et réellement pittoresques, ne saurait aucunement se restreindre dans l'espace limité, dans les bornes de convention qui appartiennent spécialement à la poésie française. Il faudrait sacrifier trop de belles et fertiles pensées; il faudrait laisser dans l'ombre trop de brillantes images, trop de comparaisons nobles, originales et poétiques, pour lesquelles la langue française, malgré tant de richesses empruntées au grec et au latin, manque le plus souvent même d'expressions convenables ou équivalentes et identiques.

Le véritable traducteur d'un poëte, c'est-à-dire un traducteur en vers, acquiert sur l'ouvrage qu'il traduit un vrai droit de propriété égal à celui de l'original, car il a dû rencontrer de bien plus grandes difficultés et vaincre de bien plus pénibles obstacles que l'auteur original, à la gloire duquel d'ailleurs une belle traduction en vers doit contribuer on ne peut plus puissamment. Il suffit d'avoir de légères notions de littérature générale pour comprendre qu'une traduction en vers français du Dante, de Schiller, de Byron... coûterait beaucoup plus de peine, de soin, de veilles et de travaux ardus, qu'à ces grands poëtes eux-mêmes, quand ils composaient leurs œuvres. De plus, il est étonnant combien l'esprit, la science et le génie du vrai traducteur, rencontrent de beautés du premier ordre en luttant avec énergie et talent contre des difficultés qu'on regarderait souvent comme insurmontables, si on ne les avait surmontées. C'est à cette joute poétique contre Sophocle que le plus grand poëte français, Racine, a dû ses plus admirables beautés. Du reste, le bon sens suffit pour nous apprendre que c'est aussi créer que de trouver dans sa langue des tournures, des expressions, une force, une richesse, une pompe et une harmonie analogues à celles de l'original. Qu'importe, après tout, au lecteur que l'ouvrage qu'il admire soit une traduction ou une invention de l'écrivain qui le publie? Le poëte qui lui donne le plaisir de lire un bel ouvrage en est pour lui l'auteur, et il serait injuste s'il lui refusait les encouragements qu'on doit à quiconque nous procure de nouvelles jouissances.

Comme l'antique idiome des Hellènes, la langue allemande prend toutes ses racines dans son propre et inépuisable fonds ; quant à ses mots composés, elle ne doit point recourir à des langues étrangères anciennes et modernes.

Une des plus belles pièces de cet admirable recueil, où Schiller, à la fois émule du divin Platon et du cygne de Mantoue, colore par tant de passion et de poésie une philosophie si pénétrante, c'est sans contredit le morceau plein de grâce et de charme intitulé *le Bonheur*. Le grand poëte de l'Allemagne y soutient cette thèse, que le hasard, ou du moins une influence mystérieuse, une cause indépendante de nos efforts, est l'arbitre absolu de tous les succès, le dispensateur de toutes les faveurs, de tous les avantages en ce monde! Ce pénible aveu, ce triste enseignement n'est pas sans être fondé sur des faits nombreux, car cette cause aveugle existe, qu'on l'appelle *fatalité, nécessité, sort, destin, destinée*, ou, plus éclairée, qu'elle apparaisse sous le divin nom de *Providence!* Quoi qu'il en soit, cette désolante confession, le 'arde de la Germanie a si bien l'art de l'adoucir, qu'il nous en console par tous les prestiges d'une riante imagination, à laquelle seule il pouvait être donné d'embellir d'une manière si poétique un mélange du fatalisme et du jansénisme.

Nous ne parlerons pas des titres de noblesse accordés à Schiller. Sa véritable noblesse est dans son génie, dans son âme, dans son cœur et dans ses œuvres impérissables. La dernière de celles-ci fut la traduction littérale de la *Phèdre* du divin Racine; il consacrait ainsi le dernier produit de son génie à rendre hommage à la Melpomène française. Il s'éteignit le 0 mai 1805. Il vit arriver sa fin avec le calme d'un homme de bien et d'un sage. Il mourut à 45 ans, d'une fièvre catarrhale que ses travaux continuels avaient aggravée. Ses restes ont été transférés dans le tombeau des rois, selon l'usage imité des Anglais, auxquels il fait tant d'honneur.

Comme il avait expressément défendu que la moindre pompe ornât ses funérailles, son corps fut porté dans la tombe par de jeunes artistes, au milieu du silence et de l'obscurité de la nuit. Sa mort causa un deuil profond, universel, dans sa patrie. Des milliers de pèlerinages, artistiques et littéraires, se sont faits en son honneur. Sa mémoire est tellement en vénération, que ses ouvrages sont dans la bouche de toutes les classes de la société en Allemagne.

Puisse notre traduction en vers français populariser beaucoup plus ce beau génie en France et en Belgique !

A.-J. BECART.

On ne peut lire la biographie et les poésies de Schiller, celles de son imitateur belge et de tous les littérateurs pour qui

La sensibilité, c'est l'âme du génie !

sans avoir sous les yeux ce beau passage de madame de Staël (*Influence des Passions*) : « Je relis sans cesse quelques pages de la *Chaumière indienne*. Je ne sais rien de plus profond en moralité sensible, que le tableau de la situation du paria, de cet homme, d'une race maudite, abandonné de l'univers, errant la nuit dans les tombeaux, faisant horreur à ses semblables sans l'avoir mérité par aucune faute, enfin, le rebut de ce monde où l'a jeté le don de la vie. C'est là que l'on voit l'homme véritablement aux prises avec ses propres forces. Nul être vivant ne le secourt, nul être vivant ne s'intéresse à son existence; il ne lui reste que la contemplation de la nature, et elle lui suffit. C'EST AINSI QU'EXISTE L'HOMME SENSIBLE SUR CETTE TERRE. Il est aussi d'une caste proscrite; sa langue n'est point entendue (sauf par très-peu d'âme d'élite); ses sentiments l'isolent; ses désirs ne sont jamais accomplis, et ce qui l'environne, ou s'éloigne de lui, ou ne s'en approche que pour le blesser. O Dieu ! faites qu'il s'élève au-dessus de ces douleurs dont les hommes ne cesseront de l'accabler ! Faites qu'il s'aide du plus beau de vos présents, de la faculté de penser, pour juger la vie au lieu de l'éprouver ! et lorsque le hasard a pu combiner ensemble la réunion la plus fatale au bonheur, l'esprit et la sensibilité, n'abandonnez pas ces malheureux êtres destinés à tout apercevoir, pour souffrir de tout; soutenez leur raison à la hauteur de leurs affections et de leurs idées, éclairez-les du même feu qui servait à les consumer ! »

Poésies lyriques de Schiller.

Les admirables et nombreuses créations de Schiller auraient lassé un génie moins robuste et moins confiant dans ses forces. Il vécut si peu, tant de douleurs et de chagrins ont irrité et assombri son âme, qu'il aurait pu descendre dans la tombe avec la seule escorte glorieuse de ses poésies lyriques ou diverses et de ses ouvrages æsthétiques, témoignages éternels de sa prodigieuse activité et de son rare courage littéraires.

Schiller a su montrer, sous une forme toute poétique, une grande idée morale : c'est que le véritable génie, celui du sentiment, est victime de lui-même, quand il ne le serait pas des autres!

Une sensibilité exquise, un cœur ardent, une imagination forte qui vivifie, enrichit et embellit la raison, une heureuse fécondité, une science universelle, pour ainsi dire infuse, une intelligence variée profonde, des contrastes étonnants, des idées lumineuses, de vastes et hautes pensées : voilà les signes les plus caractéristiques du *génie!* Écrivain æsthétique, auteur d'excellentes théories sur le beau et sur le sublime, doué d'une âme sensible et délicate, impressionnable et naturellement portée à la méditation et à la rêverie, Schiller devait être poëte lyrique et sentimental. En ce genre il défie en masse tous les auteurs admirés en Europe. Gœthe n'avait pas assez d'élan et de sensibilité pour faire gémir ou chanter dans ses vers, comme des oiseaux magiques dans un bocage odorant, les chagrins sans nombre et les joies imparfaites que la vie abrite sous ses rameaux. Il décrit la tour élégamment assise au flanc de la colline, le lac bercé par les vents ou jauni par le soir, les doux rayons que la lune échange contre l'encens des fleurs nocturnes. Le plus souvent il esquisse des tableaux ironiques, bafoue la sottise, et rappelle aux Midas populaires certaines oreilles d'âne qu'ils oublient trop facilement. Une chaleur intime n'électrise presque jamais ses discours; il ressemble aux nuages de l'automne, froide vapeur que le soleil dore. Klopstock est beaucoup plus accessible à toutes les émotions. Comme la plainte de l'harmonica, si chère aux oreilles allemandes, son ode a quelque chose de rêveur, de profond et de mystérieux. Elle s'élance hardiment vers la Trinité, ou s'égare dans les régions de l'incompréhensible, au milieu des ombres sans forme. On la suit avec peine, tant elle voyage loin et entrelace les mots, les phrases incidentes et les exclamations. D'ailleurs, son chant grégorien est quelque peu monotone. L. Uhland, lyrique en apparence, ne l'est point en réalité. Sauf un petit nombre de morceaux où on le voit de loin, il se dérobe presque toujours à nos regards : il peint de charmantes aquarelles qui nous font oublier l'auteur. Comme Béranger, il accorde la viole des poëtes errants auxquels nous devons les gracieuses et dramatiques légendes du moyen âge. Quant à Matthison, Haller et Koerner, Schiller les dépasse de la tête. La sensibilité, le charme, l'élévation, l'énergie et la profondeur qui brillent dans ses odes, à travers son style clair et limpide, lui assurent la première place entre ses rivaux. Il est à peine nécessaire de dire que ses drames et ses poésies lyriques ont une frappante similitude. On retrouve dans les unes les mêmes idées qui vivifient les autres. L'accord est si palpable et si intime, qu'il ressort de lui-même. Une simple revue de ces deux genres d'ouvrages fera voir quels liens unissent ces deux séries d'œuvres poétiques. La théorie de Kant, perfectionnée par Schiller, les anime toutes les deux. Des gens très-sagaces d'ailleurs ont cru à tort voir dans ces chants les symptômes d'une affection maladive, les traces d'une lutte désespérée contre le doute. Hors trois ou quatre pièces, rien ne vérifie cette opinion ; elles ne la confirment même pas. L'homme le plus et le mieux convaincu a d'abord hésité ; des moments de tiédeur viennent de temps en temps amollir sa foi, mais l'épreuve finie ne fait qu'aviver celle-ci. On n'est pas sceptique pour avoir chancelé dans une heure mauvaise. On s'est mépris en confondant le doute du bonheur avec celui de la vérité : l'un est impie, l'autre engendre des pensées et des résolutions fortes. Il y a un instant où un jeune homme se demande si ses rêves de bonheur ici-bas doivent se réaliser. Alors une voix mystérieuse lui crie : N'adore pas un nuage, n'invoque point le bonheur ! L'homme n'est ici-bas que pour chercher le vrai et pratiquer le bien, malgré la peine et les obstacles. Ainsi, loin de mener au doute, cette voie mène à la foi des principes éternels ; or, c'est la route de Schiller. Dans *le Pèlerin*, l'objet insaisissable que le voyageur espère sans cesse atteindre n'est pas la vérité, mais une félicité chimérique.

Dans *le Chant de la Cloche*, Schiller entremêle avec un art infini la donnée matérielle et intellectuelle : sur le premier plan, le métal bouillonne ; derrière la fournaise, on voit se creuser de lointaines perspectives. C'est un brillant emploi d'une ressource poétique usuelle. Pour ennoblir un sujet, on met en œuvre deux procédés analogues par leur fin, mais d'une nature différente. On l'idéalise, ou l'on établit un rapport aussi direct et intime qu'on peut entre ses éléments et les questions solennelles de la vie. L'idéal transforme intérieurement les objets ; le dernier mode les élève extérieurement, sans les perfectionner eux-mêmes : il les illumine, et les purifie ou les embellit. Ils acquièrent par un voisinage intéressant une grandeur qui n'appartient pas à leur nature. Telle que la lune brillant derrière des ruines, l'éternelle question de la destinée apparaît derrière leurs formes obscures, et l'on salue cette vision chère à l'âme mélancolique. La pièce qui a pour titre *la Caution* est moins populaire que *le Plongeur*, bégayé par les enfants en Allemagne, mais elle s'accorde bien mieux avec les idées favorites de Schiller. Plusieurs de ses ballades éveillent l'attention en faisant jouer des ressorts pareils. Le dévouement y lutte contre le danger ; sa chute et sa victoire nous intéressent également. *Léandre* expire sous les flots qui le séparent de *Héro* son amie ; un chevalier chrétien descend dans l'arène, où combattent des lions, pour ramasser le gant de sa dame ; un frère hospitalier tue le dragon qu'exorcisent vainement les Rhodiens. Parmi ces histoires versifiées, il en est une simple et touchante comme les anciens *lais* des ménestrels ; elle peint avec bonheur la ferme constance des affections idéalisées par le cœur. C'est celle du noble châtelain qui, n'ayant pu attendrir la jeune fille qu'il adorait, quitta son manoir et alla chercher l'oubli sur les collines de la Terre-Sainte, où sa passion le suivit. A son retour, la femme qu'il idolâtrait ayant pris le voile, il alla se bâtir une cellule en face du couvent, d'où il guettait sans cesse la nonne impitoyable, le jour et la nuit, l'hiver et l'été. Il rendit enfin l'âme en épiant le cloître que ses yeux immobiles semblaient regarder encore !

Plusieurs morceaux empruntent leur effet à l'intervention cachée de Dieu dans les affaires humaines, ou à la sombre tyrannie du destin. *Cassandre*, *l'Anneau de Polycrate*, *la Fête de la Victoire*, se rangent parmi les derniers ; *les Grues d'Ibicus* et *la Députation vers la forge* ou *Fridolin*, parmi les autres.

Les *odes* proprement dites ne se résument et ne soutiennent l'analyse qu'avec peine et assez mal. Elles échappent au récit et disparaissent pour ainsi dire sous la plume qui veut les transcrire dans un autre idiome. La plupart des morceaux lyriques ne peuvent se traduire (1) : la finesse de l'expression, le choix des termes, le mouvement de la phrase, l'harmonie de la période et la cadence rhythmique leur sont absolument nécessaires ; ils leur doivent presque tout leur intérêt : comme certaines fleurs exotiques, ils perdent leur parfum dans un sol étranger. Schiller, comme tous les poëtes, a décrit en vers nombreux les émotions pénétrantes dont la jeunesse est la proie. Il attend *Laura* sous un berceau, chante les extases de l'entrevue, et pleure la fuite de ses illusions. La gravité est le seul caractère distinctif de sa joie. Les *odes philosophiques* sont supérieures. Les *Paroles de la foi* donnent une idée assez exacte de la pensée qui fait le fond des autres ou y domine. Parmi les petites pièces de Schiller, il faut remarquer une suite de distiques ou de morceaux peu étendus qui devaient être publiés avec les Xénies de Gœthe. Portées au nombre de mille ou de *dix centuries*, elles auraient composé une sorte d'ouvrage satirique : la littérature et les littérateurs en auraient été le sujet principal ; plusieurs considérations philosophiques s'y seraient mêlées.

En parcourant le recueil lyrique de Schiller, on est surpris de trouver une *épitre bouffonne d'un mari chagrin à son confrère*. Jointe aux scènes plaisantes de ses trois premiers drames et du *Camp de Wallenstein*, elle prouve qu'il aurait pu réussir dans le genre comique, si son enthousiasme ne l'en avait peu à peu éloigné. Comme le poëte aspirait vers l'idéal absolu, cette tendance exclusive dut l'amener au sérieux continuel. Il y a beaucoup de verve et des traits piquants dans cette pièce comique isolée parmi tant d'autres lyriques ou sentimentales et austères. Nous en donnons ici pour la première fois, dans cette troisième édition de nos *Études schillériennes*, la traduction en vers français, aussi fidèle que possible.

(1) On ne peut pas toujours traduire, mais on peut toujours imiter Schiller. — Les poésies de Racine et de La Fontaine ne sont que des imitations, et ils ont été surnommés *inimitables !*

ÉTUDES SCHILLÉRIENNES

ou

POÉSIES DE SCHILLER

MISES EN VERS FRANÇAIS.

1828-1860 [1].

La femme célèbre.

Dois-je te plaindre, toi qui maudis, sanglotant,
Les nœuds de l'hyménée et leur charme inconstant?
Et pourquoi? Parce que ton épouse infidelle
Cherche ailleurs un amour moins que le tien rebelle
Tu t'affliges de voir l'amant humilier
Ainsi l'époux! Mortel que l'on doit envier!
Ma femme t'appartient, ô race humaine entière!
Depuis le Belt jusqu'à la Moselle si fière
De ses vins; de Paris jusqu'aux glaciers alpins,
Elle est partout en vente, à tous les magasins;
Et sur le paquebot, et sur la diligence,
Flâneur, étudiant, lorgne avec impudence
Ses charmes, ses appas; critiques et bourgeois,
Afin de la mieux voir, prennent en tapinois

[1] Le recueil des Poésies de Schiller mises en vers français, avec nos poèmes variés et nos poésies diverses et fugitives, est le fruit des moments de loisir de plus de vingt-cinq années de notre vie académique, professorale et littéraire.

Ou bésicle ou lunette. Eh! diable, sur sa piste
Je vois, pour l'assiéger, venir un journaliste!
Ciel! il la prend d'assaut comme un fort de remparts;
Ce que je dois voir seul, il l'expose aux regards!

 Tu te plains, entendant chuchoter au théâtre,
Aux tables des joueurs, ou bien autour de l'âtre.
Hélas! ô mon cher frère, oui, c'est vraiment pitié,
Je suis un être nul auprès de ma moitié!
Oui, j'ai beau me serrer auprès de cette belle!
Personne ne me voit, et l'on n'observe qu'elle.
Dès l'aurore, l'on voit arriver des facteurs,
Des lettres, des paquets de maints admirateurs;
Mais nul n'est affranchi pour la *femme célèbre*
Que l'on connaît partout, que partout on célèbre.
Elle dort, je ne puis vraiment pas l'éveiller!
Ah! bien oui, la laisser doucement sommeiller...
Sitôt que j'entre et dis : Femme, voici la feuille
De Berlin, d'Iéna, froidement on m'accueille.
En entr'ouvrant les yeux, à peine me voit-on,
Mais on a déjà vu l'objet du feuilleton.
Ce qui m'éclipse ainsi, c'est un vain griffonnage!
Si tu l'oses, plains-toi de ce manque d'usage!

 L'heure de la toilette est là : soins ennuyeux!
Sur le miroir à peine on jette de beaux yeux.
La maîtresse est grondeuse autant qu'impatiente,
Et du boudoir ainsi fait s'enfuir la suivante.
Des voitures le bruit retentit dans la cour,
Que de gens viennent faire à madame leur cour!
Écrivains, comtes, ducs, fats, pédants qu'on évite,
Banquiers, abbés, Anglais, pénètrent à la suite;
Ils entrent... voient un être immobile en un coin :
C'est le mari benin. A peine a-t-on le soin
De lui dire bonjour! A ma femme admirée
Chacun dit à ma barbe : O ma belle adorée!
Je ne puis dire un mot, je ne sais trop pourquoi,
Et devant ces galants, là je reste seul coi;
De plus, pour avoir l'air d'un mari doux, affable,
Je dois sourire, et puis les prier à ma table.

 C'est alors, mon ami, que mes maux sont sans fin.
Il faut voir ces gens-là sabler mon bon vieux vin!

Sous prétexte qu'il est à ma santé nuisible,
Ma femme le prodigue au convié sensible;
Oui, tout mon gain y passe, et l'immortalité
De ma femme fera que dans la pauvreté
Je mourrai! Je voudrais de bon cœur que la peste
Tuât des barbouilleurs l'engeance trop funeste!
Quand le printemps arrive avec ses chants d'oiseaux,
Mon épouse voyage et par monts et par vaux :
De Karlsbad, de Pyrmont se rend aux eaux fameuses;
Il lui faut de nouveau des louanges pompeuses,
Et va les recueillir dans ces endroits suspects,
D'une femme d'honneur peu dignes des respects,
Où la faible pudeur cherche une douce mort.
Quant à moi, son absence empire peu mon sort;
Mais il me faut soigner sept enfants en bas âge.
De l'ange gracieux du jour de mariage
Que me reste-il donc? Rien qu'en un corps débile
Une âme de métis, et forte, qui vacille
Entre l'homme et la femme et ne peut guère plus
Aimer que gouverner. O regrets superflus!
C'est un enfant qui ceint de géant une armure;
En elle on semble voir bâtarde créature,
Participant du sage et du singe à la fois,
Mâle qui perd du sexe et la grâce et la voix!

Le Chant de la Cloche (1).

Dans le sol s'affermit le grand moule d'argile :
Vite au travail, amis, que votre bras agile

---

(1) *Le Chant de la Cloche* est une œuvre fort estimée en Allemagne. Le poète y sait peindre alternativement le travail matériel de la fonte d'une cloche et les époques solennelles, où les grandes catastrophes de la vie auxquelles les sons de la cloche viennent s'unir, telles que la naissance, le mariage, la mort, l'incendie, la révolte... Cette pièce fut publiée par Schiller à Weimar, en 1799, à l'occasion du baptême d'une cloche dont il avait été nommé parrain dans cette ville.

Le Chant de la Cloche fut composé à l'époque des premières campagnes des Français en Allemagne. C'est pourquoi, dans une des strophes, Schiller parle des étrangers armés qui sont venus troubler ses

Fasse naître aujourd'hui la cloche aux vifs élans,
Dût la sueur baigner à tous vos fronts brûlants !...
Si le ciel veut bénir ses vœux et son courage,
L'ouvrier jouira des honneurs de l'ouvrage.
Qu'au labeur sérieux des discours sérieux
Se mêlent sagement pour implorer les dieux,
Animer au travail, en adoucir les peines
Et rafraîchir le sang qui bouillonne en nos veines !
Voyons les résultats de nos faibles efforts !
Honte à l'être stupide et qui de ces ressorts
Qui font son œuvre à lui, ne pourrait rien comprendre !
C'est le raisonnement qui fait tout entreprendre,
Qui sait nous élever au-dessus des rivaux,
En nous montrant le but, la fin de nos travaux.

« Allons prendre du bois de sapin, par avance
Bien séché, vous verrez que plus de violence
Fera chasser la flamme en ces tubes de fer !
Qu'un feu vif et nourri, semblable à ceux d'enfer,
Du cuivre et de l'étain consomme l'alliage,
Pour que le bronze coule, achève le moulage ! »

Que la cloche par nous terminée en ce jour
S'élève de la terre aux sommets de la tour !
Qu'elle parle de nous en sonnant à chaque heure !
Ah ! qu'elle va compter de jours en sa demeure !
Que d'oreilles surtout elle doit ébranler !
Qu'elle s'unisse à ceux qu'on cherche à consoler,
Ou joigne ses accents à ceux de la prière
Qui s'afflige et gémit sur une triste pierre !
De sa bouche d'airain elle ira racontant
Tout ce que nous réserve un destin inconstant.

« Des bulles d'air déjà blanchissent la surface !
Bien ! je vois se mouvoir déjà toute la masse.
Laissons-la s'imbiber de ce sel alcalin
Qui fait la fusion de ce fluide airain :

---

vallons tranquilles. Aussi le dernier vers de ce beau petit poëme est-il un vœu pour la paix !

La Cloche est le seul poëme de Schiller qu'ait traduit Em. Deschamps, dans ses *Études françaises et étrangères*. Paris, 1836.

Que le tout soit purgé de toute écume immonde,
Que la voix du métal sonne pure et profonde !
C'est la cloche qu'au jour où vient un fils naissant,
Nous entendons joyeuse et du plus doux accent
Le saluer dormant, heureux d'insouciance,
N'ayant de son destin aucune connaissance ;
Mais les soins incessants du maternel amour
Veillent sur son matin, le bercent chaque jour.
Comme un rapide trait s'envolent les années.
Jeune homme, il se soustrait aux jeux ; ses destinées
L'appellent dans la vie... Affrontant maint danger,
Il erre en pèlerin, puis revient étranger
Au foyer de son père. Alors la jeune fille,
Noble image des cieux, belle à ses regards brille,
Et le doux incarnat d'une chaste pudeur
Ajoute à sa beauté la modeste candeur.
Alors l'émotion, la vague inquiétude
S'empare du jeune homme, et dans la solitude,
Aux rivages lointains il égare ses pas,
Cherche les bois déserts et ne se comprend pas.
Aux rangs de ses amis pour rêver il s'arrache,
Aux traces de la vierge en esclave il s'attache.
Des aveux qu'il médite il s'enivre ; il a peur
De celle dont il veut obtenir la faveur.
Aux vents, au ciel, à l'onde, il dit, redit qu'il aime ;
La nature est témoin de son ardeur extrême.
Aux champs fleuris, sa main va cueillir, chaque jour,
Leurs plus beaux ornements, pour parer son amour.
Il aime, et dans son cœur, ô douce récompense !
Des délices du ciel il jouit par avance.
Hélas ! loin de rester jeune et dans sa fraîcheur,
Qu'il fuit vite le temps de ce premier bonheur !

« Les tubes sont brunis ! d'une main assurée,
Plongeons-y ce rameau ! D'une couche vitrée
S'il en sort recouvert, il est temps de couler.
Allons, chers compagnons, il vous faut calculer
Si ce mélange est bon, si le métal ductile,
Au métal dur s'est joint d'une union facile ! »

Si l'on sait allier la force à la douceur,
Il en provient toujours un accord enchanteur ;
De ce contraste il naît une heureuse harmonie,
Qui ravit tous nos sens et plaît tant au génie !

On ne peut le nier, ceux-là seuls dont le cœur
Se répond, à jamais goûtent le vrai bonheur.
L'illusion est courte et le repentir dure.
Oh ! voyez donc avec quelle grâce si pure
La couronne de vierge à ces candides fronts
Se joue, alors surtout que d'agréables sons
Aux pompes de l'hymen, femmes dignes d'envie,
Vous appellent aux jours les plus beaux de la vie !
Beaux jours, mais annonçant peut-être avant le temps
Que pour elles finit le fugitif printemps...
Fuyez, illusions, c'est la loi de nature,
Avec le voile, avec la pudique ceinture !

   La passion a fui ! qu'un pur attachement
Lui succède bientôt. La fleur en un moment
Se fane ; que le fruit la remplace au plus vite.
Il faut que désormais le mortel qui s'agite,
Luttant avec la vie, en habile jouteur,
Par audace ou par force atteigne le bonheur !
De ses dons dès l'abord l'abondance le comble,
Ses magasins de blés regorgent jusqu'au comble ;
Son domaine s'étend, son revenu grandit ;
Gouverné sagement, son trésor s'arrondit.
Dans sa prudence, on voit la mère de famille
En gouvernant son fils bien instruire sa fille.
Heureuse cette mère avec ses nourrissons
Pliés docilement à ses douces leçons !
On la voit promener partout ses mains actives.
L'ordre règne en tous lieux ; même aux heures oisives,
Elle sait ajouter aux biens déjà conquis
Par d'utiles objets incessamment acquis.
Autour de ses fuseaux le fil bruissant se place,
Et la laine luisante ou le lin blanc s'entasse
Dans ses coffres brillants d'exquise propreté.
Ses soins ont prévenu, banni la pauvreté.
Le père, cependant, du haut de ses dieux lares,
Jette un regard content sur ses richesses rares :
Ses arbres, ses enclos, ses greniers déjà pleins,
Et ses champs, promettant l'abondance de grains,
L'enivrent d'un orgueil qui s'exhale en paroles :
« Du sort je puis braver les caprices frivoles,
» Dit-il, et désormais sur ma prospérité
» Je puis me reposer ! » Terrible vanité !

Fait-on des pactes sûrs avec la destinée?...
Sa vie est au malheur avant peu condamnée (1).

« Bien, la fonte pourrait commencer maintenant.
La cassure déjà se dentelle, et pourtant,
Avant de lui livrer un libre et franc passage,
Nous devons au Seigneur adresser notre hommage !
Débouchez les conduits, que le moule par Dieu
Soit protégé ! Voyez donc ces vagues de feu
Qui s'ouvrent un chemin, se lançant dans l'espace,
Où chacune au travers se précipite et passe ! »

Le feu, quand l'homme sait à ses lois l'asservir,
Est un céleste don ; à tout il peut servir :
Il peut faciliter une œuvre insurmontable ;
Mais ce fils du soleil est cruel, redoutable,
Quand il n'a plus de frein, d'obstacle à sa fureur,
Qu'on laisse un libre cours à son extrême ardeur !
En sa marche rapide il porte le ravage
Dans tous les éléments, même au sein du nuage,
D'où la foudre jaillit en sinistres sillons,
Sur nos cités, nos champs, roulant ses tourbillons.

Entendez-vous ce son qui dans la tour prochaine
Gémit? C'est le tocsin ! L'atmosphère lointaine
De sang paraît rougie, et ce n'est pas pourtant
L'aurore qui paraît vers le soleil levant !...
Quel tumulte partout ! On se pousse, on se rue.
Que de fumée au loin on voit dans chaque rue !
Ô comble de malheur ! si la confusion
Renforce l'élément en révolution !
Ici le feu s'élève en colonnes brillantes,
Il s'élance plus loin en fournaises brûlantes.
L'air s'embrase partout, partout de noirs débris.
De funèbres clameurs s'entendent... Plus d'abris !!
Là, les poutres craquant en ruines se roulent ;
Les vitraux sont brisés, les murailles s'écroulent !
L'enfant pleure, et sa mère a des cris déchirants !
On voit errer là-bas les animaux hurlants...

(1) Ceux qui ont lu les *Œuvres et les Jours* d'Hésiode, mis par nous en vers français, pour la première fois, reconnaîtront aisément ici que Schiller a imité le père de la poésie.

Tout se presse, périt, ou fuit l'horrible scène...
De tout l'éclat du jour la nuit brille... Une chaîne
Autour de l'incendie enfin peut s'établir ;
De main en main le seau vole pour se remplir,
Et des pompes partout en arcs l'onde s'élance...
Mais voilà l'aquilon qui, dans sa violence,
Dans la fournaise vient rugir en tourbillons...
C'en est fait... Et bientôt au faîte des maisons
La flamme a pénétré, dévorant la richesse
De nos moissons !... Le feu semble chercher sans cesse
De la terre à traîner tout le poids vers le ciel !
Il court, s'élance ainsi qu'un géant ! O mortel,
Tout espoir est perdu ! Tu dois fléchir la tête !
Tout est vide et brûlé ! Maintenant la tempête
Seule doit habiter ces horribles déserts,
Où l'on ne verra plus que l'espace des airs !
S'éloignant de ces biens qui furent son partage,
L'homme à regret reprend le bâton du voyage...
C'est tout ce qu'a laissé le feu dans sa fureur.
Mais au départ l'attend un consolant bonheur.
Dans son anxiété, comptant les têtes chères,
Toutes il les retrouve après tant de misères !

« La terre dans son sein a reçu le métal,
Le moule est bien rempli ! Quel bonheur sans égal !
Mais verrons-nous enfin le succès nous sourire ?...
Si la fonte manquait, si le moule, ô délire !
Se brisait !... Ah ! craignons, livrés à la gaîté,
Qu'il ne soit accompli ce malheur redouté ! »

Confions notre ouvrage au noir sein de la terre :
Lui confiant ses biens, le laboureur espère
Qu'avec l'aide du ciel jailliront les moissons.
Il a du prix aussi ce que nous y laissons,
Craintifs et pleins d'espoir. Ce dépôt ou ce gage,
Qu'il surgisse du sol pour le meilleur usage !
Que pour nous annoncer à tous un sort plus beau,
La cloche aux fiers accents sorte de son tombeau !

De son dôme élevé je l'entends, sombre et lourde,
Aux pompes de la mort retentir grave et sourde,
Comme pour suivre l'homme à son dernier séjour !
C'est une épouse, ici, vraiment digne d'amour ;

C'est une mère, là, que le prince des ombres
Arrache à son époux et livre aux antres sombres,
Loin de ses jeunes fils que belle et forte encor
Elle allaitait d'un sein, riche et fécond trésor!
Sans elle que fera sa nombreuse famille,
Et son dernier enfant, et sa dernière fille?
Hélas! ils sont rompus ces nœuds de parenté,
Et pour toujours! Ses soins, sa douce autorité
Ne pourront plus veiller, dans un calme paisible,
Sur ces enfants que bat la marâtre insensible!

« La cloche refroidit : Il faut que nos travaux
Soient suspendus pour tous; ainsi que les oiseaux,
Sous le feuillage il faut que l'on se divertisse.
Aux premières lueurs de la lune propice,
Le serviteur enfin, libre de tous soucis,
Entend l'heure du soir sonner de son logis;
Mais pour le maître point de repos salutaire! »

Le promeneur perdu dans le bois solitaire
Précipite ses pas vers un humble réduit;
L'agneau bêlant, les chiens, le bœuf au poil qui luit,
Regagnent lentement l'étable accoutumée!
Sous les moissons gémit la charrette ébranlée;
Sur les gerbes on voit, aux bizarres couleurs,
Des fleurs, et tout autour dansent les moissonneurs.
Sur les places bientôt le silence domine.
Près du foyer commun que la flamme illumine,
Les habitants unis causent paisiblement.
La porte des cités gémit en se fermant.
La nuit devient alors de plus en plus épaisse;
Mais l'habitant paisible a dompté sa faiblesse,
Il n'a plus peur de l'ombre et ne l'évite pas.
Du méchant l'œil des lois sait épier les pas.
L'ordre, fils bienfaisant du ciel, unit les hommes
Par des liens légers, tous autant que nous sommes :
L'ordre seul dans sa base affermit la cité;
Il ravit à ses bois le sauvage indompté.
Des mortels il s'assied dans toutes les demeures;
Il adoucit leurs mœurs, veille à toutes les heures
Sur leur bien-être à tous, et sait produire au jour
L'amour de son pays, saint et sublime amour!
D'un mutuel secours s'aident cent mains actives
Tendant au même but, sans jamais être oisives.

Sous ta protection, ô sainte liberté!
Maîtres et compagnons sont pleins d'activité.
Ils ont pris en dédain l'oisiveté railleuse,
Car le travail est seul la source glorieuse
De leur félicité; leur œuvre est leur honneur.
Comme un roi de son trône emprunte sa splendeur,
De ses créations le citoyen qui pense
Reçoit son ornement, sa noble récompense.
Il est par le génie, il doit tout à son art;
L'éclat d'une couronne est l'effet du hasard!

 Aimable et douce paix, bonheur calme et tranquille,
Fixez-vous pour toujours au sein de notre ville!
Qu'ils ne luisent jamais pour nous ces tristes jours
Où la guerre envahit de paisibles séjours,
Où le ciel qui se teint de la couleur aimable
Du soir, réfléchirait l'incendie effroyable!

 « Maintenant, brisez-moi ce moule : il a rempli
Le destin qui par lui devait être accompli;
Brisez du lourd marteau l'enveloppe grossière,
Faites enfin surgir la cloche à la lumière!
Que nos cœurs soient charmés! Moment délicieux,
Le maître a pu briser le moule sous nos yeux! »

 Mais quel malheur pour lui, s'il voit la fonte ardente
En sortir en torrents d'une flamme bruyante,
Briser avec éclat sa demeure de fer,
Renversant tout, pareille aux brasiers de l'enfer!
Où l'on voit s'agiter la force aveugle, obscure.
Quels effets bienfaisants naissent dans la nature!
Quand un peuple a brisé la souveraineté,
Avec son joug il perd toute prospérité!
O malheur inouï! quand planent sur les villes
Le feu de la discorde et les passions viles!
Quand le peuple léger, qui de frein a besoin,
De se défendre a pris horriblement le soin!
Quand parmi les liens de la cloche bruyante
Se suspend la discorde à la rage sanglante,
Et de la douce paix a converti les sons
En signaux de carnage, en belliqueux clairons!...
Soyons libres, égaux!!... Ces deux cris retentissent,
Les bourgeois sont armés et les places s'emplissent;

Des bandes d'assassins par des femmes suivis
Vont arracher les cœurs expirants d'ennemis!
Plus de nœuds sociaux, de religion sainte,
Au front haut, marche seul le crime en cette enceinte.

Quel danger d'exciter du lion le réveil!
Dans sa colère l'homme est au tigre pareil,
Et plus horrible encor! La céleste lumière
Ne peut se confier à l'aveugle! O misère!
Bien loin de l'éclairer, elle peut dans ses mains
Consumer tous les champs, les cités des humains!

« De quelle joie, ô ciel, mon âme est pénétrée!
Voyez donc luire aux yeux, en étoile dorée,
Le cintre de métal dégagé de limon!
De la base au sommet il ressort un rayon
De soleil éclatant, pour rendre témoignage
A l'ouvrier qui sut faire un si bel ouvrage. »
Vers la cloche accourons, pressons-nous à l'entour,
Donnons-lui le baptême avec un nom d'amour.
Il faut pour la nommer qu'entre nous on s'accorde;
Il faut la saluer du doux nom de Concorde!
Elle doit réunir, dans un sincère accord,
Le genre humain que seule elle peut rendre fort.

Oui, tel était le but apparemment du maître,
A nos yeux étonnés quand il l'a fait paraître.
Que fuyant maintenant toutes futilités,
Elle s'élève aux cieux loin de nos vanités!
Que montant au séjour où gronde le tonnerre,
Des étoiles elle ait pour couronne la sphère!
Que sa voix s'harmonie au concert enchanteur
Des astres célébrant leur divin créateur,
Qui régit les saisons et règne avec justice!
Que sa bouche de fer à jamais retentisse
De chants religieux, graves, dignes du ciel!
Qu'à chaque heure, le temps, en son cours solennel,
La frappe de son aile; et bien qu'inanimée,
Qu'elle dise l'arrêt de toute renommée!
Que tous ses mouvements nous instruisent du sort
De notre humanité par leur divers accord!
De même que les sons meurent dans notre oreille,
Quand un bruit solennel la frappe et la réveille,

Pour nous dire que rien n'est certain ici-bas, —
Tout passe comme un son, tout subit le trépas!

« Maintenant, que nos soins toujours infatigables,
Fassent sortir la cloche en tirant tous les câbles!
Qu'elle quitte sa fosse et s'élève dans l'air,
Cet empire du bruit, cet électrique éther.
Tirez!... Elle s'ébranle!... O joie, ô douce ivresse!
Ses premiers accents sont : PAIX, BONHEUR, ALLÉGRESSE (1)!

La Ceinture.

De la grâce Vénus renferme en sa ceinture
     Les mystères secrets;
      Mais ses charmants attraits
Sont dus à la pudeur, nœud de cette parure.

Le Discoureur d'art ou l'Amateur.

Tu veux dans l'art le bon! Sois-en donc digne, ami,
Chez toi ne lui fais plus la guerre en ennemi!

---

(1) Gœthe joignit au *Chant de la Cloche* un supplément qui lui fait honneur. Il y rappelle avec une douloureuse émotion toutes les qualités sociales, toute la puissance intellectuelle de son ami. « Hélas! dit-il, le beffroi célébré par Schiller résonna bientôt pour lui-même, et ses lentes vibrations donnèrent à l'Allemagne en pleurs le signal d'un long deuil! »

N.-B. On sait combien il est déjà difficile de traduire en prose une langue aussi riche, aussi illimitée que l'allemande, dans une autre où la phrase est plus directe, plus circonscrite, assujettie aux règles sévères d'une construction si uniforme, que la fin d'une phrase se devine dès le commencement. Il y a un ordre d'idées et un caractère d'expressions, de mots et de périodes qui font trop sentir les différences essentielles du génie des deux langues.

La Fille Infanticide (1).

L'airain a retenti ! voici l'heure fatale !
Déjà je crois entendre une voix sépulcrale ;
Elle vient m'avertir de mon sinistre sort.
O mon Dieu ! j'obéis et je marche à la mort !
O toi qui m'as versé ton poison homicide,
O monde séducteur, monde ingrat et perfide,
Vois et reçois ces pleurs qui roulent dans mes yeux ;
Accepte en même temps mes suprêmes adieux !

Adieu, joyeux soleil ! Tes feux et ta lumière
Pour moi vont faire place à la froide poussière,
Aux ténèbres des morts, à l'horreur des tombeaux.
Mes yeux ne verront plus l'éclat de tes flambeaux !
Adieu, songes dorés qui semblaient si propices ;
Adieu, roses d'été, séduisantes délices :
Tous mes jours, ô douleur ! sont à jamais flétris !
Tu n'es plus, fantaisie !... Adieu, rêves chéris !

Naguère je portais et la simple parure
De la douce innocence et sa chaste ceinture,
Et dans mes blonds cheveux, sur mes blancs vêtements
Brillaient ces tendres fleurs, heureux dons du printemps.
Aujourd'hui, des enfers victime infortunée,
Hélas ! au lieu de fleurs, ma tête n'est ornée
Que d'un triste bandeau redoublant mes remords.
Mes sombres habits sont des vêtements de morts !

Pleurez toutes sur moi, vous femmes innocentes,
Vous qui savez unir, vierges intéressantes,
Aux charmes, aux attraits, des vertus de héros,
Vous qui n'avez perdu l'honneur ni le repos !

(1) *La Fille infanticide*, sorte de grande complainte éminemment tragique et poétique, pathétique au plus haut degré, eut un immense succès dès sa première publication, et ce succès fut on ne peut plus populaire dans toute l'Allemagne, et nous croyons qu'il le deviendra dans toute l'Europe civilisée.

Un tendre sentiment fut mon unique guide ;
Il m'a jetée aux bras d'un monstre ingrat, perfide,
Et ce sentiment seul aujourd'hui me punit :
Par lui le châtiment au déshonneur s'unit !

Ah ! peut-être il séduit une autre infortunée,
Tandis qu'à ma douleur je suis abandonnée ;
Peut-être sourit-il à ses chants, à ses jeux,
Tandis que s'ouvre ici la tombe sous mes yeux !
Il couvre de baisers cette nouvelle amante,
Quand bientôt en ces lieux une hache infamante
Sur ce bloc exécrable à la mort consacré,
Fera jaillir mon sang d'un corps défiguré !

Que le glas des tombeaux, ô Joseph, te réveille !
Que la cloche des morts frémisse à ton oreille !
Après tant de forfaits, cruel, crains mon trépas !
Vois ! mon ombre te suit et s'attache à tes pas !
Qu'un reptile infernal, dont tu seras la proie,
Au sein des voluptés empoisonne ta joie !
Lorsque la jeune fille à tes embrassements
Se livrera, croyant aux perfides serments !

Rien n'a pu t'émouvoir, cœur ingrat et barbare !
Quel horrible destin ton amour me prépare !
Traître ! auteur de mes maux ! as-tu plaint mes douleurs,
La honte d'une femme, et cet enfant en pleurs ?...
Mourir sur l'échafaud... Oh ! tu me fuis, infâme,
Quand pour toi j'ai donné mon corps, mon sang, mon âme,
Que de maux tu devras un jour te reprocher,
Toi, plus cruel qu'un tigre et plus dur qu'un rocher !

Ton fils, que faisait-il dans les bras de sa mère ?
Semblable au frais bouton s'ouvrant sur la fougère,
Doucement sur mon sein il s'épanouissait ;
Son aimable innocence à ma voix souriait !
Mais, ô tourment d'enfer ! c'était ta vive image ;
Et je croyais te voir en voyant ton ouvrage !
Mon cœur devint en proie au chagrin le plus noir,
Ma vie était l'amour ; je fus au désespoir !

Femme, semblait-il dire en son muet langage,
Mon père, où donc est-il ?... En mon affreux veuvage,

Je répondais ces mots : Ton père, enfant, hélas!...
Femme, où donc ton époux a-t-il porté ses pas?
Me demandais-je ensuite?... Oh! qui donc vers ton père
T'ouvrira le chemin, pauvre orphelin?... Espère!...
Non... d'autres fils peut-être à son amour ont part,
Et toi, tu maudiras l'affreux nom de bâtard!

Ta mère! — Quelle horreur vient me déchirer l'âme!
Le monde me repousse et l'enfer me réclame...
Oui, le voilà! Vers nous il me semble venir;
Il me nomme, il sourit!... Effrayant souvenir!
Dans l'ombre et le silence, égarée, éperdue,
Je n'ose regarder celui qui m'a perdue.
Non, odieux amant, je ne veux plus te voir;
Te haïr et te fuir, oui, voilà mon devoir!

Jadis je me berçais d'une douce espérance,
Je ne sens aujourd'hui que l'horrible souffrance!
Ma vie était jadis une chaîne de fleurs,
Maintenant sur mon front ne brillent que les pleurs.
Pour prix de tant d'amour, du serment le plus tendre,
Le plus affreux remords est ce qu'il faut attendre.
J'ai fait périr le fruit qu'avait porté mon sein ;
Mon fils, je l'ai frappé, moi, d'un fer assassin !

Joseph! tu sentiras, fût-ce au bout de la terre,
Au milieu des plaisirs de la joie adultère,
Le bras livide et froid d'un fantôme accourant
Vers toi pour te montrer ton fils frappé, mourant!
Puisses-tu ne plus voir que sa fatale image,
Partout son corps sanglant te barrer le passage!
Que l'enfant, à ta mort, apparaisse à tes yeux,
Armé d'un fer vengeur, te repoussant des cieux!...

Là, baigné dans son sang qu'avait versé sa mère,
Il gisait à mes pieds : sa mourante paupière
S'ouvrait, se refermait et se levait vers moi.
Mes yeux le contemplaient avec un morne effroi.
Ma vie était son sang... plus rien ne la protége!...
Mais qu'entends-je? Déjà s'avance le cortége
De mort!... Toi qui m'as fait tant de mal et de bien,
Monde trompeur, je meurs, je ne te dois plus rien!

Joseph ! le Dieu du ciel est un Dieu de clémence ;
Je te pardonne tout ! Qu'avec moi ma vengeance
Meure ; la pécheresse aussi doit pardonner !
Aux feux de ce bûcher je puis abandonner
Tes lettres, ton amour, les gages de ta flamme,
Et tes serments trompeurs, ces poisons de mon âme ;
Les souvenirs d'amour, les preuves de ta foi,
Tout va sur ce bûcher expirer avec moi !

Mes sœurs, défiez-vous des serments d'un volage,
Songez que sans attraits j'aurais été plus sage ;
Craignez le doux éclat d'un sexe trop flatté !
Voyez ! sur l'échafaud je maudis ma beauté !
Quoi ! bourreau, quoi ! des pleurs sur ce sanglant théâtre !
Comme un lis dans les champs ne sais-tu point m'abattre ?
Ceins autour de mon front le bandeau du trépas ;
Tiens moi bien sans pâlir : frappe, et ne tremble pas (1) !

Adieux au dernier siècle; aurore du XIXe (2).

Un siècle, hélas ! s'éteint au sein d'une tempête !
Par la guerre un nouveau s'annonce ensanglanté !
O noble ami, dis-moi, la paix, la liberté
Ont-elles un abri pour reposer leur tête ?

---

(1) *N.-B.* Nous avions fait, à l'âge de vingt ans, une autre traduction de cette pièce empreinte d'un si profond sentiment, mais une copie en a été égarée. Nous l'avions communiquée en 1833 à la Société des sciences, des arts et des lettres du Hainaut, que nous avions fondée à Mons ; elle avait déjà été lue par nous à plusieurs de nos amis.

(2) Schiller, qui avait (v. le prologue de *Wallenstein*) l'esprit préoccupé des événements qui agitaient l'Europe et de cette lutte solennelle pour *les plus grands intérêts de l'humanité*, jetait à ce moment un triste regard sur le triomphe de la force, qui pesait déjà sur son pays et contristait un cœur fidèle à la justice et à la liberté.

Des empires tu vois tous les nœuds abattus
Et s'abîmer partout les royaumes antiques,
Leurs formes s'écrouler! Les vagues atlantiques,
Le vieux Nil, le vieux Rhin, du dieu Mars sont battus.

Pour réduire partout les libertés en poudre,
Deux fortes nations ont préparé leurs fers ;
Elles vont brandissant le trident ou la foudre,
Prétendant à l'envi subjuguer l'univers !

L'or de chaque contrée à leurs désirs avares
Semble dû. Tel jadis apparut au Romain
Brennus; tel le Français jette un glaive d'airain
Aux plateaux de Thémis, comme en des temps barbares!

Polype aux mille bras, nous avons vu l'Anglais
Couvrir tout l'Océan de ses flottes avides,
Vouloir seul dominer sur les plaines humides
Et de la libre mer se faire son palais !

Les étoiles du Sud encore inaperçues
A sa pénible course au loin viennent s'offrir!
Maintes îles par lui, maintes côtes sont vues...
Mais le bonheur! put-il jamais le découvrir?

En vain chercherais-tu partout sur cette terre
Un pays où brillât toujours la liberté,
Sans craindre pour sa fleur nul souffle délétère,
Où l'homme fût encor jeune et plein de santé !

Un monde sans fin s'ouvre à ta perçante vue,
A peine ton vaisseau peut-il le mesurer!
Offre-t-elle pourtant, cette vaste étendue,
La place où dix heureux puissent se rencontrer?

Il te faut éviter les troubles de la vie,
Il faut te recueillir avec soin dans ton cœur...
La liberté réside au pays de l'erreur;
Le beau n'existe plus que dans la poésie !

Le XIXᵉ siècle (1).

Sur son char de vapeurs que ce siècle va vite !
Tel qu'autour du soleil un globe igné gravite,
    A travers l'espace emporté,
Le voici qui d'un bond mesure sa carrière,
Dépasse ses rivaux et déjà crie : « Arrière ! »
    Aux temps dont il marche escorté.

Son aîné lui léguait une sanglante aurore,
Sur des crimes vieillis des crimes près d'éclore,
    Un peuple, vrai caméléon,
Le vaisseau de l'Etat menacé du naufrage ;
Mais lui, pour dominer l'orage par l'orage,
    Fait d'un éclair Napoléon.

Sa moisson de lauriers devint bientôt fort ample ;
Il veut d'autres festons pour décorer son temple :
    D'un signe il appelle les arts,
Les arts qui sommeillaient sur leurs couches lointaines,
Et cherchaient, éperdus, un abri vers Athènes,
    Ou vers les tombes des Césars.

Mais il fallait la paix à ces oiseaux timides,
L'aigle qui prit son vol du haut des Pyramides
    Effaroucha ces doux ramiers ;
Ils frissonnaient au bruit de la cité brumeuse,
Eux que berçait hier la cascade écumeuse,
    Ou le murmure des palmiers.

Autrefois isolé, le travail s'organise.
Reine de ce concert, au clavier s'est assise
    L'industrie aux doigts diligents ;
Et sous ses lois, la force, unie à la science,
Scellera désormais son heureuse alliance
    Par cent labeurs intelligents.

(1) On verra ici sans doute avec plaisir cette pièce de vers assez analogue à celle de Schiller.

Sublime avénement du règne des idées!
Les peuples ont grandi de cinquante coudées
      En voyant leurs droits méconnus.
L'autorité n'est plus une marâtre injuste,
Et notre siècle d'or a seul, depuis Auguste,
      Fermé le temple de Janus.

Puisse-t-il, consacrant son pacte d'armistice,
Du progrès social atteindre le solstice
      Pour ne jamais rétrograder!
Puissent les nations, oubliant leurs querelles,
Confondre leur essor et disputer entr'elles,
      Non pour ravir, mais pour fonder!

Que le midi réponde à l'aube éblouissante,
La voix de l'avenir à l'histoire récente,
      L'âge mûr à la puberté,
Et pareille à la fleur sous les frimas éclose,
Qu'après les factions brille l'apothéose
      De ta sagesse, ô Liberté!

La Fontaine de Jouvence.

Croyez-moi, ce n'est point un conte de la Grèce;
Oui, tu coules toujours, fontaine de jeunesse!
      Mais dans quel lieux de l'univers?
      Partout où règne l'art des vers!

La Faveur des Muses.

Avec le bourgeois meurt aussi toute sa gloire;
Mais ceux que tu chéris, ô toi, Muse des cieux,
Ceux dont l'amour mérite un accueil gracieux,
Ils vivent à jamais au sein de la Mémoire!

Les Ressorts ou mobile.

Qu'un sceptre de fer soit des esclaves l'effroi !
Ô joie, un doux lien de rose est avec toi !

Jeanne d'Arc (1).

Toi, de l'humanité noble et divine image,
A tes rares vertus au lieu de rendre hommage,
On a vu du sarcasme un horrible démon
Te traîner, te souiller dans un poudreux limon !
C'est que partout on voit l'esprit du monde en guerre
Avec le beau, le grand, le plus pur caractère !
Aux croyances, à tout il semble dire adieu,
Ravit au cœur son bien, et ne croit plus à Dieu !

De sa divinité t'offrant le privilége,
La poésie à toi présente un beau cortége
D'étoiles et d'honneurs, à toi timide enfant
A l'obscure naissance, au beau front triomphant !
Autour de toi rayonne une gloire éternelle :
C'est le cœur qui t'a faite, ô bergère immortelle !
Ce qui brille et s'élève, on aime à le flétrir
En ce monde, et de fange on cherche à le couvrir !
Mais ne crains rien ! il est des âmes généreuses
Qui tressaillent encore aux vertus glorieuses !
Les plaisirs de Momus, le peuple les chérit ;
Les nobles faits sont chers au grand, au noble esprit !

(1) Dans sa tragédie de *Jeanne d'Arc,* on regrette que Schiller, après avoir donné à la mission de Jeanne tout le merveilleux qui s'accorde avec sa physionomie historique, se soit tout à coup égaré dans le fantastique. Dans cette petite pièce, Schiller, indigné de *l'infâme chef-d'œuvre* de Voltaire, veut réhabiliter glorieusement son héroïne et la venger des sarcasmes du caustique Arouet, le trop spirituel et sceptique railleur !

Le Bonheur.

Heureux ceux que le Ciel, source de biens, d'honneur,
Chérit avant le jour qui leur donna naissance !
Un sort divin, avant que la lutte commence,
Les attend : sans fatigue ils goûtent le bonheur !

Heureux le fils des dieux que Vénus en cadence
A bercé tout enfant, accueilli dans ses bras !
Jupin lui donna force, et Mercure éloquence ;
C'est à Phébus qu'il doit la lumière ici-bas.

Avant d'avoir lutté, sa tête est couronnée.
Bienheureux le mortel qui, fort de sa vertu,
Triomphe du hasard ! Sa vie est fortunée :
Pourtant le vrai bonheur lui demeure inconnu.

Les biens que lui dénie une grâce divine,
Son courage ne peut les lui faire acquérir !
Le sort, la volonté constante le domine,
Mais les suprêmes biens d'en haut doivent s'offrir !

Ah ! ne reprochez rien à la beauté qui brille
Non point par son mérite, hélas ! comme une fleur ;
De joie et de bonheur, voyez, son œil petille !
Heureux de son regard, laissez-lui son bonheur !

Vous n'avez pas plus fait pour être enchanté d'elle
Qu'elle-même n'a fait pour avoir ces appas !
Si vous êtes aimé d'une beauté fidelle,
Tous les célestes dons sont semés sur vos pas !

Les dieux aiment surtout la riante jeunesse ;
Ils aiment la candeur de ces âmes d'enfant
Dont la simplicité, la brillante allégresse,
Répandent à l'entour un éclat triomphant !

La Bataille (1).

Comme un nuage épais et portant la tempête,
La marche de l'armée, aux sons de la trompette,
Résonne aux vastes champs ; une plaine sans fin
S'offre aux yeux : on y va jeter les dés d'airain.
A tous le cœur palpite, et leurs yeux vers la terre
Sont baissés ; la pâleur couvre leur front austère.
Voilà le colonel qui parcourt chaque rang :
— Halte !... Cet ordre brusque enchaîne un régiment,
Qui présente en silence une face immobile.
Mais qui brille là-bas sur la roche stérile,
Aux rayons du matin ? Ce sont, les voyez-vous ?
Les drapeaux ennemis ! — Que Dieu soit avec nous !
Qu'il veille sur nos fils, qu'il protége nos femmes !
— Ces fifres, ces tambours vont remuant les âmes
Par leur âpre harmonie et leurs bruyants concerts ;
Ils pénètrent nos os, nos membres et les airs.
Que le Dieu des combats, mes frères, nous seconde...
Oui, nous nous reverrons, mais dans un autre monde !...
Sur la ligne rangée on voit l'éclair qui luit,
Un sourd et lourd tonnerre au même instant le suit.
Les balles vont sifflant, et l'action commence.
Que de signaux donnés sur cette plaine immense !
Mais on parvient enfin à respirer un peu !
La mort plane partout, et le sort dans son jeu
Se balance indécis... Au sein de la fumée,
Les dés d'airain sont là pour cette double armée,
Dont on voit s'approcher les nombreux bataillons.
Garde à vous !... c'est le cri qu'on jette aux pelotons.
Le premier rang bientôt plie un genou flexible
Et fait feu.. Sur plus d'un plane une mort terrible,

(1) *La Bataille* est une de ces poésies qui portent tout le caractère du beau talent de Schiller. Cette belle ode, qui date de 1782, est sans doute la plus remarquable de cette époque. Elle représente les circonstances d'une bataille, d'une manière œsthétique, vive, animée, pleine de vigoureuse poésie, énergique et rapide ; elle peint, avec toute la poésie et la sublimité de l'ode, la marche progressive d'un combat, tel qu'il se livre aujourd'hui dans nos guerres.

— La mitraille a tracé des vides très-nombreux.
Les rangs sont confondus aux bataillons poudreux;
Partout, à droite, à gauche, un sinistre tonnerre
Abat des légions que la mort couche à terre!
Le soleil s'est éteint, mais la bataille luit;
Sur les troupes enfin descend la sombre nuit.
— Que le Dieu des combats, mes frères, nous seconde!...
Oui, nous nous reverrons, mais dans un autre monde!!!

La tombe de Rousseau.

Monument de nos jours qui retraces l'affront,
Du pays maternel tu fais rougir le front!
  Salut, touchant tombeau
  Du sublime Rousseau!

Paix et repos aux débris de ta vie!
Jouis de cette paix à toi toujours ravie!
  Enfin ici tes os
  Trouvent paix et repos!

Mais quand la cicatrice aux anciennes blessures
Se fera-t-elle? Hélas! aux époques obscures,
Les sages périssaient! Aux siècles éclairés,
Le sage meurt aussi! Contre lui conjurés,
Les sophistes jadis ont fait périr Socrate!
Et par nous, fils du Christ, ô déplorable sort!
  Rousseau souffre, et sa mort
  Flétrit notre âme ingrate!

La puissance du chant (1).

A travers les rochers s'élance un fier torrent,
Il roule avec le bruit du tonnerre grondant.

---

(1) Autant que le permettait la langue française, si pauvre et si ingrate, cette gueuse si riche des dépouilles opimes du grec et du latin, nous nous sommes efforcé de reproduire la belle *harmonie imitative* qui domine dans cette poésie schillérienne.

Il entraîne en son cours des débris de montagnes,
Et ses flots en courroux, ravageant les campagnes,
Déracinent les pins, les chênes, les ormeaux.
Le voyageur s'étonne au fracas de ses eaux,
Entend, non sans plaisir, leur bruit rauque et sonore ;
Il écoute ces flots mugir, mais il ignore
Quelle est leur origine ! Harmonie aux cent voix,
Tes flots coulent ainsi, mais jamais tu ne vois
Les sources d'où tu viens ! Elles sont invisibles !...
Le poëte est l'ami de ces êtres terribles
Qui de notre existence ont en main tous les fils ;
Qui donc résisterait à ses charmes subtils,
A ses accents, ou bien romprait son nœud magique ?
Personne. De Mercure il tient le sceptre antique,
Et s'en sert pour guider les âmes qu'il conduit
Tantôt aux bords du Styx, royaume de la nuit ;
Tantôt il les élève à la voûte céleste,
Et leur étonnement, leur joie est manifeste.
La peine et le plaisir les tiennent en suspens
Sur les frêles degrés des divers sentiments...
Lorsqu'au milieu d'un cercle où règne l'allégresse,
L'inflexible Destin, fantôme qui se dresse,
S'avance tout à coup, alors tous les regards
Sont devant l'inconnu baissés de toutes parts !
Il vient d'un autre monde ! Aussitôt de la fête
Le tumulte s'abat, les masques de la tête
Tombent : au même instant on voit s'évanouir
Les œuvres de l'erreur, que le vrai seul fait fuir !

De même encor, lorsque le poëte prélude,
On voit chacun jeter, dans son inquiétude,
Le fardeau qu'à lui-même il s'était imposé.
L'homme au rang des esprits se trouve disposé ;
Il se sent transporté jusqu'aux voûtes de flamme :
Il appartient à Dieu, tout, dans toute son âme !
Dans sa sublime extase, il approche des cieux
Et du génie on voit les rayons dans ses yeux.
On ne voit se mêler à lui rien de la terre,
Et toute autre puissance est contrainte à se taire !
Le malheur a perdu son empire sur lui.
Tant que cette harmonie aux doux sons n'a point fui,
Que sa magie existe, à son front réservées,
Vois, les rides n'y sont point encore gravées.

Ainsi qu'après de longs désirs inaccomplis,
Après sa longue absence, on voit venir un fils,
Mettant enfin un terme à sa douleur amère,
Se jeter, l'œil en pleurs, dans les bras de sa mère;
Ainsi par l'harmonie au toit des premiers jours,
Au bonheur innocent, pur, on revient toujours;
Fugitif qu'égaraient des erreurs passagères,
Bercé d'illusions étranges, mensongères!
La nature nous tend les bras avec bonté,
Réchauffe le génie! il marche en liberté!

La tête d'Homère pour cachet.

Vieil Homère, tu tiens le secret de mon cœur;
Garde-le bien, pour le commun bonheur
    De deux âmes aimantes!

Faux goût pour les études.

Oh! qu'il naît d'ennemis à la vérité pure!
Le sang me rougit l'âme et monte à ma figure
    Quand je vois tant de hiboux odieux
    Vouloir t'atteindre, ô lumière des cieux!

Résignation (1).

Oui, la belle Arcadie est mon pays natal;
Réservé, semblait-il, à la paix la plus pure,

(1) Une passion violente et combattue s'était emparée de l'âme sensible de Schiller, et, s'unissant à ses doutes sur les règles du devoir et sur leur divine sanction, le plongeait dans d'inexprimables angoisses. Il flottait entre des résolutions vertueuses et une farouche im-

J'ai pleuré mon printemps, triste, court et fatal :
A mon berceau pourtant souriait la nature.

Hélas! le mois de mai de la vie en son beau
Ne fleurit qu'une fois : sa fraîcheur s'est flétrie;
Le dieu silencieux renversa mon flambeau.
Sur moi, frères, pleurez : l'ombre est évanouie!

Déjà je suis debout sur ton pont de malheur,
Affreuse Éternité! Vois, je heurte à ta porte.
Le mandat que j'avais pour ma part de bonheur,
Sans le décacheter, oui, je te le rapporte.

patience contre toute autorité morale. Ses écrits en prose et en vers retracent fidèlement ces troubles intérieurs. Ils sont empreints en général de cette triste pensée : que l'homme a une noble impulsion vers le beau, mais que n'ayant puisé ce sentiment qu'en lui-même, l'ayant en quelque sorte créé, il n'en peut trouver nulle part la démonstration. Jamais cependant Schiller ne retombe dans un doute avide et frivole. Quand l'idée de Dieu et de la vertu cesse à ses yeux d'être consacrée divinement, il ne veut point l'anéantir, mais il lui cherche un asile dans la sphère plus étroite de l'homme et de la nature. Il en fait le chef-d'œuvre de l'esprit humain, s'il ne peut en faire sa règle immuable. Cette disposition est exprimée sous toutes les formes dans une foule de poésies schillériennes. Il en est une surtout qui est demeurée fort célèbre en Allemagne : *la Résignation*. Schiller, après avoir suivi à Dresde la femme qu'il aimait, se décida enfin à vaincre une passion qu'il se reprochait : elle était la femme de son ami. Après de cruels combats, — où l'on remarque une triste bizarrerie dans ce sentiment qui se révolte contre l'idée du devoir, craint que ce ne soit une sublime mystification, et se rattache à la vertu, même en la regardant comme une duperie, — il se retira seul dans une petite maison de campagne. Ce fut là qu'il composa la pièce suivante, si difficile à traduire, que c'est déjà beaucoup si nos vers français peuvent donner une idée incomplète des vers allemands.

Note. Dire : « *L'histoire du monde, voilà le jugement du monde!* » ou : « *Ce qui a été a été, et tout est fini par là,* » c'est nier la Providence et la morale. Mais pratiquer en même temps la vertu sans intérêt, c'est rapprocher le scepticisme de la foi. C'est la révolte d'un cœur religieux contre une fatale erreur de l'esprit.

A toi, reine voilée, au trône étincelant,
Je me plains! à toi qui seule de la justice
Tiens la balance en main! Oh! quel bruit consolant!
Des humains serais-tu la rémunératrice?

On dit qu'ici l'effroi menace les pervers,
Le bonheur attend ceux que guide la prudence,
La force et la sagesse. Ah! compte mes revers,
Et dis-moi le secret de cette Providence!

Une patrie ici s'ouvre pour les bannis,
Des souffrants cesse ici la carrière épineuse;
La vérité, qu'on hait, à son frein m'a soumis,
Et fait briller pour moi sa face lumineuse!

Plus tard, j'en rendrai compte en la vie à venir,
M'a-t-elle dit; fais-moi le don de ta jeunesse:
Elle eut mes jeunes ans, ma joie et mon plaisir,
Sans pouvoir rien m'offrir, rien que cette promesse!

Donne-moi ta Laura, femme chère à ton cœur;
Au delà des tombeaux une usure importante
Te payera tes sanglots... Je cède avec douleur;
De mon cœur déchiré je l'arrachai sanglante.

Réclame ce billet, disait-on, sur la mort;
De la vérité seule on t'offrait l'apparence:
« N'être rien, n'avoir rien, oui, tel sera ton sort! »
Les tyrans l'ont séduite, au jour de l'échéance.

Ces vipères ainsi distillaient leur venin...
Quoi! tu trembles devant l'erreur que le temps fonde?
Solution que l'homme emprunta du destin,
Qu'est Dieu? L'Être inventé pour expliquer le monde!

Qu'est-ce que l'avenir, cette tombe et ces pleurs,
Et cette Éternité dont tu parles sans cesse?
Une ombre gigantesque en grossit nos terreurs,
Un voile de respect la cache à ta faiblesse.

Ce qui, pour ton délire, est immortalité,
De la forme vivante est la faible copie:
Le baume seul d'espoir fait sa réalité;
Dans le fond des tombeaux, du temps c'est la momie!

Pour l'espérance, on voit, par la destruction,
Qu'elle est menteuse! Eh bien, chacun lui sacrifie
Des biens sûrs; mais d'un mort la résurrection,
En voit-on jamais une, et qui la justifie?

Et je voyais le temps s'envoler sans retour,
Et sans lui la nature était dans la détresse.
Nul cadavre jamais ne remontait au jour :
Je me fiais pourtant à ta foi de déesse!

Je t'ai sacrifié ma joie et mes plaisirs,
Je me jette aujourd'hui devant ton trône auguste.
Grands sont tes seuls trésors, voilà tous mes désirs!
J'ai toujours méprisé la raillerie injuste.

« D'un même et tendre amour mes enfants sont chéris;
Deux fleurs croissent, ami, pour le mortel sensible :
L'une lui dit : Espère! et l'autre dit : Jouis! »
Voilà ce que criait un génie invisible!

L'homme heureux qui possède ou l'une ou l'autre fleur,
Qu'il la garde, en vertu d'une loi solennelle!
Quand on a l'espérance, on renonce à sa sœur.
Jugement..., loi du monde, exclusive, éternelle!

Tu jouis de l'espoir, ton lot est donc rempli!
Dans ta foi fut ta part de bonheur et d'ivresse;
Par une éternité peut-il être accompli
Le choix d'une minute? — Oh! non, dit la Sagesse.

Attente et accomplissement.

Avec mille vaisseaux le jeune homme intrépide
        Affronte l'Océan avide,
Tandis que le vieillard, tout tremblant sur son sort,
Sauvé sur un esquif, tâche d'atteindre au port.

L'alliance difficile.

Pourquoi si rarement du goût et du génie
    Rencontre-t-on l'accord ou l'union?
    L'un pour la force a de l'aversion,
Et l'autre craint le frein et toute tyrannie.

La loi de nature.

Des choses ici-bas tel fut toujours l'état,
Tel est, ami, le sort de la race mortelle :
    La faiblesse a la règle pour elle,
    Mais la force a le résultat !

Activité morale et artiste.

Fais le bien ! tu nourris pour les êtres humains
Douces plantes du ciel de tes heureuses mains !
Forme le beau ! des dieux tu vois les créatures
En germes recevoir tes créations pures.

L'activité humaine.

Un cercle immense s'ouvre aux abords du chemin,
Mais dans le plus étroit le sage attend sa fin.

Amélie.

Aussi belle qu'un ange, au divin Walhalla,
Dans l'art de plaire à tous qui jamais l'égala ?
Le céleste regard de sa charmante tête,
Soleil de mai, dans l'onde et l'azur se reflète.
Ses baisers aussi doux qu'un paradis aux sens
Sont comme une musique aux accords ravissants,
Comme une harpe aux tons unis en harmonies,
Ou deux flammes qu'on voit tendre à rester unies.
L'âme électrise l'âme, et la terre et le ciel
Se joignent par l'amour dans un lien mortel.
L'esprit avec l'esprit se fond, se mêle ensemble,
Et la joue et la lèvre ardente brûle et tremble.
C'en est fait ! — C'est en vain qu'un triste et lent soupir
S'échappe de mon cœur gémissant ! Le plaisir,
C'en est fait ! — Oui, ce bien que tout mortel envie,
Se perd dans un hélas !... volupté de la vie !

L'époque actuelle.

Une fameuse époque en ce siècle avait place,
Mais le grand moment trouve une petite race !
C'est ainsi que souvent on voit des nations
Avorter, reculer les révolutions ! !

Un lien de notre société.

De la noblesse,
De la bassesse,
Voulant voir le lien dans notre humanité,
Entre elles la nature a mis la vanité !

Au poëte.

Que la langue pour toi soit ce que doit paraître
        A son amant
    De la beauté le corps charmant :
C'est le moyen d'unir, de séparer leur être !

Adieux d'Hector à Andromaque (1).

ANDROMAQUE

Hector, veux-tu me quitter pour toujours ?
Oui, je le vois, dis-moi pourquoi tu cours
Vers ces lieux où, tout bouillant de colère,
Achille doit, dans son ardeur guerrière,
Ensanglanter le sol pour son ami !
Quand tu mourras, qui donc d'un bras hardi
Rendra ton fils pieux et magnanime ?

HECTOR

Ne pleure plus, épouse ; je m'anime
Au nom de guerre, et brûle du désir
De combattre ! Ces bras doivent servir
A sauver Troie, et si je descends dans l'abîme,
Ce ne sera qu'après être tombé victime
En défendant les autels de nos dieux,
Et mon pays, et mes nobles aïeux.

ANDROMAQUE

Ah ! qu'en ces lieux ne pénètre jamais
Le bruit de ton armure, et tiens ton glaive en paix !

(1) Ce charmant et poétique colloque a été inspiré à Schiller par le morceau sublime du vi⁰ livre de l'Iliade, un des plus admirables épisodes de ce divin poëme. La description de cette entrevue est certes un des plus beaux modèles de pathétique.

Ah! que Priam plutôt soit au pouvoir des ombres,
Que de te voir tomber dans les royaumes sombres,
D'où la lumière fuit et fuira pour toujours,
    Où tristement le Cocyte a son cours
A travers les déserts! A ton amour fidelle
L'eau du Léthé serait vraiment mortelle!

HECTOR

Mes désirs, ma pensée auront bien traversé
Les ondes du Léthé : rien n'y sera laissé.
Mon amour combattra sa cruelle influence.
Entends les cris d'Achille! En sa rude vengeance,
Il insulte à nos murs, excite nos fureurs.
Ceins donc mon glaive, et que cessent tes pleurs ;
Mon amour du Léthé bravera la puissance!

Le jugement ou le for de la femme.

Nous jugeons par raison, la femme seule juge
Par amour. Aime-t-elle? Oui... Cela seul préjuge.

Colomb (1).

Courage, fier Colomb, hardi navigateur!
Contre la raillerie et le rire moqueur
Reste ferme, et jamais ne laisse l'espérance!
Dussent leurs bras faiblis tomber las de souffrance,
Va, guide tes marins toujours vers le couchant,
Vers ce rivage heureux que bientôt triomphant
Tu verras apparaître! Ah! mets ta confiance
Dans le Dieu qui t'inspire, et de la mer immense
Fends sans crainte les flots calmes, silencieux!
— Si ce monde n'est point, il va paraître aux yeux,

(1) Cette petite pièce exprime fort énergiquement ce que peut la force de la volonté, et peint avec une mâle précision l'*idéalisme réalisé* par une confiance *absolue*, par une foi inébranlable.

Jaillissant de ces flots et pour ta récompense !
Il est pour le génie et la nature, pense,
Un nœud qui les rattache, un lien sûr qui fait
Que l'une tient toujours ce que l'autre promet !

Le livre des destins en vente.

Quoi de plus important que votre destinée ?
Pour douze gros courants chez nous elle est donnée !

L'adresse ou l'artifice.

Pour plaire aux gens du monde ainsi qu'aux gens pieux,
Peignez tous les plaisirs, — mais le diable auprès d'eux !

Désir (1).

Si je pouvais sortir de ces sombres vallons
Où pèse un lourd brouillard hérissé de glaçons,
Quels seraient mes transports de joie et d'allégresse !
Là je vois des coteaux décorés de jeunesse
Et riants de verdure ! Oh ! si j'étais oiseau,
Je m'en irais vers vous, pré, colline, ruisseau !
Souvent à mon oreille une étrange harmonie,
De ce monde enchanté la fraîche mélodie
Sur vos ailes arrive à moi, zéphyrs légers,
Avec de doux parfums comme ceux d'orangers.

(1) On voit ici, comme dans plusieurs autres de ses poésies, avec quelles riantes couleurs de sa vive et belle imagination Schiller sait exprimer combien il aurait de bonheur à pouvoir trouver une issue pour sortir de cette vallée terrestre, obscurcie d'un brouillard glacé !

Là brillent des fruits d'or au travers du feuillage,
Les arbres de l'hiver y bravent le ravage ;
Qu'avec charme un cœur pur verrait couler ses jours
Dans le calme et la paix de ces riants séjours!
Qu'elle doit se passer avec bonheur la vie
Sur ces collines d'or, où la plante fleurie
Jouit d'un soleil pur, éternel! Quel air doux
On y peut respirer!... Les vagues en courroux
Du torrent écumeux jaillissant d'une roche
Dont la vue est horrible, en défendent l'approche!
Une barque pourtant est près de ce récif;
Mais nul pilote, hélas! pour conduire l'esquif!
— N'importe, laissons là toute vaine contrainte :
Sa voile se déploie, entrons-y, point de crainte!
Il nous faut espérer, mais être audacieux,
Car jamais le succès n'est garanti des Cieux!
Par un miracle seul ou de brillants prestiges,
Nous pourrons t'aborder, beau pays des prodiges!

L'Étrangère (1).

Dans un riant vallon, chez de pauvres bergers,
Au retour du printemps, aux chants de Philomèle,
On voyait arriver de climats étrangers
Une nymphe à la fois jeune, imposante et belle.

Nul ne savait le lieu qui lui donna le jour ;
Aucun n'avait pu voir sa soudaine arrivée,
Et quand elle quittait cet humble et beau séjour,
Rien ne montrait les pas qui l'avaient enlevée.

Son abord gai, charmant, inspirait le bonheur :
Les cœurs se dilataient à sa douce présence ;
Mais un regard céleste, un air plein de grandeur,
Éloignaient l'indiscret, avec sa suffisance.

(1) Nous croyons devoir laisser au lecteur le plaisir de soulever le voile ingénieux et assez transparent de cette gracieuse et charmante allégorie, et d'en deviner le sens spirituellement mystérieux.

Elle faisait présent aux bergers de ces lieux
Et des fleurs et des fruits d'une terre étrangère;
Leur éclat, leur beauté, ravissaient tous les yeux,
Rien ne semblait flétrir les dons de la bergère.

Chacun pouvait jouir de ses aimables dons :
Elle en faisait à tous recueillir l'avantage ;
Jeunes gens et vieillards, vivant dans ces cantons,
S'éloignaient d'auprès d'elle, heureux de leur partage.

Mais quand, pour réclamer sa part de dons charmants,
Un couple ivre d'amour allait au-devant d'elle,
L'étrangère donnait à ces heureux amants
De ses fruits le plus doux, de ses fleurs la plus belle.

Le Gant (1).

Un empereur, il avait nom François,
   Était assis au balcon d'une arène,
Où des lions, des ours, la troupe se déchaîne,
Luttant pour le plaisir et des grands et des rois,
   Pour divertir ainsi l'espèce humaine.
   Jeunes beautés et chevaliers courtois
Autour de lui rangés formaient noble guirlande.
L'empereur fait un signe et de la main commande :
   Une loge s'ouvre en ce moment,
Et le roi des forêts s'avance gravement.
   Autour de lui son regard se promène ;
     Il bâille lentement,
   Met sa crinière en mouvement,
Étend les pieds et s'abat sur la plaine.

(1) Voici l'une de ces pièces qui, sans exprimer des sentiments personnels, ont du charme et de la grâce. Schiller suivit la mode de son temps, de composer des romances ou des ballades sur des aventures merveilleuses ou chevaleresques. Burger avait donné la vogue à ce genre, qui a de l'analogie avec la poésie *primitive* européenne, avant l'imitation des anciens. Un penchant populaire lui garantissait le succès auquel Goethe aussi prit part. *Le Gant* est un récit simple et facile, mais pourtant revêtu de couleurs poétiques.

Mais bientôt l'empereur
A fait un nouveau signe :
D'un antre que son œil désigne,
Un tigre sort rugissant de fureur.
Dès l'abord il s'étonne
De voir sa majesté lionne ;
Il fait un saut,
Se dresse haut ;
Il recourbe sa croupe en cercle formidable ;
Sa langue sort de son gosier ardent ;
Autour d'un rival redoutable
Il tourne non sans crainte, et puis tout en grondant
A ses côtés s'étend.
Un signe est fait encor : deux léopards surgissent,
Qu'une double loge vomit.
Ce couple de rage frémit.
Le lion se relève, et ses poils se hérissent ;
En fier monarque, il regarde, il rugit.
A l'aspect de ce terrible maître,
On voit la paix renaître ;
Tous ces fiers animaux se sont en ce moment
En se couchant placés paisiblement.
Mais une main fière, élégante,
Tout à coup du balcon laisse tomber un gant.
La belle Cunégonde adresse à son amant
Ces mots affreux, d'une voix provocante :
« Chevalier, si vous m'adorez,
Comme toujours me le jurez,
Ce gant vous me rapporterez ! »
Elle dit, et le preux, d'un pas ferme et rapide,
Et de l'air le plus intrépide,
Descend dans le cirque à l'instant.
Là, d'une main hardie, il relève le gant
Au milieu de la gent féroce,
Et revient lentement de ce repaire atroce.
La terreur et l'étonnement
Étaient peints sur chaque visage.
On applaudit ; d'un air plein d'agrément,
D'un air qui du bonheur semble être le présage,
La belle Cunégonde accueille son amant.
« Voilà le gant ! dit-il ; quant à la récompense,
Madame, je vous en dispense.
Adieu, gardez mon souvenir ! »
Il dit, et part pour ne plus revenir.

Le maître.

Tout autre, à ce qu'il dit, on peut le reconnaître ;
Du style, à ce qu'il tait, se décèle le maître !

Théophanie.

Vois-je un heureux ? des dieux je n'ai plus souvenance ;
Mais ils sont devant moi, si je vois la souffrance.

Les chimères ou l'idéal (1).

Sans tes illusions, tes peines, tes plaisirs,
Me laisser isolé ! oui, tels sont tes désirs !

(1) Les stances de Schiller, l'*Idéal*, sont comparées par madame de Staël avec celles de Voltaire :

> Si vous voulez que j'aime encore,
> Rendez-moi l'âge des amours...

N'est-il pas curieux d'observer le même sentiment dans deux âmes si différentes, de juger de la diversité des idées mises en mouvement dans l'une et dans l'autre ? De telles comparaisons font apprécier le caractère et les tendances de chaque époque littéraire. Les vers de Voltaire sont charmants et d'un tour simple, facile et gracieux : ils expriment ce que chacun peut éprouver, et le philosophe-poëte allemand les reproduit avec bonheur, à sa manière. Il pleure la perte de l'enthousiasme et de l'innocente pureté des pensées du premier âge, et c'est par la poésie et la pensée qu'il se flatte d'embellir encore le déclin de ses ans. Si Voltaire a une clarté facile et brillante, Schiller a une philosophie consolante et qui remue profondément l'âme.

Rien ne peut t'arrêter dans ta fuite, infidelle,
Temps doré du jeune âge! en vain je te rappelle...
Tu t'envoles, tu cours à pas précipité!
Ses flots vont te grossir, mer de l'éternité!
Ces gais rayons jadis qui versaient leurs lumières
Sur ma tête, ont pâli; ces brillantes chimères
Ont fui, qui remplissaient le vide de mon cœur.
Oh! ne crois plus, mon âme, aux songes de bonheur
Que le sommeil t'offrait suaves et célestes;
Froide réalité, tu les fis bien funestes!
Comme Pygmalion, dans sa brûlante ardeur,
Sut au marbre glacé donner de la chaleur,
L'âme et le sentiment, l'amour avec la vie,
J'embrassais la nature, et mon âme ravie
De poëte voulait l'animer par ces feux
Que ressent la jeunesse. Et, secondant mes vœux,
Je la vis partager mes transports et ma flamme.
Elle avait une voix pour répondre à mon âme;
Elle savait saisir d'amour mes sentiments,
Comprendre de mon cœur, sentir les battements!
La rose, l'arbre, tout pour moi semblait renaître;
Les ruisseaux me flattaient par leur accord champêtre,
Comme un chant; on eût dit par mes soins que partout,
Être sensible ou non, se fût animé tout!
Alors un monde entier se presse en ma poitrine,
Brûlant de se produire, en son ardeur divine,
Par l'action, les mots, le langage, les chants,
Les images, les tours et les gestes touchants...
Grand fut ce monde alors qu'il n'était point en vue,
Comme dans son bouton la fleur inaperçue.
Mais bien peu cette fleur a pu s'épanouir!
Chétive, elle n'a fait depuis que se flétrir.
De la vie il s'élance un jour dans la carrière,
L'insouciant jeune homme, à l'humeur si légère,
Content et trop heureux de ses beaux rêves d'or;
D'inquiétude il vit au moins, lui, libre encor!
L'espoir lui fait des cieux franchir l'espace immense;
Il n'est point de hauteur, il n'est point de distance
Que ses ailes ne soient capables de franchir!
Ce voyage, il le peut sans obstacle accomplir.
Autour de lui se presse une foule agréable;
Son char est entouré du dieu le plus aimable;
Devant lui le bonheur et sa couronne d'or,
La vérité, la gloire apparaissent encor;

L'une à l'éclat du jour paraît nue et sans voiles,
Et l'autre a le front ceint de brillantes étoiles !
Au milieu de la route, il perd tous ses amis,
Perfides compagnons changés en ennemis,
L'un après l'autre, hélas ! — Comme une ombre légère,
Le bonheur avait fui ! — L'on ne put satisfaire
A sa soif de savoir ; l'affreuse obscurité
Du doute vint ternir l'auguste vérité.
De la gloire il a vu la palme au front vulgaire ;
Avec le doux printemps l'amour quitta la terre.
Mon chemin tous les jours fut plus silencieux,
Plus désert, et l'espoir à peine encore aux yeux
Y jetait des clartés vagues, peu rassurantes.
De toute cette suite aux allures bruyantes,
Quelles divinités m'ont conservé leur foi,
Me consolent encor dans ma détresse, moi,
Et me protégeront jusqu'à ma suprême heure,
Et verront avec moi ma dernière demeure ?...
L'une d'elles, c'est toi, tendre et chère Amitié,
Qui des maux de ma vie as voulu la moitié,
Toi dont l'habile main guérit toute blessure,
Toi que j'ai tant cherchée ! Ah ! reste et me rassure !
J'ai besoin d'un appui pour mes pieds chancelants,
J'attends d'un ami sûr les soins si consolants !...
L'autre, c'est toi, divine et bienfaisante Étude,
Toi qui des âmes sais calmer l'inquiétude,
Et sans créer beaucoup, de beaucoup nous instruis,
Rends les esprits sereins et jamais ne détruis !
Tu n'accrois que d'un grain de sable l'édifice
Éternel, mais tu sais, par un noble artifice,
Quelque avare qu'il soit, prendre, ravir au temps
Des minutes, des jours, et des mois, et des ans !

La fortune, ou le bonheur et la sagesse.

En guerre avec l'objet comblé de sa tendresse,
Le Bonheur eut un jour recours à la Sagesse :
« Soyons amis, dit-il ; voici mes biens, mon or !
J'offre de beaux présents, mon plus riche trésor,

Et je vois, malgré tout, que, toujours plus avide,
Elle m'accuse, moi, d'avarice sordide.
Viens, travaille; entre nous, sœur, règne l'amitié!
Nous avons bien pour deux, soyons donc de moitié! »
La Sagesse sourit à ces mots... sa besogne est trop dure,
Et frottant la sueur inondant sa figure :
« A la mort par là court ton ami, mais tout doux!
Je me passe de toi! réconciliez-vous! »

Le Génie.

L'esprit peut répéter ce qui déjà fut fait;
Ce qu'a fait la nature, il le fait d'après elle.
Dans le vide il bâtit sur ce même modèle :
L'homme seul d'un génie accompli, grand, parfait,
Dans la nature accroît la nature nouvelle!

L'Enchantement (1).

Laure, quand tes beaux yeux avec un doux émoi,
Même pour un instant se sont fixés sur moi,
Il me semble franchir les limites du monde;
Je brille de l'éclat du soleil qui féconde
Et vient ranimer tout au retour du zéphyr.
Quand mon image peut dans toi se réfléchir,
Se peindre en tes beaux yeux d'azur, alors je pense
Être d'un doux nectar sous la douce influence.

Quand de ta belle bouche, en chants harmonieux,
S'échappent des accents divins, mélodieux,
Je crois du haut du ciel entendre avec délire
Les accords de la harpe et les sons de la lyre;

(1) C'est l'une des pièces que Schiller composa dans sa jeunesse si orageuse et si passionnée. L'objet de son violent amour, sa *Laura*, troublait la paix et le bonheur de sa vie. Il se la représente ici non-seulement à son piano, mais y chantant délicieusement.

Pour ma muse vraiment c'est l'heure du berger.
Lorsque tes jolis pieds dansent d'un pas léger,
Je vois autour de toi, par un divin prodige,
Plus d'un petit amour qui sautille et voltige;
Comme jadis Orphée, il me semble aussi voir,
Par ta grâce séduits, les arbres se mouvoir.

Lorsque par tes regards le doux amour s'exprime,
On dirait que par eux roc ou marbre s'anime;
Et quand il m'est permis de lire en tes beaux yeux,
Les songes ne sont plus que faits délicieux !

Ce qui vivifie.

Au sommet de la vie, une fleur, seulement,
      S'anime de nouveau
Dans le monde organique ou bien du sentiment.

Plainte d'une jeune fille (1).

De sourds gémissements la forêt retentit...
De nuages couvert, l'horizon se brunit...
Sur le rivage sombre une fille est assise...
Contre les rocs un flot tumultueux se brise...
La jeune vierge est là, l'œil humide de pleurs,
Elle laisse échapper ces accents de douleurs :
« Mon triste cœur est mort à jamais à la joie!...
Rien ne comble le vide auquel il est en proie.
Le monde ne pourrait plus accomplir mes vœux...
Il n'offre plus pour moi que des jours malheureux...
Rappelle donc à toi ton enfant, ô ma mère!
Ici-bas j'ai joui du bonheur éphémère

(1) Dans cette pièce, la délicatesse et la grâce de l'esprit français semblent s'unir à la pensée touchante, vague et pathétique du génie allemand.

Que l'on peut y goûter... J'aimais et j'ai vécu ! »
Elle dit : son chagrin ne peut être vaincu...
Ses pleurs sont plus fréquents ; mais de ses rudes armes
La mort n'a jamais fait de grâce pour des larmes...
Une voix lui répond : « Demande ce qui fait
« Que le cœur se guérit quand l'amour disparaît,
En y laissant souvent une grave blessure...
Je te l'accorderai, ma fille, sois-en sûre !!!
Tu te tais... Laisse un cours à tes pleurs impuissants
Pour un cœur qui goûta les plaisirs ravissants
De l'amour... Ah ! ce sont les soupirs et les larmes
De l'amour qui pour lui gardent le plus de charmes ! »

―――

Le poëte moraliste.

L'homme est, je le savais, un être de néant...
Je voulais l'oublier... Et j'arrivais pourtant
    Vers vous, ô race infâme !
    Je m'en repens au fond de l'âme !!

―――

Damon et Pythias (1), ou la Caution (2).

Aux portes d'un palais, de gardes hérissées,
Damon s'était glissé, sous ses habits portant
Un poignard. Les soldats l'arrêtent à l'instant.
Le roi, — c'était Denys, — veut savoir ses pensées.
« Je voulais d'un tyran, dit-il, sauver l'État !
— La croix va, dit Denys, payer cet attentat !

(1) Ces deux philosophes de la secte de Pythagore s'étaient unis entre eux par les liens d'une amitié si étroite et si constante, qu'ils étaient disposés à mourir l'un pour l'autre. C'est un fait réellement historique, dont Schiller nous fait le poétique récit.

(2) Parmi les ballades de Schiller, plusieurs retracent des événements réellement arrivés, par exemple : *la Caution, l'Anneau de Polycrate, les Grues d'Ibycus, le Comte d'Habsbourg*, etc. Sous le rapport de l'intérêt et de la poésie, on remarque les charmantes ballades du *Chevalier* et du *Plongeur*.

—Je ne crains point la mort, j'ai dévoué ma vie,
Dit Damon. Toutefois, qu'on veuille m'accorder
Un délai de trois jours, que j'ose demander,
Pour voir à son amant s'unir ma sœur chérie.
Mon ami restera comme otage pour moi;
C'est lui qui périra, si je manque à ma foi. »

A ces mots, le tyran sourit avec malice,
Réfléchit un instant : « Je t'accorde trois jours,
Dit-il; mais aussitôt qu'en finira le cours,
Si tu n'es point ici pour marcher au supplice,
Songe que ton ami seul s'expose à la mort;
Toi, tu seras absous et n'auras point son sort. »

Damon à son ami va raconter l'affaire :
« Pour mon crime, dit-il, le roi m'a condamné
A périr sur la croix; pourtant il m'a donné
Un délai de trois jours. D'une sœur qui m'est chère
Je voudrais voir l'hymen, si tu peux rester, toi,
Jusqu'à ce qu'au retour je dégage ma foi. »

Pythias, sans parler, contre son cœur le serre;
Puis aux fers du tyran il va se résigner.
Damon a, comme on pense, hâte de s'éloigner.
Quand la troisième aurore a lui, dès qu'elle éclaire
Les noces de sa sœur, il revient à grands pas,
Agité par la peur qu'on ne l'attende pas!

Mais la pluie à flots tombe, elle inonde la terre;
Un torrent furieux roule du haut d'un mont.
Damon voit des débris et les arches d'un pont
Qu'entraînent en grondant les eaux de la rivière.
Il est là sur le bord, près du gouffre inhumain,
N'ayant pour tout appui qu'un bâton à la main.

Il parcourt consterné ce désolant rivage,
Cherche de toutes parts, appelle mille fois;
Mais, hélas! rien, hélas! ne répond à sa voix.
Nul bateau ne sillonne une déserte plage;
L'eau s'étend, couvre tout : le plus hardi nocher
De ces flots débordés n'oserait approcher.

« O Jupiter! dit-il, d'une voix faible, éteinte,
Prends en pitié mes pleurs; permets que le courant

M'offre un gué pour passer, ou retiens le torrent !
Que je sois affranchi d'une mortelle crainte !
Il est déjà midi ; quand le jour baissera,
Si je n'arrive, ô dieux ! Pythias périra ! »

La fureur du torrent est loin d'être assouvie :
Les flots pressent les flots ; les précieux moments
S'écoulent vite aussi : bientôt il n'est plus temps.
Damon de son ami veut, doit sauver la vie !
Il se jette à la nage et brave le trépas ;
La puissance des dieux veille et conduit son bras.

Il triomphe des flots : il gagne le rivage ;
Il s'avance à grands pas, rend grâce au Ciel sauveur.
Voilà d'un bois voisin que la sombre épaisseur
A vomi de brigands un essaim plein de rage ;
D'or, de sang altérés et la massue en main,
Ils entourent Damon, lui ferment le chemin.

Saisi pour Pythias d'une terreur mortelle :
« Je n'ai point de trésor, que voulez-vous de moi ?
Je n'ai rien que ma vie, elle appartient au roi. »
Il pense à son ami ; son ardeur devient telle,
Qu'il s'arme d'un bâton et d'un bras hasardeux
En dispersant la troupe, il en terrasse deux !

Bientôt les feux du jour ne sont plus supportables ;
Damon, brûlant de soif, fatigué, harassé,
Sent fléchir ses genoux sous son corps affaissé :
« Dieux qui m'avez sauvé de ces bras redoutables
Et des flots en fureur, tout mon être a frémi
Au penser d'entraîner dans ma perte un ami ! »

A peine il avait dit, qu'un murmure agréable
Arrive à son oreille ; il regarde et tout près,
D'un roc vif voit sortir un ruisseau clair et frais.
Pour un pèlerin las quel trésor ineffable !
Plein de joie, il se baisse : il est désaltéré,
Il poursuit son chemin d'un pas plus assuré.

Mais on voit le soleil au couchant qui s'incline
Au travers des ormeaux. Les ombres grandissant
Flottent sur le gazon en s'y réfléchissant.
Près de deux voyageurs d'une cité voisine

Damon passe. L'un d'eux a dit et clairement :
« On l'étend sur la croix en ce même moment! »

Son angoisse redouble et lui donne des ailes.
Il vole, il court; de loin il peut apercevoir
Les toits de Syracuse, aux doux reflets du soir.
Philostrate paraît, l'un des sujets fidèles
Laissé dans sa maison; il pâlit à l'instant
Où son maître à ses yeux apparaît haletant.

« Retourne sur tes pas; sauve ta propre vie :
Tu viens ici trop tard; pour toi seul j'ai frémi.
Pythias, te croyant toujours fidèle ami,
S'est vu fixer en croix. La cruelle ironie
De Denys n'a point su décourager sa foi;
D'heure en heure attendant, il espérait en toi.

— Fût-il cent fois trop tard, me fût-il impossible
De conserver ses jours, au moins je le verrai;
Ne pouvant le sauver, avec lui je mourrai!
Nous périrons tous deux. Ce tyran inflexible,
Si son cœur ne s'ouvrit jamais à la pitié,
Sera forcé du moins de croire à l'amitié!

Le soleil se couchait : la croix était dressée.
Damon paraît enfin; d'un pas impétueux,
Du peuple traversant les flots tumultueux,
Aux bras de Pythias voit la corde enlacée :
« A ce fatal lien que je sois suspendu;
Bourreaux, c'est pour moi seul qu'il avait répondu! »

Tous voient ces deux héros d'une amitié si belle
S'embrasser en pleurant de joie et de douleur;
Autour d'eux point d'œil sec, point d'insensible cœur.
On court porter au roi cette étrange nouvelle.
Pour la première fois se sentant émouvoir,
Au palais aussitôt il désire les voir.

Héros de l'amitié, le roi les considère
Longtemps, et puis leur dit : « Vous l'avez emporté;
Votre tendresse, amis! fléchit ma dureté :
La foi de l'amitié n'est point une chimère.
Vivez, et laissez-moi l'espérance qu'un jour
Mon cœur sera de tiers en ce saint nœud d'amour! »

Différence des états.

Au monde sensuel est aussi sa noblesse.
La nature commune avec ce qu'elle FAIT,
    Suppute en sa bassesse ;
  L'autre, avec ce qu'elle EST.

A la Muse.

Ce que sans toi j'aurais été, le sais-je, moi ?
Mais ce que des milliers de mortels sont sans toi...
    Ah ! j'en frémis à la seule pensée !

Le père.

Agis tant que tu veux, ton rôle n'est fini
Que lorsque la Nature au Tout t'a réuni.

Le Secret (1).

Nul vain propos n'a trahi sa tendresse,
Trop de regards suivaient ses mouvements ;
Mais dans ses yeux, mon cœur plein d'allégresse
Sut deviner ses secrets sentiments.

(1) Ce charmant, ce délicieux morceau de poésie, est plein de délicatesse et de naïveté dans la pensée, dans le sentiment et dans l'expression. Cette pièce est, de plus, d'une clarté toute française.

Environné des charmes du mystère,
Je me rendis sous ces sombres ormeaux.
Charmant bosquet, cache à toute la terre
De deux amants les feux et les doux maux!

De loin j'entends la ville qui résonne
De tout le bruit de ses ardents travaux;
Le choc confus d'un peuple qui bourdonne,
Se mêle au bruit cadencé des marteaux.
Par son labeur, l'homme arrache avec peine
Quelques faveurs à l'avare destin;
Le vrai bonheur, ennemi de la gêne,
Est fils des dieux, d'un aspect prompt, certain.

Non, que jamais le monde ne connaisse
De nos amours le charme et le tourment;
Du vrai bonheur il ignore l'ivresse,
Il trahirait le plus doux sentiment.
L'amour heureux, que sans cesse il épie,
Est un trésor qu'il faut lui disputer;
Dérobons donc à sa jalouse envie
Les doux moments où l'on peut le goûter.

C'est en secret que le plaisir s'avance,
Il marche seul, dans l'ombre et dans la nuit;
Que le soupçon le suive ou le devance,
A l'instant même il s'échappe et s'enfuit.
O frais ruisseau, source limpide et pure,
Deviens torrent et roule furieux;
Chassant au loin la cruelle imposture,
Ferme à jamais l'enceinte de ces lieux!

La Rencontre (1).

Oui, je la vois encore, éclipsant les attraits
Des beautés de la cour qui l'envie et l'admire!

---

(1) Cette pièce est un des nombreux et beaux exemples de cette exquise *sensibilité* qui est l'âme du génie de Schiller, comme l'*imagination* fait la force et la vie de celui de Goethe.

Comme un soleil aux yeux resplendissaient ses traits ;
Je n'osais l'approcher, redoutant son empire.
Son regard plein d'amour, son air noble, enchanteur,
Inspirèrent soudain à mon âme en délire
Un effroi plein d'extase, un charme séducteur,
Et mes doigts incertains errèrent sur ma lyre.
Ce qu'alors j'ai senti de transports ravissants
Est comme un songe heureux, effacé de mon âme ;
Un sentiment nouveau donnait à mes accents
La force et la clarté d'une céleste flamme.
Plein de vagues désirs, mon cœur tout étonné
Sut rompre enfin les nœuds captivant mon génie,
Et libre de ces fers qui l'avaient enchaîné,
Il rendit avec feu des sons pleins d'harmonie.
Mais bientôt réveillé de ce songe enchanteur,
J'avais repris mes sens après un long silence ;
Je vis avec plaisir l'amour et la pudeur
De ses regards troublés relever l'innocence...
Quand par ces mots charmants qui m'égalaient aux dieux
Au céleste séjour mon âme fut ravie.
Ah ! me dis-je, un instant qu'on passe dans les cieux
Ne se retrouve plus qu'à la fin de la vie !
Un cœur fidèle et pur qui cache ses désirs,
Aime et brûle dans l'ombre et garde l'espérance !...
Oui, je sens tout le prix de ses secrets soupirs,
Et du sort je saurai réparer l'ignorance.
Le présent le plus beau vengera tous ses torts.
L'amour seul est le prix d'une vive tendresse,
Et pour un cœur discret le plus grand des trésors,
C'est un cœur qui répond à sa divine ivresse.

Le comte de Habsbourg (1).

Tout brillant de l'éclat d'une auguste couronne,
Rodolphe de Habsbourg, ce nouvel empereur,

(1) Sans y trouver tout le charme et le talent si populaire des admirables ballades de Burger, on lit avec plaisir ce récit naïf, facile et agréable, d'un fait historique curieux, touchant et intéressant par sa sainte et noble simplicité.

Assistait au banquet qu'à peine sur le trône,
    Il vit se faire en son honneur,
Dans un palais antique, au sein d'Aix-la-Chapelle.
Les plats étaient portés par le grand palatin ;
L'électeur de Bohême, égayant le festin,
Animait par les vins la fête la plus belle;
Là, sept princes servaient leur maître ambitieux.
Tels autour du soleil vont les astres des cieux.

    En tous lieux se répand la foule qui se presse,
Joyeuse, dans les cours comme sous les balcons ;
Partout des cris de joie et des chants d'allégresse
    Se mêlent au bruit des clairons !
Après les longs tourments d'une cruelle guerre,
L'interrègne est fini... ce règne de terreur,
Où le glaive frappait aveuglément... horreur!
Un juge plus humain vient rassurer la terre :
Le faible ne craindra plus le fort; désormais
Tout semble devoir plaire aux amis de la paix.

    L'empereur prend sa coupe, et sur toute la table
    Lançant des regards satisfaits :
« Cette fête, dit-il, est vraiment délectable,
    Brillante et selon mes souhaits.
Qu'y manque-t-il encor pour combler l'allégresse ?
Un de ces troubadours dont les doctes chansons
Mêlent aux doux plaisirs de sublimes leçons ;
Mon cœur en fut charmé dès ma tendre jeunesse.
Oui, simple chevalier, j'en ai fait mon bonheur ;
Je ne puis aujourd'hui l'oublier, empereur ! »

    Aussitôt dans la salle, à grands frais décorée,
    Un barde s'avance à pas lents ;
Sa robe longue flotte et sa tête est parée
    De cheveux blanchis par les ans.
« En soi le luth renferme une exquise harmonie,
Dit-il; des jeux d'amour il chante les vainqueurs,
Ce qui charme les sens et ravit tous les cœurs,
Et les grandeurs du trône et les dons du génie !
Parlez, seigneur. Quel chant sera digne en ce jour
De plaire à l'empereur en sa splendide cour ? »

    Rodolphe lui répond avec un doux sourire :
    « Ici je n'ai point à dicter de loi,

Je n'intime point d'ordre aux enfants de la lyre;
Ils ont pour maître un plus puissant que moi!
Car, semblables aux vents d'origine inconnue,
Aux torrents dont la source est dérobée aux yeux,
Le génie et l'esprit, ces dons mystérieux,
Inspirant le poëte en sa verve ingénue,
En animant sa voix, lui prêtent ces accents
Qui font vibrer les cœurs et ravissent les sens. »

Le troubadour alors, d'un ton ferme et rapide,
En parcourant sa lyre, y joint sa noble voix :
« Un vaillant chevalier suivait le daim timide
    A travers les taillis et les bois.
L'arc et les javelots, le carquois, l'arbalète,
Sont portés près de lui par son jeune écuyer;
Quant à lui-même, il monte un superbe coursier.
Tout à coup on entend le son d'une clochette;
Un prêtre, que suivait un seul enfant de chœur,
S'avançait en portant le corps du Rédempteur!

» Le comte, en le voyant, descend, fait mieux encore,
    Il se prosterne à deux genoux ;
En fidèle chrétien, humblement il adore
    Le Christ qui nous a sauvés tous.
Un ruisseau débordé s'échappait dans la plaine;
Il n'était plus ruisseau, car l'orage récent
En avait grossi l'onde et fait un fier torrent.
Le prêtre à cet aspect, sans cri, sans clameur vaine,
Dépose au même instant son précieux fardeau,
Laisse là sa chaussure et va traverser l'eau.

» Le comte surpris, dit : « Dieu! quelle tentative!
Quoi! vous allez franchir un tel torrent!
— Seigneur, dit le curé, je dois sur l'autre rive
Porter le viatique au logis d'un mourant.
J'ai trouvé ce ruisseau renversant sa barrière;
Le pont qu'envahit l'eau ne peut se traverser,
Mais je n'en suis pas moins résolu de passer;
Pourrais-je du salut priver l'âme d'un frère?
Oui, j'aime mieux franchir le torrent à pieds nus,
Et regagner ainsi tous les instants perdus.

« — Non pas, dit le seigneur, mais prenez ma monture;
    Allez, volez par le plus court chemin,

Pour porter au mourant la céleste pâture ! »
　　　Il dit, lui met la bride en main,
De l'écuyer pour lui prend le coursier agile
　　Et retourne à la chasse, à ce royal plaisir.
Le prêtre va remplir son plus ardent désir,
Et, prompt à s'acquitter d'un devoir plus facile,
　　Dès l'aurore suivante il ramène humblement
　Le beau cheval qu'en laisse il tient en ce moment.

» Certes, ne plaise à Dieu, s'est écrié le comte,
　　　Faisant preuve d'un noble cœur,
Qu'à la chasse, au combat, ce cheval je ne monte,
　　　Puisqu'il a porté mon Sauveur !
Si vous le refusez, pasteur, pour votre usage,
A l'Église du moins il sera destiné ;
Car c'est à mon Seigneur qu'hier je l'ai donné,
A Celui dont je tiens, par droit de vasselage,
Tous mes biens de la terre et jusques à l'honneur,
La vie avec le sang qui fait battre mon cœur !

« — Puisse le Tout-Puissant que ma faiblesse implore,
　　　S'écrie alors le bon prêtre inspiré,
Là-haut comme ici-bas vous prouver qu'il honore
　　　Tous ceux qui l'auront honoré !
L'Helvétie, à bon droit, vous aime et vous révère
Comme un preux chevalier, comme un puissant seigneur ;
Mais combien l'avenir vous garde de bonheur !
De six jeunes beautés vous êtes l'heureux père ;
Elles doivent s'unir à six princes fameux :
Un brillant avenir attend tous vos neveux. »

L'empereur, attentif et la tête baissée,
　　　Du barde écoutait les récits,
Et sur les derniers mots arrêtant sa pensée,
　　　L'observe d'un air indécis.
Les traits du troubadour éveillent sa mémoire :
C'est le curé !... Soudain il sent ses pleurs couler,
Et dessous son manteau veut les dissimuler.
Les convives émus ont compris son histoire,
Comment Dieu l'a guidé par des sentiers secrets,
Et de la Providence adorent les décrets.

A un enfant.

Innocent, joue et ris sur le sein de ta mère,
Car tu peux y braver les chagrins et l'effroi ;
Là des bras maternels forment une barrière
    Entre l'abîme et toi !

N'entends-tu pas le bruit d'un torrent redoutable,
Près de toi qui souris, rouler en mugissant ?
Nature et liberté, quoi de plus respectable ?
    Joue et ris, innocent !

L'instinct confus encor de ta force naissante
Est bien doux ; mais tu n'as qu'un jour pour en jouir,
Car au sein des devoirs d'une vie agissante,
    Il va s'évanouir !

L'harmonie ou l'accord philosophique.

Nous cherchons tous les deux le vrai : toi dans la vie ;
Par moi la vérité toujours est poursuivie
Dans le cœur, et chacun peut-être la verra !
L'œil est-il sain, certe il rencontrera
Partout le Créateur dans toute la nature.
Le cœur l'est-il, alors, oui, la vérité pure
Au monde intérieur pourra fort bien se voir
    Comme dans un miroir !

Plaintes de Cérès sur la perte de sa fille (1).

    Notre terre a changé de face ;
    Le printemps va tout enrichir,

---

(1) C'est une de ces belles pièces fugitives qui ne peuvent manquer de plaire, même au goût si délicat des Français. C'est le genre antique, mais avec plus de hardiesse dans la poésie.

Et de sa ceinture de glace
Partout on la voit s'affranchir :
Un ciel serein, plus pur, se mire
Dans le clair cristal des ruisseaux ;
Au souffle amoureux du Zéphire
S'accroissent les jeunes rameaux.
Les gais concerts d'oiseaux renaissent :
Mais l'oréade a dit : « Hélas!
O Cérès, tes fleurs reparaissent,
Ta fille ne reparaît pas! »

Ah! que j'ai parcouru d'espace,
De coteaux, de champs, de vallons!
D'Apollon même sur sa trace
En vain s'élançaient les rayons!
Rien n'y fait, car point de nouvelle
De ce cher objet de mes vœux ;
Le jour, par qui tout se décèle,
Ne peut point l'offrir à mes yeux.
Jupiter l'aurait-il ravie?
Ou, touché de ses doux appas,
Pluton, pour embellir sa vie,
L'a-t-il au séjour du trépas?

Mais qui voudra porter ma peine
Vers elle aux implacables bords?
Caron, le noir nocher, n'y mène
Rien que les ombres et les morts.
Inconnu du reste du monde
Ce sombre domaine est resté,
Et jamais le Styx sur son onde
N'a vu d'être vivant porté.
Mille sentiers y font descendre,
Mais aucun ne ramène au jour;
Rien, ô ma fille, pour apprendre
Tes angoisses à mon amour!

Toutes les mères de famille,
Venant des cailloux de Pyrrha,
Peuvent du moins suivre une fille
Que l'affreuse mort ravira.
Hélas! nous autres immortelles,
Nous n'avons point d'espoir si doux;

O Parques, vos mains trop cruelles
N'épargnent jamais rien que nous.
Ah ! plutôt dans une ombre épaisse
Qu'on me jette du haut du ciel !
Par ces vains droits de la déesse
Se brise mon cœur maternel.

Ah ! certes, volontiers sa mère
Affronterait ces lieux d'horreur,
Où tout près d'un époux sévère
Elle règne par la terreur.
Dans la foule obscure des ombres
Je me tiendrais ; et là tes yeux,
Cherchant loin de ces plaines sombres
L'agréable clarté des cieux,
A peine m'auraient aperçue,
Que mon transport éclaterait.
Dès lors tu me serais rendue,
L'enfer même s'attendrirait !

O vain désir, plainte inutile !
Apollon aux champs de l'éther
Poursuit sa carrière immobile,
Soumis aux lois de Jupiter,
De qui la tête radieuse
Se détourne des noirs enfers,
Et moi, pour toujours malheureuse,
O Proserpine, je te perds !
Je te reverrai si l'Aurore
Éclaire un jour l'Orcus cruel,
Si le sombre Styx se colore
Des beaux rayons de l'arc-en-ciel !

N'en reste-t-il aucune trace ?
Rien d'elle qui puisse exprimer,
Bien que séparés par l'espace,
Que l'on se puisse encore aimer ?
Hélas ! plus de commune vie
Entre la mère et son enfant !
N'est-il donc plus rien qui rallie
Les ombres au monde vivant ?
Quelque chose pourtant me reste
De ce trésor abandonné,

Puisque, par le pouvoir céleste,
Un langage me fut donné.

Lorsque les fleurs et les feuillages,
Par le souffle du nord fanés,
Se répandront dans les bocages
Comme sur nos champs moissonnés
Parmi les présents de l'automne
Choisissant les épis dorés,
Épanchant les fruits qu'elle donne
Dans tous les terrains labourés,
Je pourrai me dire peut-être
Qu'à ma fille, au sombre séjour,
Ces germes feront bien connaître
Et ma douleur et mon amour !

Quand des Heures la marche égale
Nous ramène le doux printemps,
Quand le blond Phébus le signale
Par ses rayons vivifiants,
Du sein refroidi de la terre,
Le germe avec la tige aux cieux,
Vers le séjour de la lumière,
S'élance et s'agite joyeux !
Il semblait mort, mais il prospère,
Et brille de vives couleurs ;
La racine demeure en terre,
Aspirant vers les profondeurs.

Oui, dans ces plantes élancées,
Du triste empire de l'effroi
Je crois retrouver les pensées ;
Elles remontent jusqu'à moi.
Le Cocyte en vain te renferme
Dans un abîme ténébreux ;
Chaque racine ou nouveau germe
Qui se vient offrir à mes yeux,
Me dit qu'en cette nuit profonde
Où les ombres glissent flottant,
Ton cœur n'aspire qu'à ce monde,
Et gémit en me regrettant !

Salut, fleurs fraîchement écloses,
J'aime votre nouveau retour ;

Ah ! que l'Aurore aux doigts de roses
Vous ressuscite chaque jour !
Sur vous s'épancheront ses larmes,
Que boira l'astre des saisons.
Iris, pour augmenter vos charmes,
Me prêtera ses doux rayons.
Le frais printemps, qui tout ranime,
L'automne même, en sa langueur,
A tout sensible cœur exprime
Ce que je sens : joie et douleur !

Écrits astronomiques.

O ciel, toi que ne peut mesurer nul compas,
L'esprit étroit, borné, t'a descendu bien bas !

Majestas populi.

Ils sont bien peu nombreux
Les mortels qui t'ont vue habiter avec eux,
O majesté de la nature humaine !
Devais-je te chercher parmi la foule vaine ?
Peu de numéros vrais, beaucoup de billets blancs !
Son sentiment seul, vide, est autour des gagnants.

Immortalité.

Tu crains la mort, tu veux l'existence immortelle !
Vis dans le tout ! Alors elle peut être telle.

Le chevalier de Toggenbourg (1).

« Beau chevalier, d'amour de frère
    Tu dois te contenter,
Pour l'autre, silence et mystère,
    Je ne puis l'écouter !
D'un œil sec et d'un cœur tranquille,
    Je te verrai partir ;
Tout regret triste est inutile,
    Je n'y puis compatir ! »

A cette maîtresse adorée
    Rien ne répond l'amant ;
Il l'embrasse, et l'âme navrée,
    Il part rapidement !
Il fait, par toute l'Helvétie,
    Rassembler ses soldats ;
Sous sa bannière il les rallie
    Pour de lointains combats.

Là, bientôt, par mainte victoire
    Il signale son bras ;
De Toggenbourg, Mars et la Gloire
    Guident partout les pas.
La terreur que son nom inspire
    Au vaillant Sarrasin
N'empêche pas qu'il ne soupire,
    En proie au noir chagrin !

A la fin d'une longue année,
    Il n'y peut plus tenir ;
La guerre à peine terminée,
    Le preux veut revenir.
Il est parti du port de Joppe,
    Rempli d'un doux espoir,
Et bientôt il revoit l'Europe,
    Les siens et son manoir.

(1) Nous avons conservé à cette ballade ce caractère naïf et simple des beaux temps de la chevalerie, et qui en fait tout le charme et l'intérêt.

A la porte de la rebelle,
　　Joyeux et sans souci,
Il a volé ; mais de sa belle
　　Quelle nouvelle ici !
« L'amante qui vous fut si chère
　　Hier quitta ce lieu,
Pour devenir, au monastère,
　　Épouse de son Dieu. »

Toggenbourg a dans la journée
　　Disparu du château ;
Son armure est abandonnée,
　　Et son coursier si beau !
Sous le cilice et sous la bure
　　Il veut dérober à jamais
Sa puissante et noble stature,
　　Ses héroïques traits.

Il s'est construit un ermitage,
　　Près des lieux d'où paraît
Le couvent à travers l'ombrage
　　De l'antique forêt.
Et là, non loin de l'humble entrée,
　　Souvent il vient s'asseoir,
Seul, l'âme toute concentrée
　　Dans son unique espoir.

C'est dans ses yeux qu'est tout son être
　　Là, depuis le matin,
Il attend l'heure où la fenêtre
　　Au soir s'entr'ouvre enfin.
C'est alors que la nonne adorée
　　Fait paraître à ses yeux
La beauté rare, idolâtrée,
　　D'un ange pur des cieux !

Puis, sous une modeste tente,
　　Plein d'un doux souvenir,
Il se plaît dans la douce attente
　　Du matin à venir.
La vie ainsi dans sa demeure
　　S'écoule sans chagrin ;
En paix il attend toujours l'heure
　　Qui charme son destin !

« L'heure où cette femme adorée
    Fait paraître à ses yeux
La beauté rare, idolâtrée,
    D'un ange pur des cieux ! »
Un jour enfin la belle Aurore
    Vit l'ermite expirant,
Mais qui vers la fenêtre encore
    Tournait un œil mourant !

Amour et désir.

On aime ce qu'on a, tu fais bien de le dire,
Mais ce que l'on n'a point, toujours on le désire !
Un cœur pauvre désire, un riche a de l'amour.

La Poésie en défaut.

Jupiter un beau jour éprouva le besoin
D'assigner aux talents leur rang auprès de l'homme.
    Celui d'entr'eux qui méritait la pomme,
La Poésie, était, rêvant, demeurée en un coin,
Comme un de ces objets dont on prend peu de soin.
Jupin lui dit : « O toi que la lyre accompagne,
Je ne puis te doter, les rangs sont déjà pris ;
Demeure auprès de moi, tu seras ma compagne,
    Et tes attraits rehausseront le prix
    De la céleste demeure,
Où tu seras toujours bien reçue à toute heure ! »

Problème social.

Que nul n'ait son égal, que chacun, sur ma foi,
Soit égal au plus haut, étant parfait en soi !

Aux mystiques.

C'est là le vrai secret! celui que tous les yeux
Ont autour d'eux sans cesse et qui n'est point vu d'eux.

Dignité des femmes (1).

Respect, honneur à vous! Sous les voiles modestes
Dont la grâce décente a formé les contours,
Femmes, vous conservez, en vestales célestes,
Le flambeau du génie et des chastes amours!
  L'homme, guidé par son caprice,
  Souvent, loin du but emporté,
  Blesse les mœurs et la justice;
  Il outrage la vérité!
  Sa force est cruelle, inhumaine;
  Aspirant sans cesse au vrai bien,
  De monde en monde il se promène,
  Il s'agite et n'atteint à rien!
Par vos regards si doux, d'un prix inestimable,
O femmes! c'est à vous de dissiper l'erreur,
De ramener aux lois d'une nature aimable
Le sombre misanthrope et l'inquiet rêveur!
  Sur ce globe, en son humeur fière,
  L'homme veut dominer en vainqueur,
  Et rien ne peut dans sa carrière,
  Fixer ni ses vœux, ni son cœur!
  Ce qu'il bâtit, il le renverse;
  Hier ce qu'a fait une main,
  L'autre, venant à la traverse,
  L'anéantit le lendemain.
Toujours des plus doux soins les femmes animées,
Jouissent du présent, limitent leurs désirs;

(1) Voici encore une de ces belles pièces de poésie remarquables par une clarté, par une élégance et par une délicatesse toutes françaises. C'est d'ailleurs un noble et beau sujet!

Et dans un cercle étroit sagement renfermées,
S'adonnent aux devoirs, vrais, innocents plaisirs.
  L'homme se concentre en sa force :
  Il dédaigne, il traite d'erreurs
  Des sentiments la douce amorce,
  La pitié, l'abandon des cœurs.
  Ignorant les douces larmes,
  Le don divin de s'attendrir,
  Les coups du sort et les alarmes
  Servent encor plus à l'aigrir!
O sexe aimable! ainsi que la harpe d'Eole.
S'agite en murmurant au souffle du zéphir,
Votre cœur s'attendrit; il s'émeut et console
La faible humanité, dès qu'il l'entend gémir.
  L'homme par le feu, par l'épée,
  Cherche à dompter même le sort,
  Et de sa puissance usurpée,
  Le droit est celui du plus fort.
  Comment compter les injustices
  Qui semblent naître sous ses pas?
  Que d'ambitions, de caprices,
  Que de tourments et de combats!
Oh! oui, femmes, c'est vous seules dont l'influence
Tempère et réunit tant d'éléments divers;
Par vous règnent la paix, le bonheur, la prudence;
L'union, la vertu, restent dans l'univers!

Le génie allemand (1).

Que la beauté des Grecs, la force des Romains,
Soient notre but à tous, littérateurs germains!
  Tendons-y tous avec sagesse,
Et des Français fuyons l'éclat et la finesse!

(1) Dans ses vers à Goethe sur sa traduction du *Mahomet* de Voltaire, Schiller dit :
« Ne prenons point les Français pour modèles : chez eux l'art n'est point animé par la vie; la raison, amante du vrai, rejette leurs manières brillantes, leur pompe et leur dignité affectées ! »

Bonté et grandeur.

Ah! que ces deux vertus toujours soient réunies!
O Grandeur, ô Bonté, soyez sans cesse unies!
Oui, que le Bon soit grand, et le Grand toujours bon!

Le Plongeur (1).

« Qui d'entre vous, vassal, chevalier, page,
Ma coupe d'or désire conquérir?
En cet abîme au delà du rivage,
Mon bras la jette. Qui, sans peur d'y périr,
Si quelque preux s'y plonge et la rapporte,
Elle est à lui : c'est son bien, qu'il l'emporte? »

Ainsi, du haut des cimes du rocher
Qui sur la mer domine et se balance,
Le roi parlait; et la coupe qu'il lance,
Dans l'affreux gouffre où l'œil n'ose plonger,
Tombe. Il redit : « Nul guerrier magnanime
N'ose-t-il donc s'élancer dans l'abîme? »

Autour de lui, pages et chevaliers,
Tremblants, sans voix, sont restés immobiles,
Les yeux fixés sur ces rochers stériles
Et sur la mer! Sévèrement liés
Par la loi, tous ont peur : leur résistance
Cède lorsqu'un troisième appel commence.

Un beau jeune homme, au maintien fier et doux,
Sort du milieu de la troupe muette;

---

(1) Burger a le premier donné la vogue à ce genre de romances et de ballades sur des aventures merveilleuses ou chevaleresques. Schiller y réussit à merveille dans cette pièce d'un si touchant intérêt et si pleine de vive et romantique poésie.

Son manteau tombe, et son écharpe il jette.
Son noble aspect est admiré de tous.
Dames, seigneurs, le peuple du rivage,
Tous ont les yeux fixés sur le beau page.

Lui, s'avançant sans peur sur le rocher,
Voit sans pâlir la Charybde écumante
En mugissant vomir l'eau bouillonnante.
Ce sombre abîme, il ose l'approcher !
Des profondeurs de ce gouffre terrible
L'onde s'échappe avec un bruit horrible.

Oui, l'on croirait que le feu prend aux eaux,
Tant on entend craquer, bouillonner, bruire !
Jusques aux cieux l'onde bruyante aspire,
Et sur les flots se pressent d'autres flots.
Tu semblerais, ô mer inépuisable,
Vouloir produire une autre mer semblable !

Un tel fracas ne peut durer longtemps :
Les profondeurs de l'affreux précipice
S'ouvrent !... Il faut que le ciel les maudisse
Ces sombres flots, des enfers vrais enfants !
Par le reflux les vagues amenées
En tournoyant descendent entraînées.

Voulant du flux prévenir le retour,
De réussir voyant l'unique chance,
En priant Dieu le jeune homme s'élance.
Un cri d'effroi retentit à l'entour.
Sur le plongeur, courageuse victime,
Tu t'es fermé, mystérieux abîme !

Mais un bruit sourd s'entend au fond des eaux ;
Du gouffre enfin l'onde n'est plus troublée ;
Et mille voix disent dans l'assemblée :
« Pour toujours donc, adieu, jeune héros ! »
De plus en plus le bruit est sourd ; l'attente,
A chaque instant, devient plus tourmentante.

Ah ! qui voudrait dans ce gouffre plonger
Pour y chercher même, ô roi, ta couronne !
Non, ne crois pas que ni sceptre ni trône
A pareil prix on voulût rechercher !

Quel être humain a pu jamais nous dire
Les profondeurs de ce lugubre empire?

Que l'on a vu de vaisseaux enfoncés
De la Scylla dans les gouffres énormes,
N'en ressortir que par débris informes,
Carène et mâts en pièces fracassés!
Voilà qu'un bruit, semblable à la tempête,
De plus en plus s'approche et se répète.

« Oui, l'on croirait que le feu prend aux eaux,
Tant on entend craquer, bouillonner, bruire!
Jusques aux cieux l'onde bruyante aspire,
Et sur les flots se pressent d'autres flots.
Des profondeurs de ce gouffre terrible
L'onde s'échappe avec un bruit horrible! »

Mais quoi! je vois, éclatant de blancheur,
Flotter un corps sur la vague noirâtre!
On voit briller deux bras, un cou d'albâtre.
C'est lui, c'est lui qui nage avec ardeur!
Dans sa main gauche, au-dessus de la tête,
Il tient la coupe, ineffable conquête!

En saluant la lumière des cieux,
Qu'avec plaisir il va reprendre haleine!
« C'est lui, c'est lui!! Le flot nous le ramène! »
Tel est le cri général et joyeux.
A toi, Charybde, à toi non assouvie
Le jeune brave a dérobé sa vie

Vers le monarque inclinant ses genoux,
Il vient, suivi de la foule, timide,
Lui présenter la coupe encore humide.
Dans cette coupe, un nectar des plus doux
Est jusqu'aux bords versé par la princesse,
Puis en ces mots le page au roi s'adresse!

« A la faveur de la clarté des cieux,
O bienheureux est le roi qui respire!
Qu'il est affreux le souterrain empire!
Que nul ne cherche, osant tenter les dieux,
A voir ces lieux que leur main généreuse
A recouverts d'une horreur ténébreuse!

» Quand je plongeai jusques au fond de l'eau,
Je fus saisi d'une terreur subite.
Du creux d'un roc sur moi se précipite
Un courant vif, un tourbillon nouveau ;
Pauvre jouet d'une double puissance,
J'allais périr sans soutien, sans défense.

» Pour m'arracher à l'horreur de mon sort,
J'implorai Dieu, dans ma peur inouïe ;
D'un noir rocher j'aperçois la saillie,
Et je l'embrasse, et j'échappe à la mort.
A des coraux la coupe est suspendue,
Tombant plus bas, elle se fût perdue.

» Car de ce roc, entre mes mains serré,
J'apercevais les abîmes de l'onde,
Dont le soleil teint la masse profonde
De son reflet circulaire et pourpré.
Tout s'agitait dans ces sombres asiles,
Tout fourmillait de serpents, de reptiles.

» La salamandre et cent monstres divers
Se roulaient là, dans des orbes hideuses,
Et la torpille et la raie épineuses,
L'affreux requin, la hyène des mers,
Et le marteau, d'un aspect redoutable,
Tournaient vers moi leur gueule formidable.

» Dieu ! quel effroi ! Dieu ! quel affreux moment !
Quand je me vis, moi, seul être sensible,
Abandonné dans ce désert horrible,
En proie au plus effroyable tourment,
Hors de portée, hélas ! des voix humaines,
Qu'on n'entend point sous ces humides plaines !

» Dans cet état, je me sens approcher ;
J'entends grimper, j'en frémis d'épouvante,
Un monstre ouvrant une gueule écumante.
Dans ma terreur, je glisse du rocher.
Pour mon salut, à l'instant la marée
Me fait monter : ma vie est assurée. »

Le roi lui dit : « Garde la coupe d'or !
Ton cœur me plaît, ton récit m'émerveille ;

De cette bague, en beauté sans pareille,
Tu recevras le don plus riche encor,
Si, retournant, tu reviens pour me dire
Ce qui se passe en ce profond empire. »

« Pourquoi, mon père, encor tenter le sort? »
Dit la princesse, alors en suppliante.
« C'en est assez! ou s'il faut qu'on le tente,
Ce chevalier a fait un noble effort!
Ordonnez donc qu'un autre à son tour fasse
Preuve d'autant de courage et d'audace. »

« Va, dit le roi, je t'arme chevalier,
Si, retournant, tu reprends ta conquête,
La coupe d'or qu'à l'instant je rejette.
Ce jour aussi, je veux te marier,
Te voir l'époux de celle qui me prie
Si tendrement de ménager ta vie. »

Un feu céleste a brillé dans ses yeux
Après ces mots, cette grande promesse :
Il voit rougir, puis pâlir la princesse ;
De ce haut prix il est ambitieux.
Du sombre abîme affrontant la furie,
Il s'est lancé, risquant encor sa vie !

Bientôt le flux va monter de nouveau,
S'annonçant par un fracas de tonnerre ;
L'amour attend, il tremble, hésite, espère,
Et ses regards se sont fixés sur l'eau :
L'eau fuit, va, vient, revient sur le rivage,
Sans ramener jamais le jeune page (1) !

---

(1) Le père Kirker, dans son *Monde souterrain*, rapporte que Ferdinand, roi de Naples, engagea un plongeur habile, nommé le Poisson Colas, à se jeter à la mer pour y chercher une coupe d'or. Il en revint, et rapporta qu'il sortait une espèce de rivière du fond de la mer et qu'il surgissait des torrents entre des rochers pleins de poissons monstrueux. Peu content de cette première épreuve, le roi risqua une deuxième fois la vie de ce malheureux, qui ne revint plus de l'abîme. Quelle découverte, surtout dans un genre si peu utile à l'humanité, peut entrer en compensation avec la vie d'un homme ?

Les philosophes.

Des systèmes nombreux de la philosophie
   Je ne sais lequel doit rester ;
    Mais on peut et l'on doit souhaiter
Pour la philosophie une éternelle vie !

La Fête de la victoire.

Chant de triomphe au départ de la flotte des Grecs (1).

De l'antique Priam la cité consumée
Ne présentait aux yeux que cendres et débris !
Les princes grecs, avec leur glorieuse armée,
Ivres d'un fol orgueil, sur leurs vaisseaux assis,
Du fameux Pont-Euxin occupaient le rivage :
Leur énorme butin forme un riche fardeau.
Ils ne pensaient alors qu'à leur prochain voyage,
Pour rentrer triomphants dans leur pays si beau !
    Montrons par des chants notre joie,
      Car de nos vaisseaux guerriers
    La voile enfin se déploie,
     Pour regagner nos foyers !

Et cependant les captives troyennes,
Pâles d'effroi, pensaient à leur destin.
Au bord des eaux formant de longues chaînes,
Cheveux épars, se meurtrissant le sein,

---

(1) C'est une de ces belles poésies lyriques que Schiller a composées au milieu de ses travaux dramatiques. *Le Chant de départ des Grecs*, après la prise de Troie, est un hymne admirable et qu'on pourrait croire d'un poète d'alors. Le style et le coloris antiques y sont fidèlement observés. C'est un beau privilége du génie de se transporter aussi facilement dans les siècles, dans les pays, dans les mœurs et dans les caractères les plus différents du sien.

Le fier Pyrrhus s'adresse aux mânes de son père,
Et d'un vin généreux faisant couler les flots :
« Oui, de tous les destins célébrés sur la terre,
Nul ne l'est plus que le tien, grand héros !
De tous les biens, le premier c'est la gloire.
Ton corps s'anéantit au fond d'un monument,
Mais l'univers conserve la mémoire
D'un nom si cher, vanté si justement !
  Les poëtes, d'âge en âge,
  Rediront dans leurs accords
  Que la gloire est ton partage,
  Et tu vivras chez les morts ! »

« Vous avez oublié, dit le fils de Tydée,
Dans vos nobles chansons un guerrier valeureux ;
Justice au moins par nous lui doit être accordée.
Hector mourut pour vous, ô Troyens malheureux !
En déplorant sa perte, honorons sa mémoire.
Ce héros succomba, du sort abandonné ;
Mais dans la grande lutte il acquit plus de gloire
Que le vainqueur au front de lauriers couronné !
  Du chef qui donna sa vie
  Pour ses dieux et son pays,
  La gloire sera chérie,
  Même par les ennemis ! »

Le bon et vieux Nestor, lui qui vécut trois âges,
Prend, d'un bras affaibli, non sans précaution,
La coupe d'or qu'ornaient de verts et frais feuillages ;
Ensuite il va chercher la reine d'Ilion,
La déplorable Hécube, aux yeux remplis de larmes :
« Bois, lui dit-il, cette douce liqueur ;
Tous les objets ont par elle des charmes,
Elle adoucit tous les tourments du cœur !
  Bois la liqueur bienfaisante,
  Merveilleux don de Bacchus :
  Elle console, elle enchante ;
  Que de maux elle a vaincus ! »

Pleine du dieu puissant dont elle fut prêtresse,
Cassandre alors, d'un vaisseau contemplant
Ce qu'ont détruit les guerriers de la Grèce,
Et d'Ilion rasé le sol encor sanglant :

« Tout est fumée et cendre sur la terre,
A-t-elle dit. Mortels audacieux,
Votre puissance vaine est abîme et mystère :
Rien n'est solide et sûr que le pouvoir des cieux.
  Puisque des soucis la troupe
  Jusqu'en ces lieux nous poursuit,
  Du plaisir vidons la coupe
  Et vivons bien aujourd'hui ! »

La clef des cœurs.

Vous pouvez vous connaître en observant les autres ;
Les replis de leur cœur sont connus par les vôtres.

La grandeur du monde (1).

Oui, je veux parcourir, et sur l'aile du vent,
Tout ce que l'Éternel a tiré du néant !
  Jusqu'à ce que mon pas commence
D'atteindre aux derniers bords de cette mer immense,
De jeter l'ancre aux lieux où l'homme à respirer
N'a plus d'air,... où Dieu même a cessé de créer !

Les étoiles déjà brillent de leur jeunesse
A mes yeux ; je les vois, et leur course sans cesse
Se poursuit à travers le divin firmament,
Pour atteindre le but que le ciel constamment
Leur assigne. Pour moi, je m'élance aussitôt !
Plus d'étoiles ! la nuit ! le vide seul là-haut !!

Hardiment je me jette en l'empire du vide,
Comme un trait lumineux mon essor est rapide...
Paraissent à mes yeux des nuages nouveaux,
Un nouvel univers, des terres et des eaux...
Tout à coup s'offre à moi, dans un lieu solitaire,
Un pèlerin disant : — « Arrête, téméraire

(1) Voici encore une pièce allégorique dont le voile est assez diaphane.

Voyageur, où vas-tu? » — « Moi — je vais vers ces lieux.
Où la terre finit, par un décret des dieux ! »

« — Arrête, voyageur, ta marche est inutile !
Devant toi l'Infini se présente immobile ! »
— O ma pensée, allons, dans tes nombreux replis
Cache tes ailes d'aigle ! Et toi qui nous remplis
D'illusions, toi, cesse, ô fille audacieuse,
Imagination, ta course aventureuse !

La science.

Pour l'un, déesse qui, sublime, aux cieux réside ;
Pour l'autre, vache à lait qu'épuise un bras avide.

Le partage de la terre (1).

« Mortels, accourez tous, c'est pour votre avantage :
Le ciel, la terre et l'eau par moi vous sont transmis
En fief, dit Jupiter, et par droit d'héritage ;
    Partagez-les en frères, en amis !
Vieillards et jeunes gens, à ces mots, tout s'empresse.
Le laboureur s'attache aux fertiles guérets ;
Le seigneur orgueilleux s'empare avec adresse
    Du noble droit de chasser aux forêts ;
Le marchand tient chez lui richesses entassées ;
L'abbé choisit des vins ; puis bientôt vient le roi
Imposer en tous lieux canaux, ponts et chaussées,
    Par ce décret : « Le péage est à moi ! »
Tout est fait... On a vu le poëte paraître,
D'un pays fort lointain arrivé, mais trop tard ;

---

(1) Les stances ayant pour titre : *le Partage de la terre*, font voir un détachement naturel et poétique de tous les intérêts matériels. On remarque avec satisfaction que si les âmes d'élite sont condamnées à de nobles souffrances, elles n'ont point les tourments de la vie vulgaire. Plus de calme, plus de bonheur leur est souvent accordé qu'à ceux qui pensent trouver le repos et la félicité dans les agitations de la vie commune et triviale.

Il ne trouve plus rien, chaque lot a son maître ;
    Point de mortel qui n'ait reçu sa part.
« Quoi ! faut-il que Jupin seul dans l'oubli me laisse ;
Moi seul, le digne fils de ce dieu tout-puissant ! »
Il dit... aux pieds du trône il tombe de faiblesse.
    Découragé, fatigué, gémissant !
« Tu t'oubliais toi-même au pays des chimères,
Lui repartit le dieu ; dois-tu t'en prendre à moi,
Si tard, pour m'accabler de tes plaintes amères ? »
    D'où viens-tu donc ? — « Je viens d'auprès de toi !
Des sphères écoutant la divine harmonie,
Je contemplais ton front, rayonnant à mes yeux ;
J'étais ravi de voir ta grandeur infinie,
    Et j'oubliai ce globe pour les cieux ! »
« Que faire, dit le dieu, quand la terre est livrée ?
Forêts, moissons, richesse,... il n'est plus rien à moi.
Mais dès que tu voudras voir briller l'empyrée,
    En un instant il s'ouvrira pour toi (1).

---

(1) C'est précisément l'instinct de mon âme qui m'a perdu, disait le poëte de l'Alsace, *Stoeber*. J'ai cherché jadis à me faire un sort, à me créer une position plus douce. Quelles voies n'ai-je point tentées ! Le mot d'avocat inscrit sur ma porte témoigne encore de mes desseins. Pourquoi n'ai-je eu d'autres visiteurs que la misère, la famine et l'insomnie ? Étais-je digne de partager les souffrances contre lesquelles se sont toujours vainement débattus les apôtres de l'humanité ? Mais je vous adresse une question bien oiseuse. Pourquoi Lessing, voulant diriger une maison de librairie (*), fut-il avant peu au-dessous de ses affaires ? Pourquoi Burger ne réussit-il jamais dans ses entreprises agricoles ? C'est que *l'homme n'a pas une double intelligence, que les préoccupations étrangères à son but, l'en éloignent, et qu'il faut choisir ici-bas entre les jouissances matérielles et les satisfactions morales.* Une heure d'oubli peut dans mainte occasion renverser la fortune la plus solide.

Ce n'est pas leur inhabileté prétendue qui éloigne les poëtes du bonheur terrestre. Quelle mince aptitude nécessite la vie active ! Mais ils songent, les pauvres bardes ! Ils se laissent entraîner par leur fantaisie dans des cloîtres magiques, où chaque tombe s'ouvre à leur

(*) On a dit de l'excellent poëte Millevoye, exerçant le même état :

Un libraire qui lit, est bientôt ruiné !

— Bilderdyck, le Voltaire de la Hollande, fut bien souvent en proie aux expédients et aux plus pressants besoins !
Si l'on décerne de grands prix de poésie ou de littérature, c'est le plus souvent au hasard, mal à propos, ou par camaraderie, et le vrai public, quoique lent à s'éclairer, reste le seul Mécène digne d'une nation civilisée !

8.

La sortie de la vie.

Deux chemins sont offerts pour sortir de la vie :
L'un conduit à la mort, et l'autre à l'idéal.
De tendre à celui-ci satisfais ton envie,
Des Parques, du Destin, préviens le bras fatal !

passage et laisse sortir pour leur perte une nonne plus séduisante que toutes les almées de l'Orient. Leurs compétiteurs, n'ayant jamais d'absences pareilles, mettent ces intervalles à profit. Ils voient le poète marcher les yeux au ciel, et creusent sous ses pas une fosse qu'il aperçoit trop tard. Il est d'ailleurs trop ingénu, trop enthousiaste. N'ayant de puissance que lorsqu'il s'abandonne à ses émotions, il n'apprend point l'art de les contenir, de les déguiser, de feindre même celles qu'il n'éprouve pas. La face de l'homme lui cause toujours un sentiment de respect ; il suppose tous les individus pleins de franchise, et ne peut se résoudre à traiter ses frères comme des fripons. C'est pourtant là le seul moyen d'éviter leurs embûches. Quiconque veut réussir dans le monde ne doit jamais prendre un instant de repos, ni quitter des yeux la fin vers laquelle il marche. Il doit bannir de son cœur tous nobles sentiments, ne plus croire à leur existence hors de lui, se défier de tous, parents, amis et amies, voisins. . . . .

Cependant, il ne faut point exagérer, dit Stoeber. On a vu des poètes saisir corps à corps la fortune avec autant d'agilité que les autres ; Voltaire ni Beaumarchais n'ont langui dans l'indigence : Molière lui-même avait su prendre sa part des biens de ce monde. Mais, dira-t-on, ce sont là des écrivains négatifs qui emploient leur vie à observer les hommes pour peindre leurs vices et bafouer leurs ridicules ; il n'est donc pas étonnant qu'ils s'en défient, les méprisent et les craignent. Les artistes et les poètes sérieux ne sont point dans les mêmes conditions ; pareils à des nuées pleines d'éclairs, leur enthousiasme idéal les frappe d'un éblouissement perpétuel.

Il n'est point d'espérance, à moins que l'œuvre même, cette œuvre absorbante où vient s'engouffrer toute l'attention de l'esprit, ne donne un jour au penseur, au poète, l'aisance et la tranquillité. Quelle que soit la froideur générale, tous les nobles cœurs devraient réunir leurs efforts pour hâter le moment où doit s'améliorer le sort de ces âmes et de ces esprits d'élite. Ils forment une nouvelle classe, exercent une influence évidente, et leur position extérieure se mettra tôt ou tard au niveau de leurs moyens d'action.

La valeur et la dignité.

Avez-vous quelque chose? ah! partageons ensemble;
Je compte justement, comme bon il vous semble.
Etes-vous quelque chose? alors d'âmes changeons!

L'hymne à la Joie (1).

O joie, étincelle des dieux,
   O fille de l'Elysée,
Enivrés de feux radieux,
Dans ton enceinte sacrée
Nous entrons : tu sais réunir
   Ce que la mode bizarre
Ici-bas follement s'épare.
En frères les mortels par toi veulent s'unir!

CHOEUR.

Embrassez-vous par millions!
Ce baiser de toute la terre,
   Qu'il soit celui d'un frère!
Notre père est là-haut foulant ces pavillons!

Cassandre (2).

Dans les murs antiques de Troie,
De sa vie aux derniers moments,

---

(1) Tous les amateurs de beaux vers, en Allemagne, savent par cœur l'*Hymme à la joie*, par Schiller ; mais elle est intraduisible en vers français. Voici pourtant une imitation assez fidèle de la première strophe et du premier chœur.

(2) Dans la belle pièce intitulée *Cassandre*, Schiller a pour but de prouver combien la prescience divine est à redouter des faibles mortels. — Madame de Staël a parlé de ce beau chant de *Cassandre*.

Retentissaient et cris de joie
Et tendres accords d'instruments;
Les héros semblaient prendre haleine,
Las de tant de combats affreux !
On venait d'y voir Polyxène
D'Achille enfin fixer les vœux.

Jeunes Troyens, belles Troyennes,
De vert lauriers ont le front ceint ;
Ils vont visiter par centaines
Du bel Apollon l'autel saint,
Mainte Bacchante qui s'élance
Fait retentir l'air de sa voix.
Dans la retraite et le silence,
Un cœur gémissait toutefois !

Hélas ! c'est celui de Cassandre
Qui, fuyant des plaisirs trompeurs,
Vient au bois sacré pour répandre
En soupirant, seule, ses pleurs !
Dans ce lieu sombre, la princesse,
L'âme triste et les yeux mouillés,
Tirant son bandeau de prêtresse,
En foule les morceaux aux pieds.

« Des jeux...., ô funeste ignorance !
Aux plaisirs les cœurs vont s'ouvrant !
Tous les miens sont pleins d'espérance.
Ma sœur, je la vois se parant
Pour l'autel ; craintive et chagrine,
L'illusion ne me suit pas !
Je vois de la cité divine
La mort s'approcher à grands pas !

» Je vois maint flambeau qui s'allume :
Est-ce d'un hymen amoureux ?
Au ciel le feu s'élève, et fume,
Mais non comme un encens heureux.
Ah ! que de fêtes on prépare !
Se révélant à mon esprit,
Bientôt viendra le dieu barbare,
Par qui tout doit être détruit !

» Hélas ! on rit de mes alarmes,
Et l'on insulte à mes douleurs !
Seule ici, je cache mes larmes,
Le sentiment d'affreux malheurs.
Des heureux le regard m'évite,
Sur mes maux ils ferment les yeux ;
Dieu de Délos, que ta poursuite
Cesse, ô le plus cruel des dieux !

» Et moi, pour chanter tes oracles,
Ici pourquoi suis-je venue ?
Même des plus frappants spectacles,
Le monde a détourné la vue !
A cette affreuse prévoyance
Devais-je donc me résigner ?
A quoi nous sert la clairvoyance
Des maux qu'on ne peut éloigner ?

» Ah ! laissez un voile propice
Cacher un sort désespérant ;
Pour un voyant tout est supplice
Où tout sourit à l'ignorant.
Loin de moi, fatale lumière
N'offrant qu'un destin redouté !
Malheureuse, qui la première
Doit dévoiler la vérité !

» O Phébus, qu'enfin je te touche ;
Aveugle je voudrais rester !
Tant que tu parles par ma bouche,
Pourrais-je encor gaîment chanter ?
Dans l'avenir tu me fais lire,
Mais c'est aux dépens du présent ;
Pour mon malheur je tiens la lyre.
Reprends ton funeste présent !

» Depuis qu'aux autels enchaînée,
Je t'obéis, vit-on jamais
Ma longue chevelure ornée
De bijoux, de feuillages frais ?
Le temps où la jeunesse brille
Semble me fuir d'un air moqueur ;
    ux et ceux de ma famille
      en   us sur mon triste cœur ! »

» Que mes compagnes sont heureuses !
On aime, on chante autour de moi ;
Près de leur bandes amoureuses,
Je subis seule une autre loi !
En vain la nature embellie
Du doux printemps m'offre les fleurs :
De poison cette vie est remplie,
Dès qu'on en prévoit les malheurs !

» Oui, ma sœur, dans son allégresse,
Nourrissant l'espoir le plus doux,
Du plus noble fils de la Grèce
Espère avoir le nom d'époux !
Dans son illusion si belle,
Dans ses transports ambitieux,
Croit-elle, ô la pauvre mortelle !
Devoir rien demander aux cieux ?

» Ainsi vint s'offrir à ma vue
L'amant qu'aurait choisi mon cœur ;
Ses beaux yeux à Cassandre émue
Semblaient promettre amour, bonheur !
Je l'aurais avec confiance
Suivi sous le toit conjugal ;
Mais une ombre entre nous s'avance,
Sortant du séjour infernal.

» La reine du lugubre empire
Déchaîne sur moi sa fureur ;
Je vois partout où je respire
Maint fantôme jeter l'horreur !
Fléaux poursuivant ma jeunesse,
Sans cesse ils naissent sous mes pas !
Pour moi qu'ils tourmentent sans cesse,
La vie, hélas ! n'a plus d'appas !

» Oui, je vois l'arme meurtrière,
Le bras que tend mon assassin ;
En vain se ferme ma paupière,
Je veux me détourner en vain !
Sur moi, fatale destinée,
Déjà tes décrets sont certains ;
Je dois, de morts environnée,
Expirer sur ces bords lointains ! »

Ces mots retentissaient encore...
Du temple, ô regrets superflus,
Sort ce cri fatal qu'on déplore :
« Le fils de Thétis ne vit plus! »
Némésis accourt. A sa vue,
Les dieux ont fui de toutes parts;
La foudre, dès longtemps prévue,
Tombe, Ilion, sur tes remparts!

Ce qu'il y a de plus haut.

Vous cherchez ici-bas le plus haut, le plus grand?
  La plante vous l'apprend;
Elle est sans faculté de penser, de vouloir :
La volonté sur vous exerce son pouvoir!

La langue.

Pourquoi l'esprit vivant ne peut-il apparaître
A l'esprit? L'âme parle... elle va disparaître.

A mon professeur.

  Je t'ai choisi pour maître et pour ami ;
Ton image vivante et m'instruit et m'éclaire ;
De tes doctes discours je sens mon cœur ravi !

Héro et Léandre (1).

Voyez-vous ces châteaux antiques
D'un fier regard se recherchant,

(1) Héro, prêtresse de Vénus, demeurait à Abydos, dans une tour

Dorés par les reflets magiques
Des rayons du soleil couchant?
Entendez-vous des Dardanelles
Rouler les vagues éternelles?
L'abîme d'où ce détroit sort,
Séparant l'Europe et l'Asie,
N'a pu, par son onde grossie,
De deux cœurs séparer le sort.

Héro, d'Hébé charmante image,
Léandre, un des plus beaux chasseurs,
Ardents, comme on l'est au jeune âge,
Atteints de traits pleins de douceurs,
Virent troublés leurs cœurs paisibles.
De l'un et l'autre amants sensibles,
La Discorde, aux détours subtils,
Avait su dominer le père;
D'amour tous les biens qu'on espère
S'offraient entourés de périls.

Près d'un roc, dans sa violence,
La mer bat les tours de Sestos.
Là, seule, en son triste silence,
Héro contemplait Abydos!
De son amant c'est la demeure :
Ses vœux l'appellent à toute heure.
Vers ce rivage obscur, lointain,
Nul pont hardi ne peut conduire;
Il n'en sort même aucun navire...
Mais l'amour brave tout destin !

Le fort lui doit prudente crainte,
Du faible il anime le cœur;
Par lui Thésée, au Labyrinthe,
A trouvé le fil conducteur.
Des forêts les bêtes errantes,
Les taureaux aux bouches brûlantes,

située sur le bord de l'Hellespont. Léandre, son amant, qui séjournait à Sestos, de l'autre côté du détroit, passait tous les soirs la mer à la nage pour se rendre auprès de son amante. Héro, pour l'éclairer, allumait un flambeau sur la tour ; mais un soir une violente tempête l'éteignit... Léandre se noya, et Héro, désespérée, se précipita dans la mer.

Les sombres flots de l'Achéron,
Le Styx même... rien ne l'arrête,
S'il va ravir ce qu'il regrette
Au fatal séjour de Pluton !

Léandre, nageur intrépide,
Amant sûr d'un tendre retour,
Voit des feux pour être son guide
S'allumer sur la haute tour,
Près de la rive, à son cœur chère.
L'ombre à peine couvre la terre,
Il se jette au profond canal :
D'un bras courageux il fend l'onde,
Et ses yeux, dans la nuit profonde,
Il les fixe sur le fanal.

Ah ! que l'amour le dédommage
De ce long trajet incertain !
A son ardeur qu'il rende hommage
Et lui fasse un heureux destin !
Oh ! que les deux amants encore
Voudraient tarder !... Mais quand l'Aurore
Dore la mer de feux si beaux,
Léandre, hélas ! que rien n'arrête,
Des bras d'une amante se jette
Au sein des spacieuses eaux !

Trente fois, en dissipant l'ombre,
Phébus a trompé leurs désirs ;
Trente fois, sous son abri sombre,
Phœbé vint voiler leurs plaisirs :
Plaisirs que la contrainte anime,
Goûtés sur le bord d'un abîme,
Vivifiés par la terreur.
Le cœur qui, dans un doux asile,
Aime et jouit en paix, tranquille,
Ne connaît point le vrai bonheur !

Les jours ont fui. Vesper, l'Aurore,
Dans les eaux brillaient tour à tour ;
Les deux amants songeaient encore
Pour eux à maintes nuits d'amour.
Sans vouloir penser aux tempêtes
Dont l'hiver menaçait leurs têtes,

Ils voyaient les feuilles jaunir.
Dans l'ivresse où leur cœur se plonge,
Aucun d'eux ne voit comme un songe
Les jours diminuer, finir !

Mais aux cieux régnait la Balance.
En longueur égal à la nuit,
Le jour rapidement s'avance,
Dans le char du soleil conduit.
Héro voit ses coursiers descendre
Et sur le roc attend Léandre :
Son cœur bat de crainte et d'espoir.
Partout règne une paix profonde,
Toute la surface de l'onde
Présente un limpide miroir.

Des dauphins la troupe amoureuse
Bondissait au-dessus des eaux ;
Une autre troupe plus nombreuse
Lançait des flots par leurs naseaux.
C'est de Thétis l'humide armée,
D'animaux divers parsemée,
Seuls témoins vivants, mais muets,
D'une clandestine tendresse,
Dont Hécate, triple déesse,
A fermé la bouche à jamais.

O doux aspect pour une amante !
Tout lui sourit dans l'univers !
D'une voix flatteuse et charmante,
Héro s'adresse au dieu des mers :
« Pourrais-tu tromper ma tendresse,
Ma foi, mon ardeur, mon ivresse ?
Qui le dirait, est imposteur.
Mon père est cruel, inflexible ;
Mais toi, tu m'as paru sensible
Aux feux d'un amour enchanteur.

» Ici, dans ces tours solitaires,
Faudrait-il vivre sans aimer,
Seule, et dans les ennuis austères
Voir mes beaux jours se consumer !
Mais c'est toi, protecteur fidelle,
C'est toi qui, sans pont, sans nacelle,

M'amènes l'objet de mes vœux.
Oui, tes abîmes redoutables,
Tes flots profonds, impénétrables,
Tout cède à l'amour courageux.

» Ce dieu, le vainqueur de la terre,
De sa chaîne a su te lier ;
Hellé, fuyant avec son frère,
Osa monter sur un bélier.
On le vit s'élancer dans l'onde ;
A toi, dans ta grotte profonde,
S'offrit la beauté sur les flots.
Tu la vis, ton cœur fut sensible :
Soudain ton bras irrésistible
La ravit au fond de tes eaux.

» Dès ce jour, heureuse immortelle,
Hellé, régnant à tes côtés,
Favorable à l'amour fidelle,
Plaint les amants persécutés,
Et tu laisses à sa tendresse
Le soin d'adoucir ta rudesse !
Hellé ! daigne écouter ma voix !
Belle déesse, je t'implore :
Que mon amant atteigne encore
Au but qu'il toucha tant de fois ! »

Héro voit les ombres descendre,
Et court allumer le fanal
Dont les feux à son cher Léandre
Servent de guide et de signal.
Mais quoi ! déjà sur le rivage
On entend du lointain orage
Des bruits, sinistres précurseurs.
La mer frémit et les étoiles
Se cachent sous de sombres voiles ;
Les cieux sont chargés de vapeurs.

Bientôt dans la nuit ténébreuse
Brillent les feux d'éclairs errants ;
Un déluge, une pluie affreuse
Du haut des airs tombe en torrents.
Les vents, les tempêtes terribles,
Sortant de leurs antres horribles,

Agitent l'eau, la terre, et l'air.
Afin d'engloutir ses victimes,
La mer entr'ouvre des abîmes,
Gouffres béants, gueules d'enfer !

« Grand dieu ! dit Héro consternée,
O Jupiter, plains mon malheur !
Prends pitié d'une infortunée,
De la mer calme la fureur !
En mes vœux qu'ai-je osé prétendre ?
Hélas ! le départ de Léandre !
Et je vois fuir l'oiseau marin ;
Et déjà tout pilote sage,
Redoutant un prochain naufrage,
Vers le port se fraie un chemin.

» J'en suis sûre, son cœur magnanime
Aura bravé l'affreux danger.
De l'amour, dont la foi l'anime,
La mort peut seule dégager.
Il voudra, pour m'être fidelle,
Affronter la fureur cruelle
D'Eole. Hélas ! en ce moment
Il lutte, et l'horrible tempête,
De vagues surchargeant sa tête,
L'entraîne en l'abîme écumant.

» O mer ! ta surface limpide
Nous cachait une trahison...
Trompé par ton calme perfide,
Et sans consulter sa raison,
Il s'élance en ton sein paisible...
Mais le retour n'est plus possible,
Et tu l'accables de fureurs.
Sa douce espérance ravie
Des derniers instants de sa vie
Augmente pour lui les horreurs. »

Mais quoi ! la tempête redouble,
Les vagues s'élèvent aux cieux ;
Sur les rocs la mer qui se trouble
Revomit ses flots furieux.
Là, malgré leur dure carène,
Contre les écueils de l'arène

Se brisent les plus forts vaisseaux ;
Ici le fanal salutaire
S'éteint !... La terreur sur la terre
Plane, au ciel comme sur les eaux !

Vénus, dès lors Héro te prie
Et te conjure à deux genoux
D'apaiser la mer en furie,
De calmer des flots le courroux.
Elle promet au noir Borée
Un bœuf à la corne dorée.
Ses vœux en tous lieux sont offerts ;
Dans la sombre ardeur qui l'inspire,
Des dieux elle invoque l'empire,
En la terre, au ciel, aux enfers !

« Daigne sortir, ô Leucothée,
De ton empire verdoyant,
Toi qui tant de fois es montée
Au vaste désert ondoyant,
Pour soustraire à l'affreux naufrage
Un marin surpris par l'orage.
Tends à Léandre ce tissu,
Ce voile, ouvrage du mystère,
Qui des eaux ramène sur la terre
Ceux qui de ta main l'ont reçu. »

Voilà qu'enfin les vents se taisent :
Bientôt l'horizon s'éclaircit,
Et la mer, dont les flots s'apaisent,
Tranquillement rentre en son lit.
Le ciel, l'air, les eaux, tout s'apprête,
Après la cruelle tempête,
A se réjouir d'un beau jour ;
Jouant sur la plage inhumaine,
La vague doucement amène
Un cadavre au pied de la tour !

C'est lui qui, porté par la brise,
Semblait vouloir encor garder,
Tout mort qu'il est, la foi promise.
Héro n'a pu le regarder !
Elle n'a ni plaintes, ni larmes,
Et dans ses muettes alarmes,

Son œil interroge les cieux !
Bientôt, comme un éclair rapide,
Sa pâleur fuit : mâle, intrépide,
Sa voix apostrophe les dieux :

« O divinités inflexibles,
Vous exercez des droits cruels !
Ce sont là de vos coups terribles,
Si jeune encor, chez les mortels !
Déjà ma carrière est fermée ;
Pourtant j'aimai, je fus aimée.
A mon trépas, comme en ma vie,
Je t'aurai constamment servie,
O Vénus, ô reine d'amour ! »

Héro dit, et soudain s'élance.
Après avoir flotté dans l'air,
Son blanc vêtement se balance,
Puis disparaît tel qu'un éclair.
L'abîme s'ouvre : on voit descendre
Son beau corps... celui de Léandre...
Sur ces modèles des amants,
Le dieu qui leur servit de tombe,
Depuis ce jour s'élève et tombe
En flots nouveaux à tous moments !

L'extérieur et l'intérieur.

« Dieu seul, me dites-vous, peut lire dans le cœur ! »
Mais alors montrez-nous ses sentiments d'honneur !

Le partage de la terre, ou le poëte indigent (1).

« Venez ici, mortels, dit un jour Jupiter,
Vous partager le ciel, et la terre et la mer ;

(1) Cette traduction a été faite sur une autre édition de la pièce de Schiller. (V. p. 93, notre première version.)

Accourez et prenez, mais traitez-vous en frères,
En amis, puis aux dieux adressez vos prières ! »
Sur ces biens à l'instant les avides humains
S'élancent... Ils ont peu de leurs bras, de leurs mains.
Dans une ferme ainsi l'on voit la troupe ailée
Sur des grains se jeter d'une seule volée.

Le pêcheur, en lançant ses filets sur les eaux,
S'écrie : « Ils sont à moi, rivières et ruisseaux! »
Le cupide marchand que séduit la fortune,
Prend en mains le trident qu'il enlève à Neptune.
L'insouciant berger, au son de ses pipeaux,
Aux champs, aux bois, partout va menant ses troupeaux.
L'astronome s'élève aux plaines d'Uranie,
Vers les cieux étoilés dirigeant son génie.
Le chasseur, à l'affût dans un épais taillis,
Regarde comme siens le lièvre et la perdrix.
Le laboureur, pour prix de ses travaux utiles,
Croit devoir s'adjuger les champs qu'il rend fertiles.
Le glaive en main, on voit l'intrépide soldat
Dompter un fier coursier pour voler au combat.
Armé de sa lancette, un enfant d'Esculape
Prend l'or avec le sang qui des veines s'échappe.
Le prêtre insouciant, au culte consacré,
Doit vivre de prière et d'un impôt sacré.
Le banquier insolent, habile aux jeux de bourse,
Prend l'argent des joueurs, les laisse sans ressource
Le juge, revêtu de simarre, est admis
A tenir la balance, à ta place, ô Thémis!
La beauté fut le lot de la nymphe folâtre
Qui trompe maint amant, qui pourtant l'idolâtre.
Enfin viennent les rois, qui se font couronner,
Pour nous charger d'impôts et pour nous dominer.

Revenu du pays des songes, des chimères,
Où se perdaient ses pas, égarés dans les sphères
D'un monde fantastique où ses divins accents
Redisaient aux échos des accords ravissants,
Enfin, tout hors d'haleine, arrive le poëte,
Pensant trouver encore une part toute prête :
La cythare, un laurier, voilà tout son avoir !
Pourtant Jupiter semble avec plaisir le voir :
Tout était partagé : le ciel, l'onde, la terre.
Le poëte, abusé, de sa douleur amère

Sur sa lyre inspirée a chanté les accords,
Comme Orphé aux enfers fit pour fléchir les morts :
« Grand Jupiter, dit-il d'une voix attristée,
La cytharo ici-bas est donc déshéritée !
Et Cybèle, et Neptune, et l'Ether radieux,
Exilent sans pitié le doux chantre des dieux ! »

« Mon fils, répond Jupin, attendri par ses larmes,
La misère, les maux, auront pour toi des charmes ;
De terrestres présents dois-tu t'inquiéter,
Quant tu peux au séjour de l'Olympe monter ?
Viens savourer chez moi le nectar, l'ambroisie ;
Princes, monarques, dieux, honorent le génie.
L'IMAGINATION, c'est le plus précieux
Des biens, c'est un rayon de la flamme des cieux.
D'un pouvoir créateur je l'investis sans borne ;
De mille voluptés, de mille attraits elle orne.
Aux accents de ta lyre unissant les beaux vers,
Viens aux cieux avec moi régner sur univers.
Laisse à tes pieds roulant, à mille maux livrée,
Cette terre ; aigle altier, vole vers l'empyrée !
Sans ces beautés du monde on peut dompter l'Amour :
Les grâces sont à toi, Venus avec sa cour.
Ivre des vives eaux que verse le Permesse,
Tu peux narguer Bacchus et sa liqueur traîtresse.
Ceins ton front du laurier de l'immortalité,
Va, glorieux génie, à la postérité !
Dès qu'il t'entend chanter les dieux, les rois, les belles,
Le Temps brise sa faux et s'arrache les ailes. »
Il dit, et bien content de sa précieuse part,
Le poëte à l'instant prend et touche avec art
Son luth harmonieux. Sa douce voix qui chante
Ravit par ses accords l'horizon qu'il enchante ;
Les cèdres du Liban s'inclinent à sa voix ;
Le tigre et le lion et les monstres des bois
Sont attendris ; on voit la naïade craintive
Ecouter : la nature entière est attentive !

Au printemps.

Sois bienvenu, jeune et riant printemps,
    Délices de la nature !
Avec tes fleurs, dons divins, dont charmants,
    Sources de volupté pure !

Oui, tu reviens, de nouveau tu renais !
    Toujours beau, vif, tendre, aimable,
Toujours joyeux, au visage si frais,
    Aux cœurs aimants secourable !

A mon amie, ah ! pensez tous les jours !
    Amant, j'y pense sans cesse !
Mais elle, hélas ! m'aime-t-elle toujours ?
    Fidelle et tendre maîtresse.

Pour elle à toi j'ai demandé souvent
    Mainte fleur fraîche et jolie, —
Et de nouveau, dans ce même moment,
    J'en veux... — Cède à mon envie !

Sois bienvenu, jeune et riant printemps,
    Délices de la nature !
Avec tes fleurs, dons divins, dons charmants,
    Sources de volupté pure !

La force morale.

Ton âme sait toujours à tes vœux satisfaire,
Ce qu'homme tu ne peux, esprit tu peux le faire !

L'Attente (1).

Ce que j'entends sans doute est le bruit d'une porte,
C'est un verrou qui vient à l'instant de crier ?
Non, mais le vent dans sa fureur s'emporte ;
Les arbres les plus hauts, je les ai vus plier !
 Heureux bosquets qu'une aimable présence
 Doit embellir de cent charmes divers,
 Pour entourer la beauté qui s'avance,
 De vos rameaux faites des berceaux verts !
Que leur ombrage frais et riant la protége,
Qu'un œil audacieux ne puisse le percer !
Sur ce gazon qui d'amour est le siége,
Tendres zéphirs, venez la caresser !
  Mais qui le long de cette haie
  Rapidement va se glissant ?
  Sans doute un oiseau qui s'effraie
  Du bruit causé par un passant.
Soleil, éteins tes clartés indiscrètes ;
Descends, nuit sombre, avec moins de lenteur,
Viens dans ces lieux, viens voiler ces retraites,
Où l'amour veille, espérant le bonheur !
L'amant épris veut mystère et silence ;
Les indiscrets troublent même l'espoir :
Il les fuit tous, et de joie il s'élance
Vers sa belle, à l'aspect de l'étoile du soir !
  Mais là-bas une voix humaine,
  Me semble-t-il, a murmuré ;
  Non, mais un cygne se promène
  Le long du canal azuré !
Aux derniers feux que le soleil projette,
Tout s'embellit : la fleur s'ouvre au zéphir ;
De tous côtés, mais en cachette,
Pêches, raisins, excitent mon désir.

---

(1) Voici encore une pièce pleine de charme, de grâce, de facilité, de naturel, de douceur et de délicatesse !

La voix des eaux est douce, harmonieuse ;
D'un vif espoir mon visage enflammé
Sent la fraîcheur pure et délicieuse
D'un air léger, de parfums embaumé.
 Mais sur la feuille avec mystère
 Oui, l'on a marché cette fois !...
 Non, c'est un fruit qui tombe à terre,
 Emporté par son propre poids.
De tous côtés enfin s'étend le crépuscule,
Fleur qui se ferme aux feux ardents du jour,
S'ouvre et n'a plus peur de la canicule.
L'astre des nuits paraît, luit à son tour.
On ne voit plus partout qu'une masse immobile,
Qu'un seul vaste contour par l'ombre projeté ;
C'est le silence, un calme vrai, tranquille :
Tu règnes, ô nuit sombre, avec ta majesté !
 O ciel ! qu'ai-je vu de blanchâtre ?
 Le doux satin d'un vêtement ?
 Non, mais des colonnes d'albâtre
 Près d'un massif, un monument.
Ainsi toujours déçu par l'espérance avide,
Pour presser ma beauté sur mon cœur amoureux,
Mes bras s'ouvraient : ils retombent à vide ;
Je reste seul, et deux fois malheureux !
J'attends, je cherche un bien qui fuit et se dérobe.
 Un tel tourment ne finirait-il pas,
 Au frôlement entendu de sa robe
 Ou bien au doux bruit de ses pas ?
  Amour, ton charme se déploie !
  Des cieux vers moi tu descends !
  Ange, parais, je t'attends !
  L'heure a sonné pour la joie !

Zénith et nadir.

Dans l'espace où tu vas, le zénith, le nadir
Comme à l'axe du monde, au ciel doivent t'unir.
Ah ! qu'elle touche aux cieux ta volonté féconde
En faits qui soient réglés tous par l'axe du monde !

Imitation de plusieurs strophes du triomphe de l'amour. — (Intraduisible.)

On n'est heureux que si l'on aime
      Aux cieux!
Par l'amour seul les hommes même
      Sont dieux!
Par lui le ciel est plus céleste!
      Par lui
De la terre tout mal funeste
      A fui!
Et le bonheur encor, s'il reste,
      A lui!
L'amour poursuit de traits terribles
      L'enfer,
Perce les cœurs les moins sensibles
      D'un fer!
L'amour sait rendre à la nature
      Son jour!
Il fait aux bois, sur la verdure,
      Séjour!
La belle peut dans une glace
      Le voir!
Aux pieds d'une maîtresse il passe
      Le soir.
On le trouve encore avec elle
      Au lit!
Il lui reste toujours fidelle
      La nuit!
On voit régner sur la nature
      L'amour!
Il dompte toute créature
      Un jour!

Le meilleur des états.

A quoi reconnaît-on le meilleur des états?
Comme la femme, en ce que l'on n'en parle pas.

Pompeia et Herculanum (1).

Quelle merveille ici frappe nos yeux !
Nous cherchions une source en creusant dans ces lieux.
Qu'y trouvons-nous en place de fontaines ?...
La vie anime encor ces maisons souterraines !
Sous la lave voit-on des générations
Nouvelles surgissant aux yeux des nations ?
  Les temps anciens vont-ils renaître ?
Venez, Grecs et Romains, et voyez reparaître
L'antique Herculanum, la vieille Pompeia,
De leurs cendres sortant, et qu'un jour réveilla !
Les maisons sont debout, ils s'ouvrent les portiques ;
Faites souffler sur eux vos souffles poétiques.
Peuple, vers le théâtre il te faut te hâter,
Par ces sept portes-là va te précipiter.
Acteurs, venez en scène, et que le fils d'Atrée
Achève la victime à l'autel préparée ;
Des Euménides puis que le terrible chœur
Poursuive encore Oreste en son affreux malheur !
Mais cet arc de triomphe où peut-il nous conduire ?
Reconnais le Forum. Un peu plus loin admire
Sur leurs siéges assis maints graves magistrats,
Les faisceaux des licteurs qui précèdent les pas
Du grave préteur qui sur son tribunal monte ;
Accusateurs, témoins devant lui l'on confronte.
Dans chaque rue on voit régner la propreté.
Voyez l'étroit chemin prudemment apprêté
Pour le public qui près des murs chemine ;
  Puis observez ce toit qui les domine,
Ces salons somptueux rangés en cercle autour
D'une assez spacieuse et solitaire cour.
Ouvrez un peu plus loin ces portes, ces boutiques !
Que de siècles n'ont vus rouler ces gonds antiques ?
Rayons du jour, chassez la ténébreuse nuit !
Voyez ces bancs polis et ce pavé qui luit,

---

(1) Quel bel et poétique exemple de poésie *palingénésique* ! Quelle sublime et admirable revivification de deux cités éteintes !

Comme s'il était fait de pierres précieuses
Où l'ont voit cent couleurs vraiment capricieuses :
Des fresques le dessin orne toujours ce mur.
J'y vois briller encor l'or, la pourpre et l'azur.
Le peintre, où donc est-il ? L'habile coloriste
A jeté loin de lui le pinceau de l'artiste ;
Il a représenté de beaux fruits et des fleurs,
En festons élégants marié leurs couleurs.
Ici je vois l'Amour qui dans ses mains puissantes
Tient des raisins formés en grappes élégantes ;
Là, maint joyeux Génie aux pieds qu'on voit fouler
La liqueur qu'avec joie on fait toujours couler :
Près d'eux on voit frémir la Bacchante qui danse,
Se démène, s'agite, ou sautille en cadence ;
Plus loin, on peut la voir, au visage vermeil,
Tomber languissamment dans les bras du sommeil.
Un Faune avec plaisir contemple la déesse,
La poursuit ardemment, la cherche avec ivresse ;
Il voudrait l'embrasser, ivre de volupté.
Bientôt, à son réveil, son thyrse est agité ;
Elle poursuit partout le centaure rapide,
Qui devant elle est loin de rester intrépide.
Tendre jeunesse, ô vous tous, filles et garçons,
Soyez gais ; livrez-vous aux danses, aux chansons !
Venez, accourez tous ; venez, brillantes troupes,
Dans ces vases puisez, puisez donc dans ces coupes
N'ai-je pas le trépied sacré là sous les yeux,
Sous ces beaux sphynx ailés, de formes gracieux ?
Esclaves, allumez le feu du sacrifice !
Oui, vendez, achetez, avec un bénéfice ;
Cet or et cet argent, monnayés par Titus,
Ont encor leur valeur et peut-être encor plus :
Vous pouvez les peser dans ma juste balance.
Voyez ce candélabre où brille l'élégance :
Placez-y la lumière et vite remplissez
La lampe d'huile pure et la répartissez.
Mais que renferme donc la cassette qui brille
A nos yeux près d'ici ? Regardez, jeune fille ;
Ce sont là des présents si doux d'époux nouveau :
Pierres, agrafes d'or, bijoux, bagues, anneau.
A la salle des bains conduis la fiancée :
Des plus douces odeurs la salle est embaumée ;
Vois les parfums encor dont elle se servait.
Dans ce cristal creusé par l'art le plus parfait,

Est le fard employé pour faire sa toilette.
Mais où les citoyens de la cité muette,
Hommes, vieillards, sont-ils? Ils semblent fuir nos yeux !
Que de livres ici, manuscrits précieux,
Je trouve rassemblés dans ce riche musée !
Quelle riche moisson la terre a conservée
Fidèlement ici ! Non, rien ne s'est perdu;
Ce qu'il engloutissait, le sol nous l'a rendu.
Sur ce trapèze vois ce stylet pour écrire,
Des tablettes plus loin qu'on enduisait de cire.
Mercure tient encor son caducée ici ;
Du bras qui l'a retient, vois, la Victoire a fui.
On retrouve les dieux, même ceux du ménage;
Leurs ministres vont-ils venir leur rendre hommage?
Accourez vers ces lieux, grands prêtres, accourez,
De flammes par leurs soins, brûlez, autels sacrés !
Brûlez-y l'encens que vos divinités saintes
Depuis dix-huit cents ans n'ont eu dans ces enceintes !

Sur un savant.

Je ne verrai jamais mûrir, la belle avance !
    Ces beaux fruits plantés par mes mains;
    C'est le goût qui, parmi les humains,
Recueille ce qui fut semé par la science.

Communication.

Ce que tu sais, ami, communique-le-moi,
Avec reconnaissance il me viendra de toi.
    Mais à moi tu te donnes toi-même,
    Épargne-moi cette faveur extrême !

L'Idéal proprement dit.

A toi les sentiments, la pensée est humaine;
Le Dieu pensé par toi, sens-le, c'est ton domaine !

Le cheval Pégase mis au joug (1).

Un jour, dans un marché qu'on célèbre et qu'on vante,
Un poëte ayant faim offrit Pégase en vente.
Parmi d'autres chevaux tout le monde admirait
Ce beau cheval ailé, qui, vif, fier, se cabrait,
Hennissait : « Qu'il est beau ! dit la foule empressée.
Quel dommage pourtant que sa taille élancée,
De deux ailes ainsi soit déparée en vain !
Sans cela ce serait un ornement divin
Du plus bel attelage, et la race en est rare,
Car peu de gens ici voyagent comme Icare ! »
Point d'amateur, si peu qu'il fût intelligent,
Qui pour un tel achat exposât son argent.
Un bon fermier pourtant en témoigna l'envie :
« Il est vrai, se dit-il, que jamais de ma vie,
Ses deux ailes en rien ne pourront me servir ;
Mais je puis les lier, au joug les asservir,
Ou même les couper. Certes, pour le tirage,
Ce cheval me sera d'un long et bon usage;
J'y risquerais, ma foi, de vingt à vingt cinq francs. »
Le poëte ravi s'écrie : « Oui, je les prends ! »
Touche là dans ma main, c'est une affaire faite !
Maître Jean y consent, part avec son emplette.

Le Pégase à son char est attelé bientôt.
A peine il sent le bât, qu'il s'élance aussitôt,
Indigné ; sa secousse, ardente, impétueuse,
Jette le chariot dans une onde bourbeuse.
« Oh ! oh ! dit maître Jean, ce cheval est trop vif,
Pour ne mener qu'un char il est par trop rétif.
J'apprends à mes dépens, et par l'expérience,
Laquelle, ce dit-on, vaut au moins la science.

(1) Schiller emploie souvent le voile ingénieux de l'allégorie. Nous devons laisser à nos lecteurs le plaisir de trouver, et cela sans peine, le sens caché des morceaux suivants : *Ulysse*, la *Jeune Étrangère*, la *Fête d'Eleusis*, *Pégase mis sous le joug*, les *Guides de la vie*, la *Grandeur du monde*, le *Pèlerin*, le *Bonheur de la sagesse*, etc.

J'aurai des voyageurs à conduire demain,
Et je l'attellerai moi-même de ma main
A la voiture; il est, bien qu'encore novice,
Fort comme deux chevaux : il m'en doit le service,
Et sa fougue avec l'âge un jour se calmera.

Tout fut selon ses vœux d'abord, même au delà.
Pégase, plein d'ardeur, animait l'attelage
Dont il faisait partie, et le char de voyage
Volait comme un trait... Mais... bientôt, destin fatal!
Le coursier ne pouvant marcher d'un pas égal,
Les yeux fixés au ciel, cédant à sa nature,
Loin des chemins frayés il traîne la voiture,
Va se précipitant dans les buissons épais,
Les broussailles, les champs, jusques dans les marais.
Des deux autres chevaux la même ardeur s'empare,
Nul cri, nul frein... Bientôt la fureur les égare,
Et la voiture, après maint effroyable choc,
Reste brisée enfin sur le sommet d'un roc.

« Je m'y suis fort mal pris, dit maître Jean, sans doute,
Un peu pensif, rêvant à l'affreuse déroute.
Ce moyen-là peut-il me réussir enfin?
Jamais : il faut dompter l'animal par la faim,
Et puis par la fatigue et des labeurs sans nombre...
Pégase, après trois jours, n'est déjà plus qu'une ombre.

Quand ce nouvel essai l'eut si bien éprouvé,
Notre homme enfin s'écrie: « Oh! oui, je l'ai trouvé!...
Avec mon plus fort bœuf, allons, qu'il s'évertue,
Ce Pégase maudit, à tirer la charrue! »

Aussitôt fait que dit. Sa charrue offre aux yeux
L'attelage risible et l'aspect curieux
D'un bœuf lourd et pesant et d'un coursier agile,
Que ne pourrait mener la main la plus habile,
De front et comme il faut, car le cheval ailé
Se lève et fait sans cesse un effort redoublé
Pour prendre son vol; il s'élance, il s'agite
En vain : son compagnon n'en marche pas plus vite,
Et le divin coursier doit se faire à son pas,
Jusqu'à ce qu'épuisé, de résistance las,
Accablé de fatigue, et cédant à la peine,
Il roule à terre et tombe au milieu de la plaine.

Maître Jean le voyant : « O méchant animal,
Lui dit-il, c'est toi seul qui causes tout ce mal ! »
Il le frappe et s'écrie, emporté de colère :
« Il n'est pas même bon pour labourer ma terre ! »
Maudit soit le fripon qui vint l'un de ces jours
Ici te vendre à moi ! concluant son discours
Par plus d'un coup de fouet... Tout à coup un jeune homme
Vif et de cette humeur joyeuse qu'on renomme,
Vint passer par hasard par ces mêmes chemins.
Une lyre aux doux chants résonne entre ses mains ;
On voit étinceler la bandelette pure
Dont l'or fait respendir sa blonde chevelure :
« D'un attelage tel dis-moi l'intention,
O mon ami ! pourquoi la bizarre union
D'un bœuf et d'un oiseau ? Donne-moi pour une heure
Ton cheval à l'essai, tu verras, ou je meure,
S'accomplir sous tes yeux un prodige éclatant. »
Pégase est dételé. Le jeune homme à l'instant
A sauté sur sa croupe, et cette main de maître
A ce cheval ailé s'est bientôt fait connaître ;
Il sent, ronge son frein et le mord fièrement,
Puis il prend son essor, vole rapidement,
Lançant les fiers éclairs de divines prunelles.
Ce n'est plus un cheval : aux voûtes éternelles,
C'est un dieu qui s'élance au vaste azur des cieux,
Où l'homme ne peut plus le suivre de ses yeux.

L'étude.

Quel plaisir offre autant de charmes que l'étude,
Et quelle jouissance a moins d'inquiétude !

La génération actuelle.

Fut-il jamais génération telle ?
Non, je ne comprends point notre race mortelle !
Les vieillards seulement paraissent rajeunis,
    Les jeunes gens sont tous vieillis !

Le dragon de l'île de Rhodes (1).

Où court ainsi ce peuple qui se rue
Avec un tel fracas dans chaque rue ?
Rhode est-il donc sous des torrents de feu ?...
De cette foule on peut voir au milieu
Un chevalier sur son coursier paisible.
Derrière lui, quelle aventure horrible !
On traîne un monstre, on le tient enchaîné ;
Sa forme est d'un dragon : l'œil étonné,
De lui se porte au chevalier habile.
Ce monstre était un hideux crocodile ;
Et l'on entend de mille voix l'éclat :
« Venez, voyez, quel affreux attentat !
Il engloutit de sa dent trop avide
Et nos bergers et leur troupeau timide.
Mais ce héros seul enfin a dompté
De plus d'un preux ce dragon redouté.
Gloire au vainqueur, à son ardeur guerrière ! »
Et l'on se rend en foule au monastère
Où s'assemblaient ces vaillants chevaliers
Dits de Saint-Jean prêtres hospitaliers ;
Et le jeune homme à l'air doux et candide
S'est avancé, d'un pas lent et timide,

---

(1) Il y a des poésies de Schiller, qui, sans exprimer des sentiments personnels, ont beaucoup de charme et de grâce. C'était alors la mode, en Allemagne, de composer des romances et des ballades sur des aventures merveilleuses ou chevaleresques. Burger avait le premier donné la vogue à ce genre facilement populaire et qui a de l'analogie avec la poésie, telle qu'elle fut à son berceau, en Europe, avant l'imitation des anciens. Gœthe a fait aussi plusieurs romances célèbres. L'Angleterre et la France ne sont pas restées en arrière. Nous avons reproduit en vers français et l'on trouvera dans ce volume, la charmante ballade de Goldsmith, insérée dans le *Ministre de Wakefield*. Avant même que la romance fût devenue aussi universelle, on en avait en France de fort jolies de Moncrif et de Florian.

Le *Plongeur*, le *Combat avec le dragon*, le *Comte d'Habsbourg*, sont des récits simples et faciles, et pourtant revêtus d'un coloris poétique plein de charme, d'attraits et d'intérêt.

Vers le grand maître, et la foule le suit.
De ses clameurs à l'instant retentit
Voûte, degré, mur de la galerie.
Le chevalier parle alors, il s'écrie :
« Oui, j'ai rempli mon devoir de vrai preux,
J'ai terrassé ce dragon monstrueux ;
Le pèlerin peut gravir la montagne,
Et le berger errer dans la campagne. »

Mais le grand maître, aux sévères regards,
Lui dit : « Tu t'es conduit en fils de Mars.
Des chevaliers de Rhodes le courage
Brille en toi : mais du soldat brave et sage
Dont pour le Christ la vertu se fait voir,
Quel est, réponds, le principal devoir ?... »
Tous ont pâli... Mais d'une contenance
Noblement fière : — « Ah ! c'est l'obéissance,
Qui seule rend dignes de notre croix
Les chevaliers voués aux saints exploits ! »

« Et ce devoir, mon fils, dit le grand maître,
Tu l'as enfreint, en téméraire, en traître ;
Car ce combat par nos lois interdit,
Tu le risquas avec un front hardi ! »
Mais, dit le preux, vous me jugez trop vite ;
Pour la juger, connaissez ma conduite !
Cinq d'entre nous, de l'ordre la splendeur,
Et qui du Christ combattaient pour l'honneur,
Avaient été victimes de leur zèle.
Alors on fit la défense formelle
De cette lutte aux preux, aux chevaliers.
Mais cependant de vifs élans guerriers
Profondément m'agitaient le cœur, l'âme ;
Même la nuit, cette ardeur, cette flamme
Ne me laissait le plus léger repos.
Dès que l'aurore a lui sur nos coteaux,
Nous annonçant quelque nouvelle injure,
Je résolus de tenter l'aventure.
Et je me dis à moi, dans ce moment :
« Quel est pour tous le plus bel ornement ?
Que firent ceux dont on vante la gloire,
Et ces héros dont nous parle l'histoire,
Et ceux qu'au rang si haut même des dieux
Ont élevés ces payens orgueilleux ?

Ils ont purgé de cent monstres la terre
Et terrassé, dans leur ardeur guerrière,
Minotaures, reptiles ou dragons,
Affreux sangliers et terribles lions ;
Pour eux, pour délivrer mainte victime,
De ménager leur sang c'eût été crime.
Pour la foi seule et son noble soutien,
Doit-on tirer le glaive du chrétien
Et seulement le Sarrasin combattre
Et les faux dieux ? Un chrétien doit se battre
Pour tous périls ; par ses vaillantes mains,
Son bras puissant délivrer les humains ;
Mais il lui faut allier la sagesse
Et la prudence à la noble hardiesse. »
C'était ainsi que seul, moi, je parlais,
Quand vers le monstre avec fierté j'allais.
Un ange alors vint m'inspirer lui-même :
Je l'ai trouvé !... dis-je en ma joie extrême.
Je me rendis alors vers toi, seigneur,
En te disant : Mon pays, sur l'honneur,
M'a rappelé... Ma demande accordée,
De mon île par moi fut abordée
Bientôt la côte, et par un heureux sort,
Tranquillement j'arrivai dans le port.
A peine entré, j'ordonnai de construire,
D'après les traits que je sus reproduire,
De ce dragon un fidèle portrait,
Reconnaissable à la masse, à maint trait.
Sur ses pieds courts de ce long corps la masse
S'élève, et l'on aperçoit la cuirasse
Qui le défend, dure comme le fer.
Son cou s'allonge, et sa gueule d'enfer
Semble s'ouvrir pour happer sa victime.
On voit sortir de cet horrible abîme
Un double rang de menaçantes dents ;
Sa langue vibre et ses yeux sont ardents.
Le monstre enfin, en longueur effroyable,
A du serpent la croupe redoutable !
Même on la voit, sur elle se roulant,
Enlacer l'homme et son coursier tremblant !

On sait former l'image monstrueuse
Avec soin ; puis d'une teinte hideuse

On la revêt, afin que, par cet art,
Il pût sembler mi-serpent, mi-lézard.
Tout rappelait son infect marécage.
Aussitôt que fut terminé l'ouvrage,
Avec grand soin deux dogues sont choisis,
Agiles, prompts, vigoureux et hardis.
Je les dressais, par un rude exercice,
A s'acharner sur le dragon factice.
Je les voyais à ma voix obéir
Et sous le ventre, à mon ordre, saisir
Le monstre affreux et de leurs dents terribles
Lui faire là des morsures horribles.
Quant à moi-même, armé d'épieux, monté
Sur un coursier noble et fier, bien dompté,
Je le lançais, enflammant sa colère,
Vers le dragon. L'éperon salutaire
Se fait sentir, et je brandis mon dard
Pour le percer enfin de part en part.

De mon coursier en vain le naseau fume;
Grinçant les dents, couvrant son frein d'écume,
Il se cabrait : mes dogues gémissant
Se fatiguaient, jamais ne me lassant,
Jusqu'à ce que la triple et longue étude
De trois nuits vint leur donner l'habitude
De faire ce que d'eux je désirais,
D'obéir vite à mes ordres exprès.
Content enfin de leur zèle intrépide,
Je m'embarquai sur un vaisseau rapide.

J'arrive ici sans me donner le temps
De reposer mes membres haletants,
Car pour mon cœur les nouvelles récentes
De mon pays sont tristes, déchirantes.
Dans les marais, ô comble de douleurs !
Furent trouvés en lambeaux deux pasteurs.
Moi je voulus, dans mon ardeur extrême,
Vers le péril voler à l'instant même.
Vite j'instruis plus d'un bon écuyer,
Et je montai mon plus hardi coursier ;
Par un chemin écarté, solitaire,
Du monstre affreux j'affrontai la colère.
Tu la connais, l'humble église, seigneur,
Qu'on éleva jadis sur la hauteur

De la montagne, et d'où se voit cette île
Et petite et modeste, avec maint pauvre asile.
Et cependant, par un heureux hasard,
On y rencontre un miracle de l'art;
Elle offre aux yeux un chef-d'œuvre admirable :
C'est de la Vierge une image adorable
Avec Jésus, auquel de leur encens,
De leurs trésors trois rois font des présents.
En gravissant la hauteur escarpée,
Le pèlerin dont l'ardeur redoublée
A pu franchir trois fois trente degrés,
Près du Sauveur voit ses pas rassurés.
Vers le milieu de maints rochers en pente
Est un repaire affreux, une grotte puante,
Fétide amas d'ordures de marais,
Où le soleil ne pénétra jamais.
Dans ces bourbiers habite le reptile;
Le jour, la nuit, jamais il n'est tranquille,
S'il n'a sa proie, et dragon odieux,
Il gît au pied de la maison de Dieu.
Du pèlerin qui dans ces lieux s'égare,
Le monstre horrible en un clin d'œil s'empare.

Je voulus seul gravir l'affreux rocher.
Pour le combat avant de m'approcher,
J'allai prier et Jésus et sa mère.
Pur de péchés, au sein du sanctuaire,
Je mets mon casque, et d'un acier brillant,
D'un fort épieu j'arme mon bras brûlant,
Prêt à lutter et plein d'ardeur guerrière.
Mes écuyers restaient tous en arrière :
Je leur donnai mes ordres en partant,
Sur mon coursier je saute au même instant.

A peine étais-je arrivé dans la plaine,
Que mes deux chiens, dans leur ardeur soudaine,
Ont aboyé; mon cheval a frémi
Et s'est cabré devant notre ennemi,
Qui là gisait monstrueux sur la terre,
Vers le soleil dressant sa crête altière,
Et se roulant sur lui-même. Aussitôt
Les deux dogues vers lui ne font qu'un saut;
Mais leur audace est bientôt impuissante,
Quand le dragon, de sa gueule béante,

Lance vers eux une infecte vapeur,
Tout en sifflant comme un chacal. La peur
Les saisit. — J'excite leur courage;
Sur l'ennemi se déchaîne leur rage,
Tandis que moi, de mon bras vigoureux,
J'atteins les flancs de ce dragon affreux.
Mais quelle lutte horrible et périlleuse!
L'arme, effleurant sa cuirasse écailleuse,
En retombait avant mon second coup.
Mon vif coursier se cabre tout à coup...
Et puis, frappé d'un souffle impur, terrible,
Recule plein d'une horreur invincible!
Peu s'en fallut que de moi c'en fût fait.
Je saute alors, rapide comme un trait,
De mon coursier et je descends à terre,
Mettant à nu mon tranchant cimeterre;
Mais les efforts d'un acier impuissant
N'entament point le dos rebondissant
Du monstre qui, de sa queue effroyable,
Me lance au loin. Sa gueule formidable
S'ouvre aussitôt; plein de frayeur, j'entends
Claquer, grincer de trop horribles dents...

Mes chiens alors, dans leur ardent courage,
Vont le mordant sous le ventre avec rage;
Et le dragon, en proie à leur fureur,
Soudain s'arrête et cède à sa douleur.
Avant qu'il soit soustrait à leurs morsures,
J'observe en lui ce qui prête aux blessures;
Je porte un coup terrible dans son flanc,
Et vois couler bientôt un jet de sang
Épais et noir. Le monstre à l'instant tombe,
Et sous sa masse avec lui je succombe.
Je me ranime et vois mes écuyers
Près du dragon gisant mort à mes pieds.

Le chevalier achevait son histoire,
Quand aussitôt, du sein de l'auditoire,
On applaudit, et du bruit de cent voix
La voûte au loin a retenti dix fois,
Et les échos prolongés le répandent.
Les fils de l'Ordre à cor et à cri demandent
Que du héros on couronne à l'instant
Le front vainqueur d'un laurier éclatant.

La foule aussi, dans sa reconnaissance,
Le veut ; mais d'elle on réclame silence
Pour le grand maître. Au héros interdit
D'un air sévère il s'adresse, et lui dit :
« Tu l'as frappé de ta vaillante épée
L'affreux dragon, fléau de la contrée ;
Ce peuple vain t'élève au rang des dieux,
A l'Ordre toi qui reviens odieux !
Toi dont le cœur coupable donna l'être
A ce reptile aussi fatal peut-être
Que le dragon, au venimeux serpent
Qui dans les cœurs s'insinue en rampant,
Soufflant partout la haine qui l'anime,
Rébellion, discorde, guerre et crime ;
Brisant les nœuds de la société,
Et dans cent lieux troublant mainte cité.
Le musulman signale sa vaillance,
Ainsi que toi ; mais dans l'obéissance
Du vrai chrétien brille surtout l'honneur.
Le Christ-Sauveur échangea sa grandeur
Contre le sort d'un horrible esclavage :
Notre Ordre suit la règle d'un Dieu sage.
Notre devoir, à nous le plus sacré,
C'est d'imiter le Sauveur vénéré !
C'est un devoir d'une importance extrême
Que de dompter sa volonté soi-même...
Toi, de la gloire esclave ambitieux,
Éloigne-toi, fuis, fuis loin de mes yeux !
Qui du Seigneur ne sait porter la chaîne,
Fait de sa croix une parure vaine. »

Un long murmure éclate en ce moment
Et partout règne un trouble véhément.
Ses frères tous ont imploré sa grâce.
Le chevalier baisse les yeux et passe
Devant eux ; puis il va baiser la main
De son grand maître et s'éloigne soudain.
Après avoir quitté son saint costume,
Son chef alors, laissant toute amertume,
Dit tendrement : « Mon fils, embrasse-moi,
Prends cette croix et garde-la pour toi :
De ta victoire elle est le noble emblème,
Humble héros, tu t'es vaincu toi-même ! »

La plus belle apparition.

As-tu vu la beauté, quand elle était souffrante?
 Tu connais la beauté!
As-tu vu la gaîté, sa figure riante?
 Tu vis la joie et la gaîté!

L'enfant au berceau.

Bienheureux nourrisson, de ce berceau l'espace
 Est infini pour toi!
Sois homme, et l'infini que cette terre embrasse
 Te sera trop étroit!

Ami et ennemi.

Un ami qui m'est cher me dit ce que je vaux,
Un ennemi me sert en disant mes défauts!

Le sage toujours libre.

Le sage est libre au sein de la captivité,
Car son cœur est plus grand que toute adversité!

La musique.

La vie, hélas! respire aux chefs-d'œuvre plastiques.
 Pour tracer un poétique écrit,
 Il faut le génie et l'esprit;
Mais l'âme seule parle en des chants æsthétiques.

Les trois âges de la nature.

La fable lui donna la vie ; ensuite on vit
    L'école qui la lui ravit !
Puis par l'entendement de nouveau ranimée,
Sa force renaquit, créatrice, animée.

La Statue ou l'Image voilée (1).

Un jeune homme excité par la soif de comprendre,
De voir et de savoir, arrive pour apprendre
De la bouche d'un prêtre, en Égypte, à Saïs,
Les mystères secrets des plus sages esprits.
Monté de grade en grade et d'un essor rapide,
De sagesse toujours il devient plus avide :
L'hiérophante a peine à calmer les élans
De ce jeune homme au cœur, au zèle trop brûlants. —
« Mais que m'as-tu donné, dit le jeune homme au prêtre,
Si je n'ai tout et si je ne puis tout connaître ?
Et le plus ou le moins ici sont un non-sens !
La vérité n'est point comme un plaisir des sens,
Que l'on peut posséder plus ou moins, je le cède,
Mais que pourtant de fait sûrement on possède.

(1) C'est dans cette pièce, intitulée : l'*Image voilée*, que Schiller nous donne l'idée, sous un voile allégorique, des bornes qu'il avait imposées à son ambition de connaître, et sa résignation à la condition terrestre de l'homme.

Parmi les nombreuses pièces de Schiller, composées à cette époque, et datées de 1795, et des années suivantes, la plupart sont écrites dans ce même esprit. On y voit une conviction intime du vide et de l'insuffisance de la sagesse du monde. Souvent même, avec une raillerie assez douce, il remontre à la philosophie son néant et ses vaines fluctuations : il en appelle au sentiment intérieur de l'âme. Les illusions sont détruites, mais le cœur, loin de se dessécher, a appris à jouir de ses espérance et de ses désirs.

N'est-elle pas unique, indivisible? Eh bien!
Ote un son à l'accord, qu'en restera-t-il? rien!
Au rayon lumineux une couleur ravie
Ravit à la lumière et sa force et sa vie. »

Ils vont ainsi parlant; mais bientôt à leurs yeux
Un vieux temple est offert, séjour silencieux
Dont ils avaient franchi l'enceinte circulaire.
Une statue énorme, en ce lieu solitaire,
Et voilée, à leurs yeux s'offrit en ce moment.
Le jeune homme à son guide, en son étonnement,
S'adresse et dit : « Quelle est, maître, je t'en conjure,
Sous ce voile, en ces lieux, cette immense figure?
— C'est, lui répondit-on, l'auguste vérité!
— Comment, dit le jeune homme, hors de lui transporté,
Mes efforts incessants tendent à la connaître,
Et sous ce voile épais on la fait disparaître!
— Accusez la déesse, ami, lui répondit
Le grand prêtre aussitôt : Nul homme, a-t-elle dit,
N'écartera ce voile; il sera par moi-même,
Et moi seule levé. Sur tout homme anathème,
Qui, d'une sacrilége et téméraire main,
Tenterait de lever, hélas! à l'œil humain
Ce saint voile interdit!... A sa force mortelle,
La vérité sacrée apparaîtra, dit-elle. »

— Étrange oracle! ô ciel! Jamais, jamais par toi
Ce voile a-t-il été levé?... — Jamais par moi,
Vraiment, en aucun temps de ma paisible vie,
De le lever je n'eus certes la moindre envie...
— Je ne puis apaiser mon esprit là-dessus;
Si de la vérité ces seuls minces tissus
Me séparent... — Mon fils, par une loi terrible, —
Interrompit son guide, — et puissante, inflexible,
Et plus qu'on ne le pense!... Il paraît pour ta main
Bien léger ce tissu, pour l'âme il est d'airain. »

Le jeune homme pensif revint à sa demeure.
Le désir de savoir lui laisse à peine une heure,
Un moment de sommeil : il s'agite en son lit,
Se lève impatient, au milieu de la nuit;
Ses pas tremblants, sa marche obscure, involontaire,
Malgré lui le conduit au temple solitaire.

Aisément dans l'enceinte on pouvait pénétrer :
D'un élan intrépide il saute, il ose entrer.

L'y voilà maintenant, entouré d'un silence
Lugubre et redoutable; en ces lieux il s'avance.
De ses pas incertains le retentissement,
Sourd et mystérieux, de ce saint monument
A seul troublé la paix; sa marche solitaire
Au-dessus des caveaux redouble leur mystère.
A travers l'ouverture, on aperçoit aux cieux
La lune aux doux rayons argentés, pâles, bleus.
Comme un dieu, la figure, au milieu de ce temple,
Au jeune homme apparaît voilée; il la contemple !
Il s'avance, il hésite, et d'un pas incertain...
Au voile saint déjà va s'attaquer sa main;
Un frisson convulsif, une chaleur soudaine
Le pénètre, l'agite et court de veine en veine.
Un invisible bras le repousse; on lui dit :
« Arrête, malheureux ! » — Qu'as-tu donc dans l'esprit?
S'écriait en lui-même une voix salutaire,
Tenter le Saint des Saints, c'est ce que tu veux faire !
Pense à ce que la déesse, ami, te répondit :
« Aucun mortel, ainsi l'oracle te l'a dit,
N'écartera ce voile; il sera par moi-même,
Et moi seule levé, sans crime et sans blasphème. »
— Mais cette même bouche a de suite ajouté :
« Qui lèvera mon voile, aura la vérité
Sous ses yeux ! » Eh bien donc ! n'importe ce qu'il cache,
Il faut que je le lève ou bien que je l'arrache !
Il s'écrie à l'instant de sa plus haute voix :
« Il faut que je la voie ! » et l'écho disant : « Vois ! »
Au loin retentissait, — raillant le téméraire !

Il dit, et de ce voile écarte le mystère.
Maintenant que vit-il apparaître à ses yeux?
Je ne le sais... Les prêtres des saints lieux
L'ont vu le lendemain, pâle, sans connaissance,
Sur les marches d'Isis. Et toujours le silence, —
Quand on lui demandait ce qu'il avait appris,
Les secrets par lui vus, entendus ou surpris, —
Fut sa seule réponse... A jamais à sa vie
Condamnée au chagrin toute joie est ravie;
Jeune encore on le vit au tombeau descendu. —
« Malheur à ceux !... » Tel fut le seul mot entendu

Des gens qui lui faisaient leur demande importune.
Celui-là doit s'attendre aux maux, à l'infortune,
Qui se rend criminel, cherchant la vérité :
Elle n'aura pour lui ni grâces ni bonté !

L'idéal de la vie (1).

Alcide parcourut le sentier de la vie
Dans d'éternels combats, une lutte infinie ;
L'hydre abattue, il sut terrasser le lion,
Et descendre vivant dans ta barque, ô Caron !
Pour ravir son ami d'un séjour lamentable.
Une déesse, hélas ! perfide, inexorable,
Accumula sans fin les dangers et les maux
Sur sa route et sa vie en proie à cent fléaux,

Jusqu'à l'heure où du dieu l'enveloppe mortelle
Se sépara de l'homme, et son âme éternelle,
Par la flamme épurée, en son essor joyeux
Et nouveau, s'élança légère vers les cieux,
Fuyant et notre vie et ses chagrins sans nombre.
Le rêve dissipé disparut comme un ombre.
De l'Olympe aussitôt l'harmonie aux cent voix
Accueille l'âme à qui l'homme a dû tant d'exploits.
La riante déesse, au glorieux empire,
Lui présenta la coupe avec un doux sourire.

La vie est bien souvent pour un heureux mortel
    Un souvenir du Ciel !

(1) Le morceau intitulé l'*Idéal de la vie* est une longue comparaison de ce que l'imagination rêve de noble, de pur et de calme, avec ce que la réalité a de rude, de mobile et d'incertain. Cependant l'homme ne doit point perdre courage ; il doit lutter contre l'influence terrestre, excité par la vue du monde céleste : c'est ce qui est indiqué sous l'emblème d'Alcide, mot grec qui signifie la force. Un des caractères de la poésie de Schiller, c'est d'être sans cesse revêtue des brillantes couleurs de la mythologie grecque ramenée à un sens allégorique.

Épitre à Gœthe (1),

LORSQU'IL TRADUISIT POUR LE THÉATRE LE MAHOMET DE VOLTAIRE.

Comment! toi qui, jadis, de la règle factice
Sus nous soustraire au joug, et fuyant l'artifice,
Ramenas la nature avec la vérité;
Oui, toi qui, comme Hercule, au berceau redouté,
Arrachas le génie aux nœuds de vils reptiles;
Toi que l'art sut parer de ses lauriers fertiles,
Sur un autel tombé tu viens sacrifier
A des muses qu'on a cessé de supplier!

Muse de la patrie, à toi vouant la scène,
N'honorons plus de dieux d'une terre lointaine!
Montrons avec orgueil ce laurier glorieux
Qui fleurit sur le sol où dorment nos aïeux.
Sanctuaire des arts, l'audace germanique
A su franchir ton seuil, et la race hellénique
Et celle des Bretons ont dirigé nos pas,
Pour mériter un nom qui ne s'éteindra pas.

Où domine un despote, où se courbe l'esclave,
Où le faste s'étale, où règne mainte entrave,
L'art ne peut revêtir les formes du vrai beau;
Sous la main de Louis ne luit point son flambeau.
Libre, il doit se montrer de sa propre énergie,
Et ne doit nullement emprunter la magie
D'une majesté fausse : il veut la vérité;
Sa flamme échauffe seule une âme en liberté.

Gœthe, ne cherche point à ranimer les scènes
De ces drames passés, à nous rendre nos chaînes;

(1) Il y a un intérêt de curiosité à voir de quelle manière Schiller réprimandait Gœthe d'avoir traduit et fait représenter le *Mahomet* de Voltaire. De plus, on retrouvera dans cette épitre plusieurs des pensées de Schiller sur l'art dramatique. Elle nous donne aussi une idée des déclamations germaniques plus ou moins exagérées contre le théâtre, la littérature et la poésie françaises.

Ne nous ramène point à ces antiques jours
D'une indigne tutelle! Arrête-t-on le cours
Des heures et du temps, et leur vol si rapide?
Le présent est réel; le passé, c'est le vide!
L'enceinte du théâtre a grandi; l'univers
Tout entier s'y déploie, et la pompe des vers
Disparaît aussi bien que la pompe oratoire :
La scène est plus fidèle aux leçons de l'histoire.

L'image du vrai seul et nous charme et nous plaît;
Même en la fiction la vérité paraît.
L'exagération, qu'une foule idolâtre
Aimait tant, est bannie à présent du théâtre.
Le héros pense, agit comme un homme aujourd'hui.
La passion criait, jadis, faisait du bruit;
Librement de nos jours sa voix est élevée,
Car dans le beau du vrai la source fut trouvée.

Cependant de Thespis le char légèrement
Est construit; il me semble être réellement
Fabriqué pour mener dans les demeures sombres
Des spectres décharnés et d'apparentes ombres;
Semblable au frêle esquif du noir nocher Caron,
Dont le fardeau léger traverse l'Achéron.
Pourquoi, réalité, t'y chercher un asile?
Ton poids submergerait cette barque fragile
Qui n'a pour lest que maint esprit aérien.
L'apparence jamais ne doit atteindre en rien
A la réalité. Dès qu'on voit la nature,
L'art disparaît devant sa lumière si pure.

Le monde théâtral n'offre à ses spectateurs
Rien de vrai, de réel, que les larmes, les pleurs;
Tout est idéal, tout: l'émotion terrible
N'y provient même pas d'impression sensible.
La Melpomène vraie en vain rien ne promet :
C'est une fable, au moins; elle nous la transmet
Pour telle, et sait de plus, sans tromper tout le monde
Comme la fausse, offrir une leçon profonde.

De quitter le théâtre, oui, l'art nous menaçait.
La sensation seule en scène établissait
Son pouvoir déréglé, son despotique empire,
Et tout semblait devoir aller de mal en pire,

Et la scène et le monde allaient être perdus,
Le sublime et le bas se trouvaient confondus.
L'art ne trouva qu'en France un asile fidèle,
Sans qu'elle pût atteindre à son noble modèle.
Renfermés dans un cercle, on voyait les Français
S'y maintenir, n'oser s'en écarter jamais...
Le théâtre est pour eux une enceinte sacrée :
Leur scène magnifique, aux beaux-arts consacrée,
Bannit tout rude son, fût-il simple et touchant !
Le langage chez eux s'élève jusqu'au chant.
C'est un empire vrai de beauté, d'harmonie :
Tout y paraît s'unir en noble symétrie ;
Tout semble bien construit, sévère, harmonieux,
Où tout s'assujettit aux lois de la cadence,
Où tout mouvement suit les règles de la danse.

Mais pour modèle, non, n'ayons pas les Français !
L'esprit de vie en l'art chez eux manque au succès ;
La raison y dédaigne une marche pompeuse,
Et la vérité fuit leur dignité trompeuse,
Affectée, et leurs airs guindés et précieux...
Seulement, ils nous ont dirigés vers le mieux :
Ils sont venus vraiment comme une ombre sans vie,
Et pour que notre scène enfin se purifie ;
Elle, que si longtemps on osa profaner,
Antique Melpomène, ici te voit trôner !

Aux philosophes.

Tu veux m'apprendre, ami, la vérité !
Par découragement ne sois point arrêté !
Par toi je ne veux point des faits savoir les causes,
Mais je veux te voir, toi, par les faits et les choses !

Devoir pour chacun.

Tends toujours vers le Tout ! Tu ne peux devenir
Un seul Tout par toi-même !

Eh ! comme membre utile, en ton ardeur extrême,
　　Au Tout cherche à t'unir !

Les fleurs.

Enfants du soleil renaissant,
O fleurs de ce champ verdissant,
C'est vous qu'une aimable nature
Produit pour la volupté pure !
A vous les dons délicieux
Des doux rayons venus des cieux !
C'est vous que la riante Flore
De ses couleurs orne et décore !
Filles charmantes du printemps,
N'auriez-vous point de sentiment ?

Du rossignol, de l'alouette
Retentit la voix inquiète
Près de vous ; des sylphes l'essaim
Folâtre sur votre beau sein.
Vénus dans vos riants calices
A-t-elle versé ses délices ?
Les petits dieux qu'on nomme amours
Vous sont-ils inconnus toujours ?
Enfants du printemps délectable,
Sentez-vous leur trait redoutable ?

Lorsque pour un doux sentiment
Ma main vous cueille, en ce moment,
Tendres fleurs, avez-vous l'envie
De me montrer cœur, âme et vie ?
Ou bien, trop insensibles fleurs,
Ne connaissez-vous point les pleurs ?
Pourtant on voit la sensitive
Se soustraire à nous, fugitive...
Dans vos feuilles du Dieu du ciel
Brille le pouvoir éternel !

L'église de Saint-Pierre de Rome.

Quelle erreur de chercher l'infini dans ces lieux :
Leur grandeur consiste à nous grandir à nos yeux.

Les grues d'Ibycus (1).

Qui s'avance ainsi, seul, sans crainte ?
C'est Ibycus, si cher aux dieux :
Il court vers l'isthme de Corinthe,
Aux jeux, aux combats glorieux !
Phébus se complut à l'instruire
Dans l'art des vers, dans l'art du chant ;
Inspiré du dieu de la lyre,
De Rhège il est parti content.

De loin à ses yeux s'est montrée
La citadelle au noble aspect.
Il entre à la forêt sacrée,
Et se sent saisi de respect.
Là, dans des routes inconnues,
Il n'aperçoit que des oiseaux,
Un innombrable essaim de grues
S'envolant vers des pays chauds.

« Je vous salue, oiseaux que j'aime,
Dit-il, soyez d'augure heureux !
Notre sort me semble le même,
Loin de climats trop rigoureux
Nous venons, passant l'onde amère,
Chercher ici, loin du danger,
Un toit dont l'abri tutélaire
Soit le salut de l'étranger ! »

1) Ce charmant récit a pour base un fait historique très-curieux.

Il a dit. A grands pas il s'avance.
Tout à coup de deux assassins
Le fer brille à peu de distance ;
Ils viennent fermer les chemins.
A la lutte comment suffire ?
Sa main à l'instant a cédé ;
Par elle, exercée à la lyre,
Jamais un arc ne fut bandé.

Aux dieux, aux mortels il s'adresse,
Les prie en vain, dans son danger.
Nul être vivant qui paraisse !...
« Hélas ! sur ce sol étranger
Faut-il, victime déchirée
Par la main d'un vil malfaiteur,
Mourir !... Mais ma mort ignorée
Pourra-t-elle avoir un vengeur ? »

Au milieu d'angoisses mortelles,
Il ne voit plus, mais il entend
D'oiseaux nombreux battre les ailes
Au-dessus de lui dans l'instant.
« C'est vous, dit-il, fidèles grues,
C'est vous que je prends à témoin,
Des horreurs que vous avez vues ;
Allez, redites-les au loin ! »

Il meurt, et des mains charitables
Emportent son corps par pitié ;
Ses traits, presque méconnaissables,
Ne le sont pas pour l'amitié.
Son hôte à Corinthe s'écrie :
« Quoi ! te voir sanglante apporter,
Tête glorieuse et chérie,
Que je m'attendais à fêter ! »

Partout une douleur muette
Consterne ce peuple éperdu,
Qui, laissant Neptune et sa fête,
Déplore un noble ami perdu.
Se pressant vers le Prytanée,
La fureur, la vengeance au sein,
A grands cris la foule indignée
Demande à frapper l'assassin !

Mais comment découvrir la trace
Du meurtrier audacieux
Parmi les gens de toute race
Attirés aux fêtes, aux jeux?
Seraient-ce des brigands vulgaires?
Serait-ce un ennemi secret?
Seul, éclairant tous les mystères,
Hélios (1) le découvrirait.

Serait-il, dans son insolence,
Au milieu des Grecs éplorés?...
Quand sur ses pas court la vengeance,
Ses traits sont encore ignorés.
Jusques au parvis de leur temple,
N'est-il pas là, bravant les dieux?
Parmi la foule qu'il contemple,
Peut-être est-il assis aux jeux.

Sur un amphithéâtre immense
Que de curieux à la fois !
Malgré cent piliers, on commence
A craindre pour l'énorme poids.
Dans ces lieux la foule venue,
Pareille aux vagues de la mer,
Se confond presque avec la nue,
A l'horizon, au sein de l'air.

Que de citoyens de l'Aulide !
Que d'hommes on rencontre ici
D'Athènes et de la Phocide,
De Sparte et des îles aussi,
Même des côtes de Lydie !...
Mais le spectacle a commencé
Par la lugubre mélodie
D'un chœur sur la scène avancé.

Ce chœur, suivant l'usage antique,
Aux yeux de tous très-gravement
S'est promené d'un pas tragique :
Il circule fort lentement.

---

(1) C'est-à-dire le Soleil

Quels êtres! quelles créatures
Ont pu les porter dans leurs flancs?
Quel est leur sexe?... Leurs statures
Sont vraiment celles de géants !

De vastes manteaux comme une ombre
Couvrent ces monstrueux humains;
Une torche au feu rouge et sombre
S'agite en leurs livides mains;
Leur tête pâle et décharnée,
Au lieu de ces beaux longs cheveux
Dont la tête humaine est ornée,
Porte des serpents venimeux.

Formant un cercle épouvantable,
Elles ont entonné leur chant,
Ce chant, dont le son lamentable
Berce le cœur en le touchant.
Glaçant les coupables timides,
Seul il pourrait les accabler ;
La lyre aux voix des Euménides
N'a jamais osé se mêler.

« Heureux l'homme dont l'âme pure
S'est conservée, ont-elles dit,
Dans l'innocence et sans souillure!
Son accès nous est interdit !
Malheur à ceux qui par la fuite
Du crime ont cru goûter le fruit,
Nous nous attachons à leur suite,
Nous, sombres enfants de la nuit!

« Pour atteindre les sacriléges,
Sur leurs pas nous nous élançons;
Nous leur tendons si bien nos piéges,
Qu'à nos pieds nous les terrassons.
Point de meurtrier qui respire,
Au repentir point de recours ;
Jusque dans l'infernal empire,
Contre nous nul n'a de secours! »

Ces chants, ces cris mêlés de danse
Répandent au cirque, en tous lieux,

Un profond, un morne silence ;
On sent la présence des dieux !
Ce chœur, suivant l'usage antique,
Sur le théâtre gravement
S'est avancé d'un pas tragique,
Et se perd dans l'enfoncement.

La multitude, suspendue
Entre l'erreur et la raison,
Pense un moment voir confondue
La vérité, l'illusion !
Bientôt on ne peut plus le taire,
Ce pouvoir terrible et secret,
Qui, s'exerçant dans le mystère,
Aux rayons du jour disparaît.

Tout à coup, du sein d'une estrade,
Des mots sont entendus bien hauts :
« Regarde donc là, camarade.
D'Ibycus ce sont les oiseaux ! »
Il semble à l'instant que des nues
Dérobent la clarté des cieux.
Tous regardent : ce sont des grues
En troupe qui s'offrent aux yeux !

Ibycus, quoi ! de bouche en bouche
Ce nom si cher est répété !
Tout spectateur que ce nom touche
Demande avec avidité :
« Ibycus, l'objet de nos larmes,
Lui qu'ont frappé de vils bourreaux...
Pourquoi réveiller nos alarmes ?
Que nous fait donc ce vol d'oiseaux ! »

A l'instant, comme un trait rapide,
La lumière a frappé les yeux :
On s'écrie : « Ah ! c'est l'Euménide,
Ici se voit la main des dieux.
La vérité s'est déclarée :
Le crime enfin se dénonça !
Saisissons qui l'a proférée
Et ceux auxquels il s'adressa ! »

Ah! cette parole fatale,
Que n'a-t-il pu la retenir !
C'est trop tard : leur visage pâle
Suffirait seul pour les trahir.
Vers des magistrats on les traîne,
La scène est alors tribunal :
L'aveu s'échappe et de la peine
Il est aussitôt le signal.

La malédiction du poëte (1).

Jadis un fier château planant sur la contrée,
Et dominant la mer dont elle est entourée,
S'élevait hardiment sur de vastes gradins,
Entouré de brillants et spacieux jardins,
Qui paraissent former de fleurs une couronne,
Où maint jet d'eau s'élance, arc-en-ciel qui rayonne.
Là demeure un monarque et farouche et puissant
Par ses États, par maint exploit éblouissant.
Il s'assied sur un trône, et pâle est son visage :
Sa pensée est terreur, son regard est la rage,
Sa parole est vengeance, et ses lois sont du sang.
Auprès de ce château, si vaste, si puissant,
Arrive un noble couple : à l'un de la vieillesse
Sont déjà les cheveux ; l'autre a de la jeunesse
La blonde chevelure, et le plus vieux des deux
Suivait son compagnon d'un pied bien vigoureux.
— Tous les deux sont enfants d'Apollon et des Muses. —
« Écoute, dit le vieux : à des riens tu t'amuses,
Quand il faudrait songer aux chants les plus hardis,
Aux tons les plus touchants, les plus forts... Je te dis
Qu'il s'agit aujourd'hui, d'une voix mâle et fière,
D'émouvoir un monarque, un prince au cœur de pierre.
Le couple voyageur s'avance vers ces lieux,
Où la reine et le roi sont assis orgueilleux
Sur leur trône : le roi majestueux, terrible,
Tel que l'aurore en feu dans le Nord seul visible ;

(1) C'est un des chants lyriques les plus admirés en Allemagne.

La reine est douce et belle et semblable à Phœbé.
La harpe sous les doigts du vieillard recourbé
Commence de vibrer : les cordes sont pressées
D'une robuste main ; des chansons cadencées
Résonnent avec charme et semblent adoucir
Ce que la voix du maître a de rude à sentir.
Ils chantent le printemps, la dignité de l'homme,
L'amour, la liberté, l'âge d'or qu'on renomme,
Cette pure pensée et cette gravité
De l'âme qui connaît toute sa sainteté,
De l'homme qui se sent remuer la poitrine,
A toute émotion du cœur noble et divine ! —
Les courtisans près d'eux sont en cercle groupés,
Oubliant tous leurs airs railleurs et dissipés.
Un brave et vieux guerrier alors s'incline et prie
Humblement devant Dieu. La reine est attendrie !
Elle prend à l'instant la rose qu'en son sein
Elle porte et la jette aux bardes à dessein !
« Vous avez égaré mon peuple, race infâme,
Et vous voulez encor séduire ici ma femme, »
Dit le roi courroucé ; puis, bouillant de fureur,
D'un coup de son épée il a percé le cœur
Du jeune homme qui tombe, évanoui, sans vie,
Dans les flots de son sang. L'auditoire à l'envie
Fait comme si l'orage allait fondre sur eux ;
Mais bientôt, succombant au coup le plus affreux,
La victime expire sous les bras de son maître,
Qui l'attache au coursier, puis pense à disparaître.
Mais le vieillard s'arrête aux portes du château,
Prend sa harpe, et sa voix retentit aussitôt
A travers les jardins et la salle du trône.
Il s'écrie : « Oh ! malheur à vous, lieux qu'environne
L'orgueil ! lieux d'où jamais ni chants, ni sons d'amour
Ne pourront retentir ! Non, jusqu'au dernier jour
Vous n'entendrez jamais que soupirs et que plaintes,
Et les pas d'un esclave en proie à mille craintes,
Jusqu'à ce dernier jour de la destruction !
Jardins, malheur à vous et malédiction !
De mort je vous fais voir aujourd'hui ce visage,
Pour que tout soit ici sec, aride et sauvage,
Que se tarisse ici toute source des eaux,
Que toute plante y meure, arbres, plants, arbrisseaux !
Malheur ! lâche assassin, à toi !... La Poésie
Te maudit. C'est en vain que loin de ta patrie

Tu t'en allas chercher et la guerre et le sang,
Ton désir ne sera que stérile, impuissant!
Avec le souvenir de ta rage cruelle,
Ton nom va s'oublier dans la nuit éternelle.
Ton nom doit dans les airs un jour s'évanouir;
Comme un râle échappé d'un mourant il va fuir! »
Le vieillard dit. Le ciel à ses vœux favorable
Fait crouler du château l'enceinte formidable;
Les grandes salles ont disparu de nos yeux.
Pour attester encor la splendeur de ces lieux,
Une colonne reste, et qui, fort ébranlée,
Comme les autres doit s'être un jour écroulée.
Tout autour du palais aux funestes destins,
S'offre une lande affreuse au lieu de beaux jardins!
On n'y voit aucun arbre y projeter son ombre,
Aucune source d'eau n'arrose ce lieu sombre.
Nul chant, nul vers ne dit le nom cruel du roi,
Car le poëte a dit : « Roi, sois maudit par moi!! »

A Emma.

Loin de moi le bonheur s'est enfui,
Entre nous s'est placé l'infini.
Mon œil s'arrête encor sur un astre qui brille:
Est-ce un fantôme, hélas! qui dans la nuit scintille?
Si mes yeux se fermaient d'un sommeil éternel,
Quelque profond que fût mon désespoir cruel,
Pour ma douleur, oui, tu vivrais encore.
Mais tu vis, toi que l'on honore
Au sein de la grandeur,
Pour jamais te perd mon cœur!...
D'amour, Emma, les jouissances chères
Sont-elles donc si passagères?
L'amour est-il si peu constant?
Sa flamme périt-elle, hélas! en un instant,
Comme s'en vont d'ici les choses éphémères?

L'agriculteur.

Voyez le laboureur confier à la terre
Les grains dorés que joyeux il espère
Voir sortir, au printemps, des guérets !
A suivre son exemple, amis, soyons tout prêts !
La sagesse ici-bas, sans redouter l'envie,
   Doit semer, aux sillons de la vie,
    Des actions qui porteront des fruits,
De l'éternité même aux plus lointaines nuits.

L'homme.

IMITATION DE SCHILLER : LE MISANTHROPE.

   L'ordre dans l'univers nous représente Dieu.
          A. J. B.

Ah ! si tu méritais ce nom digne d'estime,
Être majestueux, créature sublime,
Toi, si riche en sortant des mains de ton auteur,
La plus belle pensée, homme, du Créateur !
Dans ton âme il régnait une sainte harmonie,
Tant que les passions ne l'eurent point bannie !
Autour de toi, tout tend vers la perfection,
Vers le vrai, vers le beau : c'est là leur mission
A ces êtres ; toi seul, insensible à la forme,
Dans ce tout accompli tu demeures difforme.
Loin des regards jaloux, de l'admiration,
La perle et le cristal à leur perfection,
A leur beauté sans tache aspirent avec force !
Partout une industrie admirable s'efforce
A montrer, dévoiler ses mystères aux yeux.
De tes enfants les dons, les fruits délicieux,
Nature, sont pour toi la noble récompense
De tes bienfaits nombreux. Pleins de reconnaissance,

Tous tes fils à tes pieds te rapportent leurs dons,
Les fruits de leurs travaux, et leurs riches moissons.
Toi seul, le plus chéri, son fils le mieux doté,
Elle revoit en toi bien peu de sa beauté !
On trouve à peine, après une recherche extrême,
En toi ce don divin, l'ordre, beauté suprême,
Loi suprême surtout, de l'être intelligent !
Oui, l'homme offre à son Dieu ce spectacle affligeant !...

Belle individualité.

Oui, vous devez être un, mais non avec le tout.
La voix du tout réside en votre intelligence ;
Le cœur c'est vous, c'est lui qui forme votre essence.
Heureux si celle-là suit celui-là partout !

Imitation de la fantaisie à Laura (1).

Ma Laura ! nomme-moi la puissance cachée
Par laquelle est une âme à l'autre âme attachée ;

(1) Dans sa *Fantaisie à Laura*, c'est-à-dire à sa maîtresse, Schiller commence par lui parler de l'attraction, de la sympathie universelle qui règle les mouvements célestes et tire le monde du chaos. Il retrouve cette harmonie des sphères dans l'âme de deux amants. Il s'aperçoit ensuite qu'il y a aussi une espèce d'harmonie dominant dans le mal : les vices s'enchaînent entre eux ; ils sont en rapport avec l'enfer, comme les vertus avec le ciel. Il termine par des images solennelles que nous avons tâché de rendre en vers français.

La jeunesse de Schiller fut très-orageuse ; des passions violentes en troublèrent la paix et le bonheur. Ce fut à cette époque de sa vie qu'il composa le *Combat*, expression amère et blasphématoire du scepticisme ; la *Fantaisie à Laura*, *Laura à son piano*, l'*Enchantement*, la *Réminiscence*. Il les adressa à une femme aimée, à laquelle les saintes lois de l'amitié ne lui permettaient pas de déclarer sa passion : elle y est désignée sous le nom de *Laura*.

Nomme-moi, ma Laura, la secréte action
Influant sur deux cœurs qu'unit l'attraction (1) !

Vois, elle règne aux cieux la vaste sympathie
Qui des sphères là-haut entretient l'harmonie,
Qui sut tirer un jour le monde du chaos,
De l'univers informe animant le repos !

Cette même harmonie entretenant les sphères,
Elle règne ici-bas dans les âmes sincères
De deux amants unis, pour les biens d'ici-bas,
Mais aussi des méchants elle conduit les pas !

Les vices des mortels forment entr'eux des chaînes
Que resserrent toujours les faiblesses humaines :
Le mal est en rapport incessant, éternel,
Avec l'enfer ; le bien tend toujours vers le ciel !

Parmi tous les biens que l'on préfère en ce monde,
Et les mille plaisirs où notre espoir se fonde,
Il n'en est point un seul que l'on ne laisse un jour
Pour cet attrait des cœurs que l'on nomme l'amour !

Sans l'amour, le printemps revient-il sur la terre ?
Sans l'amour, un poëte à la voix mâle, austère,
Louerait-il dignement le souverain des cieux,
Qui de mondes sans nombre a su ravir nos yeux !

Sans l'amour, ces baisers, ô ma charmante Laure,
Sur ta bouche et ta joue où chacun voit éclore
La pourpre de la flamme à qui cède mon cœur,
Ne rafraîchiraient point mon enivrante ardeur.

Mais que ces voluptés sont loin d'être éternelles !
De l'amour on les voit s'envoler sur les ailes
Dans les bras du passé ; d'un vol précipité
Saturne suit sa femme... Et c'est l'Eternité !

Un jour, je l'entendis annoncer par l'oracle,
Un jour, Saturne enfin, ô surprise ! ô miracle !

(1) Plus d'une pensée de Schiller littéralement rendue fera sourire le lecteur français vivant au sein d'une société délicate et élégante !

Et son épouse, unis par un nœud conjugal,
Auront le monde en feu pour flambeau nuptial.

Alors pour notre amour une plus belle aurore
Doit briller à nos yeux, ô ravissante Laure!
Son feu, réjouis-toi, pour nous à jamais luit,
De ces noces il doit durer la longue nuit!

Fragment d'une ode sur la dignité de l'homme.

Je suis homme et doué d'un noble et libre arbitre;
Est-il rien sur la terre au dessus de ce titre?
Il peut parler ainsi le sage respecté,
Dont le soleil de Dieu luit sur sa liberté!
Le mortel vertueux, doué d'un vrai mérite,
Seul est libre ici-bas, et son chant nous invite
A rendre grâce au ciel de ces bienfaits divers
Dont sa haute puissance enrichit l'univers.

Thécla ou l'apparition.

Autour de toi quand voltige mon ombre,
Tu veux savoir en quel lieu triste et sombre
    Je fais à présent mon séjour?
    N'ai-je pas rempli chaque jour
    Le but de ma terrestre vie?...
J'ai vécu pour aimer, pour exciter l'envie.
    Demandes-tu ce que devient
    Ce chantre ailé dont la voix vient
Nous enchanter dans la saison charmante?
Avec l'amour finit sa vie aimante.
    Tu veux savoir si j'ai pu retrouver
Celui-là dont la perte est venu m'éprouver?
    Oui, crois en moi, ne sois plus en alarmes.
    En ces lieux où ne coulent plus tes larmes
    Nous avons pu nous réunir
    Pour ne jamais nous désunir!

Là tu pourras un jour ou l'autre
Nous recevoir, quand, aussi pur que le nôtre,
Brillera ton amour.
Pour toi quel heureux jour !
C'est là qu'est notre père, à l'abri des injures,
Et lavé de toutes souillures.
Le bras sanglant du meurtrier
N'y peut l'atteindre ou défier.
Ce n'étaient pas des illusions vaines
Qui s'élevaient aux célestes domaines ;
Il voit fort bien que chacun est pesé
Dans la balance dont ils ont usé
Pour peser le prochain ; il voit que la foi même
N'est rien que la vertu suprême.
Les sentiments nobles et beaux, aux cieux
Ont un prix des plus précieux.
Sois comme nous rempli de confiance,
Livre-toi comme nous à la douce espérance :
De grandes vérités et de vastes destins
Se cachent fort souvent sous des traits enfantins.

Le Pèlerin (1).

J'étais encore au printemps de ma vie,
Quand je quittai ma famille chérie.
J'abandonnai mes biens, tout mon avoir,
Et je partis, le cœur rempli d'espoir,
En pèlerin, sans nulle défiance.
Mon cœur était simple comme l'enfance ;
Le doux espoir, surtout la vive foi,
Furent alors mes deux guides à moi.
Ils me criaient : « Dans cette route unie
Marche sans peur : quand tu l'auras finie,
Tu trouveras une porte où l'or luit ;
Tu franchiras ce splendide réduit :
C'est là qu'enfin les choses de la terre
Ont un destin qui jamais ne s'altère. »

(1) Laissons encore au lecteur le plaisir de deviner le sens de cette ingénieuse allégorie !

Le jour venait après le jour qui luit.
Pas un instant de repos pour mon âme
Cherchant en vain ce que mon cœur réclame.
Ici des monts me fermaient le chemin ;
Un fleuve là forme obstacle soudain.
Je franchissais des montagnes les cimes,
Et traversais les torrents, les abîmes,
Jetant des ponts lancés très-hardiment.
J'arrive enfin près d'un fleuve coulant
Vers l'est, et plein de douce confiance,
Je me jetai dans son sein... Je m'avance
Jusques aux flots de la plus vaste mer...
L'infini s'ouvre... O désespoir amer!
Je suis plus loin du but auquel j'aspire ;
Aucun sentier ne pourra m'y conduire.
Suis-je au point où la terre touche au ciel?
L'avenir est bien loin du moment!

La flotte invincible.

Regardez-la venir, la flotte du Midi :
Sous son immense poids l'Océan a gémi !
L'air retentit du bruit des foudres qu'elle entraîne,
Des chaînes et des fers qu'avec bruit elle amène.
Elle s'approche, et semble une armée en ses rangs
Portant des forts nombreux au sein des flots errants.
Non, jamais l'Océan n'en a vu de semblable ;
Aussi la nomme-t-on Invincible, Indomptable!
Elle s'avance au sein des flots épouvantés,
Par la terreur qu'on a, — ses noms sont mérités. —
Lui-même de frayeur on voit trembler Neptune.
La gigantesque flotte, un tel poids l'importune.
La flotte suit un cours lent et majestueux...
Ils marchent ces vaisseaux, la mort au milieu d'eux!
A leur aspect se tait ou la foudre ou l'orage.
Reine des mers, ils vont aborder ton rivage,
Car c'est toi, c'est bien toi, généreuse Albion,
Qu'ils viennent menacer de la destruction...
Malheur à vous, Anglais, ennemis du servage!
De tempêtes sur vous va crever un nuage.

Comment es-tu, dis-moi, souveraine des eaux?
Albion, n'as-tu pas dit aux princes si hauts :
« Seigneurs, je vous en somme et vous mets en demeure
A cette Grande Charte accédez et sur l'heure! »
C'est le chef-d'œuvre aussi des politiques lois :
Tes rois sont citoyens et tes citoyens rois !
Mainte flotte par toi se vit anéantie !
A quoi sont dus ces faits? — (rougissez, Germanie,
Oui, certes, rougissez pour vos nobles enfants,
Jadis aussi héros valeureux, triomphants!) —
De si nobles succès, un si grand avantage?
A l'amour du pays, à ton mâle courage!
Infortunée! oh! vois ce colosse impuissant
De toutes parts le fer et le feu vomissant ;
Verse des pleurs : voyant la chute de ta gloire,
L'univers jette un œil morne sur ta mémoire.
Le cœur de l'homme libre a tressailli d'effroi :
Toute âme généreuse est triste comme toi.
Dieu tout-puissant a vu de la voûte céleste
Les fameux étendards d'un ennemi funeste,
Qui porte sur les eaux la mort et le trépas ;
Il a vu cet abîme entrouvert sous tes pas.
« Quoi! ma chère Albion que j'ai faite si belle,
S'écria-t-il, ainsi sitôt périrait-elle?
La race des héros devrait-elle périr?
L'asile des bannis ne pourrait plus s'ouvrir!
Dernier et sûr abri contre la tyrannie,
Belle hospitalité, peut-on te voir bannie?
Non jamais ton doux sol, ô sainte liberté,
Par l'esclavage vil ne sera disputé;
Il maintiendra toujours la dignité de l'homme. » —
Il dit, et l'Armada qu'Invincible l'on nomme,
D'un seul souffle d'en haut, répandu dans les airs,
S'engloutit, se disperse au sein des vastes mers.

Le soir.

Ah! descends de ton char, dieu brillant de splendeur !
L'homme languit, s'endort, accablé de chaleur :
La terre aurait besoin d'une fraîche rosée,
Pour sa fécondité, de se voir arrosée ;

Tes chevaux fatigués attendent le repos.
Dieu, descends de ton char ! Au milieu de ces flots
Vois-tu cette beauté ? Vois-tu son doux sourire
Pour toi ? Ton cœur touché ne doit-il rien te dire ?
Tes chevaux se hâtant, précipitent leurs pas,
Volant vers toi, déesse aux séduisants appas.
Ils redoublent leur course, et sont tout hors d'haleine :
C'est qu'ils ont entendu les accents de leur reine !
Aux bras de son amante Apollon s'est jeté,
Le fils de Vénus tient ses rênes à côté.
Les coursiers hennissant et la bouche écumante
S'abreuvent à long traits de l'eau rafraîchissante.
En silence la Nuit vient à pas ralentis :
L'Amour la suit ; Phébus dort au sein de Thétis !

Les trois paroles de la Foi.

Écoutez bien ! je vais vous dire trois paroles :
Le sens en est profond, et graves ou frivoles,
Tous les ont à la bouche ; et pourtant c'est du cœur
Qu'elles viennent : par lui l'on en sent la valeur !
L'homme qui ne croit plus à ces trois mots mystiques
N'a plus au cœur de vrais sentiments æsthétiques.

L'homme fut créé libre ! oui, libre, fût-il né
Même au milieu des fers ! D'un peuple forcené
Que les cris furieux n'aillent point vous séduire ;
Les sages par des fous se laissent-ils conduire ?
Sous l'esclave brisant ses fers avec fracas,
Sous l'homme libre aussi, mortels, ne tremblez pas !

Non, la vertu n'est pas un vain son, un mot vide :
De l'exercer sur terre il faut qu'on soit avide ;
Fallût-il ici-bas sans cesse chanceler ;
Vers elle tendons tous sans jamais reculer !
Du mortel qui toujours noblement dit et pense,
Vertu, voir tes beaux traits sera la récompense.
Ce que l'esprit humain ne peut apercevoir,
L'âme naïve peut le comprendre et le voir !

Il est un Dieu! Sous lui ta volonté s'incline,
Car la sienne est sacrée, éternelle et divine.
Elle plane au-dessus du temps et de l'espace,
Sa vivante pensée! Ici-bas où tout passe,
Où tout change sans fin, on peut voir constamment
Un même esprit rester ferme en ce changement!

Retenez ces trois mots au sens profond, mystique,
Et que de bouche en bouche aille leur son magique.
Ces mots viennent du cœur; le cœur seul les comprend!
Et tant qu'on y croira, l'on sera noble et grand.

Les paroles de l'erreur.

Des bons et des méchants toujours la bouche est pleine
De trois grandes erreurs, dans cette vie humaine :
Elles sont là, frappant l'oreille d'un vain son;
D'elles ne peut s'aider notre faible raison.
Quel secours en tirer pour l'humaine faiblesse,
Pour consoler les maux, adoucir la tristesse?
Il semble sur la terre à tous que le destin
N'accorde qu'un bonheur éphémère, incertain.

Nul bonheur pour quiconque à des chimères sombres
S'abandonne et ne court, hélas! qu'après des ombres,
Pour qui pense qu'il est sur terre un âge d'or
Où le bien et le juste ont leur triomphe encor!
La justice toujours, la pure vertu même,
Avec leurs ennemis ont une lutte extrême.
Pourront-elles jamais la victoire emporter
Contre des ennemis toujours prêts à lutter
Et puisant ici-bas une force puissante?
Il faudrait étouffer cette hydre renaissante.
S'il croit la grandeur d'âme unie au sort heureux,
Tout mortel ici-bas doit se voir malheureux.
Aux pervers, semble-t-il, appartient cette terre,
Et non aux gens de bien. Leur vie est solitaire.
Le sage n'est ici qu'un simple voyageur
Dont les pas tendent tous au ciel vers le bonheur.

L'homme ne goûte pas les biens de l'existence,
S'il croit qu'un jour le vrai montrera sa puissance.
Céleste vérité, nulles mortelles mains
Ne lèvent le bandeau qui te cache aux humains !
Nous pouvons bien former des conjectures vaines,
Par de vains mots l'esprit s'asservit à des chaînes ;
Mais l'esprit libre va, poursuivant son chemin,
Traversant la tempête et l'orageux destin.

O toi dont le cœur noble est encor pur, sans tache,
A la divine Foi que ton esprit s'attache !
Le vrai, le bon, le beau, toujours ont existé,
Quoiqu'à l'œil des humains ils n'aient point éclaté.
O beauté, vérité ! quel mortel vous a vues ?
Quelle oreille ici-bas vous aurait entendues ?
Ne va pas les chercher, ô mortel ! hors de toi.
Si l'on peut les trouver, ce n'est jamais qu'en soi.

Les poëtes anciens.

Où sont ces poëtes-devins,
Dont les hymnes, du peuple admirées,
Élevaient les esprits aux voûtes azurées
Sur les ailes des arts divins ?
Vers le ciel tour à tour ils transportaient la terre,
Ou vers elle abaissaient le ciel !
Ils existent encor, mais ils n'ont guère
De noble sujet réel ;
Il leur manque surtout des oreilles capables
De sentir les accords de leurs chants ineffables.
Chantres délicieux
De ces temps heureux,
Vos vers ne rencontraient aucune âme farouche ;
Ils traversaient les temps, volant de bouche en bouche.
Comme vrais oracles des dieux
On regardait vos chants ingénieux.
Les peuples s'enflammaient à la voix immortelle
Qui rencontrait partout un écho sûr, fidelle,
Et vous aviez pour vous inspirer
Et votre verve retremper,

De ces divinités l'agréable présence,
Dont tous vos successeurs n'ont guère connaissance !

La danse.

Voyez ces jeunes gens que cette valse entraîne
Et dont les pieds légers vont effleurant à peine
Le parquet ! Sont-ce là des ombres sans nul poids,
Se dégageant du corps, ou des sylphes, je crois,
Dansant aux doux rayons tremblotants de la lune?
Pareils à la vapeur qui s'élève à la brune,
Sur l'aile du zéphir, et dans le sein des airs,
Au rapide vaisseau qui sillonne les mers,
Leur pas agile et vif, et leur danse si pure,
Se règlent sur les temps d'une juste mesure !

Aux rangs les plus épais soudain un couple amant
S'élance ! L'on dirait qu'il veut violemment
Les rompre ; il semblerait, par un pouvoir magique,
Qu'on les ouvre et les ferme aussitôt. C'est unique !
Le couple a fui nos yeux, et la confusion
Paraît être à son comble : il semble, illusion !
Qu'un élégant palais offre un tas de ruines !
. . . .
L'ordre pourtant renaît, et le nœud de lui-même
S'est délié. Partout brille une joie extrême :
La douce symétrie à l'instant reparaît,
Avec un nouveau charme, un plus puissant attrait.
On la voit, il est vrai, se détruire sans cesse,
Mais la règle préside et sans qu'elle apparaisse.

Comment peut exister cette variété
De figures? Comment sans cesse répété
Ce mobile tableau qui va, passe et repasse,
Sans relâche s'avance et jamais ne s'efface?
De plus encor, comment tout en ne paraissant
Obéir qu'à la voix du plaisir ravissant,
Ne quitte-t-on jamais la route poursuivie?
Veux-tu le savoir?... C'est la divine harmonie

Qui fait tout ce miracle et dirige les bonds
Folâtres des danseurs et leurs pas vagabonds.
Elle est l'auteur charmant d'un renaissant prodige,
Elle seule a causé l'ébouissant prestige.
Semblable à Némésis, on la voit qui conduit
Avec le frein doré d'un rhythme qui séduit,
La vive, impatiente et fougueuse jeunesse.
Le fou ferme l'oreille à la vive allégresse,
A ces accords divins, à ces sublimes chants,
A ces célestes voix dont les sons si touchants
Font vibrer la nature et les êtres en vie,
Et dirigent des cieux la carrière infinie.
Homme, ne peux-tu pas dans ta conduite ainsi
Mettre l'ordre observé dans les plaisirs ici?

Dithyrambe.

Aucun des dieux ne vient ici-bas isolé.
Bacchus, au front riant, et couronné de lierre,
   N'apparaît sur la terre
Que suivi d'Apollon ou du beau fils ailé
   De la charmante Cythérée.
  Je les entends, et leur foule parée
   Remplit mon habitation.
Comment, simple mortel, dans mon humble maison
Pourrai-je recevoir ces hôtes adorables?
   Dieux puissants!
   Ah! de nous quels présents
Pouvez-vous recevoir qui vous soient agréables?
Ah! plutôt donnez-moi votre immortalité;
Élevez-moi des dieux au séjour respecté!
Là seulement la joie et les ris vont en troupe.
D'un vrai nectar, oh! remplissez ma coupe!
« Hébé, verse au poëte une douce liqueur!
   « Jette un voile sur sa vue;
« Que la rive du Styx lui demeure inconnue!
« Qu'il s'imagine vivre en ce céleste chœur!
« Dans sa coupe je vois cette liqueur divine
   « Tomber en petillant;
  « En son cœur le calme domine,
« Son regard par la flamme est plus vif et brillant! »

Les dieux de la Grèce (1).

O vous que suit le beau monde brillant,
Même aujourd'hui vers la joie ineffable
Vous nous menez par un sentier riant,
Êtres charmants du pays de la Fable !

(1) Cette ode est une comparaison plus morale encore que poétique du paganisme et de la religion chrétienne. Trois stances de cette pièce lyrique ont été supprimées après la cinquième, et ne se trouvent que dans la première édition. Les dernières stances n'ont été imprimées que beaucoup plus récemment. Elles sont l'expression des sentiments qui troublaient si tristement l'âme rêveuse et mélancolique du poète. On y voit toujours le même reproche à la Providence, de ne lui avoir donné aucune certitude. (Voir page 45 la *Résignation*, et l'*Idéal*, p. 57.) Schiller ne dit pourtant pas à Dieu, comme l'esprit fort dans Voltaire :

Je soupçonne, entre nous, que vous n'existez point ;

mais c'est avec une amertume profonde qu'il s'adresse à lui, en comparant les deux religions.

Schiller publia l'*Ode aux dieux* de la *Grèce* et celle qui exprime les *Regrets d'un païen nouveau-converti* à une époque où, séduit par sa brillante imagination, il se représentait sous des couleurs trompeuses les temps où l'on adorait les divinités de l'Olympe. On aurait tort de penser que ces deux pièces sont une pure fiction du poète, car Schiller n'écrivait rien qui ne lui fût dicté par sa conscience : il ne savait pas plus mentir en vers qu'en prose. Reconnaissant bientôt combien est aveugle cette curiosité vague de notre esprit inquiet doutant de tout ce qu'il ne peut comprendre, et qui cherche la voie de la vérité par la route du scepticisme, il revient de ses premiers égarements, et c'est lui-même qu'il a voulu peindre dans la *Statue voilée* (p. 127), sous les traits de ce jeune homme si cruellement puni pour avoir osé porter une main téméraire sur le voile mystérieux de la déesse Isis.

Au reste, le sentiment et le goût du beau, qui n'abandonnent jamais Schiller, lui ont inspiré ici, comme presque partout ailleurs, plusieurs strophes pleines d'une vraie et grande poésie, remarquables par une verve noble, riche et heureuse.

Et cependant vos beaux jours ne sont plus !
Que de regrets pour toutes ces délices,
Pour votre culte et vos divins services,
Pour les autels couronnés par Vénus !

Même en nos jours, l'enveloppe riante
De la Fable se tourne avec amour
Autour de toi, vérité désolante !
La Poésie au terrestre séjour
Coulait jadis, riche et pleine de vie,
Et de l'Amour se pressant sur le sein
Rehaussait tout : la Nature embellie
De dieux partout offrait un noble essaim.

Et dans ces lieux où, selon tous nos sages,
Se meut un globe inanimé, brûlant,
Roulait jadis, au milieu des nuages,
Dans un char d'or, Hélios à pas lent.
Sur ces hauteurs grimpaient les Oréades ;
Une Dryade en chaque arbre vivait ;
Fleuves, ruisseaux, nous montraient des Naïades
Dont l'urne fraîche à flots d'argent coulait.

Chaque laurier à son secours implore ;
La fille de Tantale en ce caillou se tait ;
Dans tout roseau Syrinx se plaint encore,
Et Philomèle, au bois, triste renaît.
Chaque ruisseau, Cérès, reçoit les larmes
Que tu versas pour ta charmante enfant !
De ces coteaux Vénus, dans ses alarmes,
Appelle en vain Adonis, son amant !

De Deucalion vers l'engeance mortelle
Venaient alors les habitants des cieux
Pour voir Pyrrha, ta fille aux beaux grands yeux.
Phébus quitta sa puissance immortelle
Pour la houlette ! Oui, dieux, héros, humains,
Se rassemblaient et sans crainte et sans honte,
D'Amour venaient resserrer les liens
Par leurs serments, au doux sein d'Amathonte !

Triste abstinence et sombre gravité
Se tenaient loin de leur brillant service ;

Les cœurs battaient de bonheur, de gaîté,
Ils jouissaient du suprême délice.
Rien n'était saint ni sacré que le beau,
Et sans jamais être à la honte en proie,
Le dieu goûtait une paisible joie :
Sa chaste Muse y prêtait son flambeau !

Temples des dieux, ornés jusques aux faîtes,
Brillants palais, vous releviez la terre !
Aux jeux de l'Isthme, à ses brillantes fêtes,
Les chars roulaient ainsi que le tonnerre.
Dans les saints jours, aux splendides autels
On célébrait de ces danses sacrées
Retentissant aux voûtes éthérées.
Les fronts ceignaient des lauriers immortels !

Bacchus, ton thyrse, en signe d'allégresse,
Règne partout, et d'Evoë les cris
En excitant au vin, aux jeux, aux ris,
Partout font naître et la joie et l'ivresse.
Faune et Satyre, on vous voit chanceler
Devant Bacchus; puis viennent les Ménades
Chantant le vin que l'on boit à rasades:
Tout en dansant, on les entend hurler !

Au chevet des mourants des fantômes horribles
N'apparaissaient jamais, odieux et terribles ;
Sur leur lèvre pâlie un baiser recueillait
Le souffle d'une vie, hélas! qui s'exhalait !
Un Génie éteignait le flambeau de leur vie.
Le fils d'une mortelle, aux Enfers, sans envie
Et sans haine jugeait. Les délicieux chants
D'Orphée à la Furie, hélas! semblaient touchants !

Chaque ombre vertueuse aux bois de l'Élysée
Revoyait les objets si chers à sa pensée :
L'épouse y retrouvait son cher et tendre époux.
La lyre de Linus avait ses sons si doux !
Admète se jetait aux bras de son Alceste ;
Pylade y retrouvait, reconnaissait Oreste.
Le lutteur revoyait son coursier indomptable ;
Philoctète s'armait de son trait redoutable.

Par les plus nobles prix on enflammait l'ardeur
De ceux qui parcouraient la route de l'honneur ;
Des actions d'éclat et des faits héroïques
Élevaient les mortels aux séjours olympiques.
Quand Æsculape aux morts ouvrait le froid tombeau,
Les dieux s'écriaient tous : « Que c'est grand, que c'est beau ! »
On voyait deux jumeaux, du haut de l'empyrée,
Diriger les vaisseaux sur la mer azurée.

Temps heureux, tu n'es plus ! Tu n'es plus, âge heureux,
Où l'on savait jouir de la belle Nature !
Mais dans la poésie, aux champs de l'imposture,
On en retrouve encor des vestiges nombreux.
Nos champs sont inféconds et nos stériles plaines
De tristesse et de deuil aujourd'hui semblent pleines.
Les dieux à nos regards ne s'y présentent plus,
L'ombre seule en paraît, ô regrets superflus !!!

Par l'aquilon brûlant ces fleurs furent flétries ;
Un seul dieu remplaça ces déités haïes.
Aux cieux je m'évertue à chercher Sélène,
Et de l'y retrouver mon espérance est vaine.
En vain ma voix aux prés, aux bois, a résonné !
Sur les eaux nulle voix, nuls échos dans la plaine
Ne répondent aux sons de ma plaintive voix.
Je semble rester seul dans ce triste domaine !

Semblable au balancier d'une horloge, je vois
La Nature sans trône obéir à tes lois
De gravitation, en esclave asservie :
Elle ne comprend plus sa grandeur et sa vie ;
Elle n'est plus sensible à ses propres attraits !
Elle te méconnaît, ô main qui la formais !
Elle n'adore plus l'esprit qui la dirige,
Elle est indifférente à la gloire, au prestige.

Dès la veille on la voit se creuser le tombeau
Dont elle sort après comme un pâle flambeau.
Les astres vont suivant des routes éternelles,
A leur oisiveté les dieux restant fidelles,
Inutiles au monde à leur pouvoir soustrait ;
Pour eux la Fable seule a gardé de l'attrait.
Ils semblent vivre encore au beau pays d'Homère,
Aux régions du rêve ou bien de la chimère.

Avec ces dieux a fui le sublime ou le beau,
La Nature semble être un vaste et froid tombeau !
Des objets la couleur disparaît et s'efface ;
Les sentiments aussi ne laissent plus de trace.
Ils ne nous ont laissé que des mots froids et lents.
Mais entraînés enfin par le fleuve du temps,
Le Pinde leur offrit une noble demeure :
On vit la Poésie empêcher qu'on ne meure !

Le philosophe égoïste.

Tu vois l'enfant qui dort, en son berceau, paisible,
Ne sachant point encor quel est l'être sensible
   Qui veille sur ses jours,
Quelle est la main qui le soigne toujours,
Jusqu'à ce que le cri des passions l'éveille,
Et que de sa raison à la lueur vermeille
Il apprenne à connaître un monde autour de lui
   S'intéressant à cet être chéri.
De la mère tu vis la cruelle insomnie
A son enfant si cher rendre la paix ravie
Et de son propre sang toujours le soutenir,
De ses soins incessants ne voulant obtenir
   Nulle autre récompense
Que le nouveau dévoûment qui commence.
Ce spectacle a frappé tes yeux, et fort souvent
   On te voit calomnier pourtant
Cette nature qui, semblable à cet enfant,
   Ou bien à cette tendre mère,
Donne et reçoit tour à tour pour bien faire.
Tu veux te séparer de cette chaîne, ingrat !
   Dont les anneaux unissent ici-bas,
   Dans l'immense nature,
   Toute vivante créature.
Tu voudrais exister pour toi seul, ô mortel !
Tandis que l'infini n'existe, comme tel,
Que par un changement certain, continuel !

Les deux sexes.

Voyez ces deux enfants, créatures pareilles
A ces deux fleurs encor dans leurs boutons, vermeilles.
On voit se relâcher, mais insensiblement,
Les nœuds qui paraissaient les unir fortement...
Les deux sexes bientôt au grand jour vont paraître :
On ne confondra plus la force et la pudeur de l'être,
Car l'un bouillant d'ardeur, et tout rempli de feu,
Se livre à ses transports, au vif et bruyant jeu...
L'autre fait deviner cette grâce légère
Qui doit l'orner un jour et la rendre si chère,
Ce délicieux nenni, ce sourire charmant,
Qui feront le bonheur plus tard de son amant.
Aucun d'eux ne remplit encor votre espérance...
Elle sera comblée, ayez-en l'assurance,
Et bientôt... Observez plutôt la jeune enfant...
Que doux et gracieux est chaque mouvement !
. . . .
Que de charmes, d'attraits, rehaussent sa beauté !
Autour de sa ceinture est la douce fierté
Qui semble protéger sa pudique nature
Et la mettre à l'abri de tout affront, d'injure !
Elle veille et l'enlève à tout regard humain
Qu'elle fuit ainsi que la biche fuit le daim,
Qui la poursuit sans cesse en un bois solitaire.
L'amour a jusqu'ici dans son cœur su se taire...
Plus hardi, le jeune homme au loin jette les yeux ;
Pour lutter il tient prêts ses flèches et ses pieux.
A la chasse, à la guerre, il recherche la gloire :
Il veut par de hauts faits illustrer sa mémoire.
O nature ! il te faut ton œuvre consommer...
Si ceux que pour s'unir on l'avait vue former,
Si ceux qu'elle voulait joindre par l'hyménée,
Unir d'une commune et même destinée,
Ne se rassemblent pas, ils vont certes se fuir,
Et pour jamais, au lieu de chercher à s'unir...
Mais tu les aides, toi, déité bienfaisante ;
Tu veilles là, sur eux, divinité puissante !

Et dans ces lieux bientôt, séjour de volupté,
Où régnent tant de joie et de douce gaîté,
On verra la riante et tendre sympathie
Faire surgir la paix d'une guerre ennemie...
Les chasseurs ne font plus retentir les forêts ;
Les derniers bruits du jour expirent ici près ;
Les cieux brillent de feux ; agité du zéphyre,
Le roseau mollement se balance et soupire.
Le ruisseau fait entendre un murmure charmant ;
Philomèle a ses airs prélude tendrement.
Ma fille, dis pourquoi ta poitrine ainsi laisse
S'échapper un soupir de ton sein qui s'abaisse
Ou tour à tour s'élève? Ah! tu cherches des yeux
Un objet à presser dans tes bras amoureux !
Mais, jeune homme, pourquoi verser des larmes?
Tu t'agites et vis en proie à cent alarmes ;
Tu brûles de tes feux, rien n'en calme l'ardeur.
Mais bientôt il a vu, riche de sa pudeur,
La timide beauté destinée à lui plaire.
A leur désirs secrets l'amour doit satisfaire...
Dieu d'amour, c'est à toi que ce triomphe est dû !

La muse allemande.

Il nous faut l'avouer sous peine d'être injuste,
Pour nous n'a point fleuri le beau siècle d'Auguste.
La Muse des Germains n'a pas senti le prix
Des généreux efforts des princes Médicis !
Elle n'occupa point tes voix, ô Renommée !
Et la faveur des rois ne l'a point animée.
Du grand Frédéric même aux plus glorieux jours,
Elle a fui ses présents, dédaigné ses secours.
Allemagne, ce fait honore ta mémoire :
Tes enfants furent seuls artisans de leur gloire.
Tes poëtes aussi s'ouvrent de vastes champs,
Et tes bardes ont tous de bien plus nobles chants.
Ils sont plus entraînants et surtout plus sublimes,
Fruits libres et féconds d'âmes plus magnanimes.

Poésie de la vie.

« Qui pourrait se nourrir d'illusions fatales,
   Aux jouissances idéales,
 Et dont l'aspect et les dehors trompeurs
 Donnent à tout les plus fausses couleurs?
 Pour moi, je veux voir la vérité nue.
   La fiction est par moi méconnue.
Peut-être l'horizon où s'égarait ma vue
   Va-t-il devenir plus borné ;
 Peut-être aussi mon esprit enchaîné
 Par des réalités tristes et désolantes
Fuira le doux pays des chimères charmantes.
N'importe ! il apprendra la respectable loi
Du devoir et comment on est maître de soi.
   Du destin l'arrêt terrible
 Le trouvera plus résigné, paisible.
Mais comment donc au joug de la nécessité
Se pliera ton sujet, ô reine Vérité? »
Ainsi s'exprime, ami, ta voix austère,
  Au port de l'expérience amère,
  Où tu vis en repos, où la raison
  Te fait lutter contre l'illusion.
  La troupe joyeuse et frivole
  Des amours loin de toi s'envole ;
  Redoutant ta sévérité,
  Les Muses n'ont plus chanté.
Les Heures ont fait trêve à leurs danses joyeuses ;
Les trois Sœurs, on les voit, tristes et malheureuses,
Pleurer en effeuillant les fleurs de leurs cheveux ;
Apollon laisse là sa lyre aux chants nerveux,
Et Mercure, à son tour, quitte son caducée.
   Sous une teinte rosée
Le prisme qui semblait dérober la pâleur
De la vie, il se brise, et ce monde trompeur
  Nous paraît ce qu'il est : une tombe.
Le magique bandeau du fils de Vénus tombe :
  L'amour voit un simple mortel
  A la place de cet enfant du ciel !

Il fuit, tout rempli d'épouvante.
Jeunesse et beauté fuient; le baiser de l'amante
Sur tes lèvres se glace, et c'est vraiment pitié
De voir ce froid de marbre aux feux de l'amitié!

Le jeu de la vie.

Ce que je vais montrer, c'est le jeu de la vie,
C'est le monde en petit, mais non de fantaisie.
De n'approcher pas trop ayez seulement soin,
Au flambeau de l'amour regardez-le de loin!

Voyez... la scène ici n'est jamais vide :
Un enfant au berceau bientôt devient avide
De se livrer gaîment à de folâtres jeux ;
Plus loin l'adolescent, jeune homme impétueux...
Après lui, le guerrier valeureux, intrépide...

Chacun tente le sort, mais la lice n'est pas
Très large! Le char vole, et l'essieu sous leurs pas
Semble brûler la voie. Un héros plein d'audace
S'élance; mais le faible a peur : il perd sa trace
Et demeure en arrière. On voit alors l'écueil
Par une triste chute humiliant l'orgueil!
Des femmes vers le but accueillent la victoire
Et donnent de leurs mains les palmes de la gloire,
 En relevant le glorieux vainqueur
 Avec un regard doux, flatteur!

Les naturalistes et les adeptes de la philosophie transcendantale.

Ah! puissiez-vous encor demeurer ennemis!
Il est trop tôt encor pour vous de vivre unis!
Quand vous interrogez, séparés, la nature,
Vous arrivez plus vite à la vérité pure.

Les quatre âges du monde.

Un bon vieux vin pétille dans nos verres,
La gaîté brille aux yeux de nos confrères :
Un vrai poëte, inspiré, s'offre à nous,
On l'introduit. Par les chants les plus doux
De nos festins il double l'allégresse,
Car sans ce chantre et sa lyrique ivresse,
Le nectar coulât-il à grands flots à leurs yeux,
Faible est la joie aux mortels comme aux dieux.

C'est des dieux seuls qu'un troubadour aimable
Tient le génie et l'esprit délectable,
Où tout le monde ainsi qu'en un miroir
Se réfléchit, se fait apercevoir.
Il fut témoin de ce qu'a vu la terre,
L'avenir n'a nuls secrets à lui taire ;
Il assistait à vos conseils, ô dieux,
Quand du néant surgirent terre et cieux.

Il trace avec éclat les germes de la vie,
  Il décrit tout avec art et génie.
  Une maison, c'est un temple divin ;
  Un simple toit, une cabane enfin,
  Cessent par lui d'être d'humbles chaumières...
  Ce sont autels éclatants de lumières !

  Ainsi qu'un fils habile de Jupin
  Avait construit avec art, de sa main,
  Sur le contour d'un bouclier terrible
Le ciel, la terre et la mer invincible,
De même aussi, rien qu'en peu de moments,
Il offre aux yeux tous les quatre éléments.

Il vit ces temps heureux et sans tristesse
Où du monde fleurissait la jeunesse ;
Il vit marcher les siècles et les ans ;
Il fut témoin de ces bons premiers temps
Que l'on nomma du monde les quatre âges ;
Du cinquième il vit les efforts, les outrages.

Dès le berceau de ce vaste univers,
Régnait Saturne, et partout sans travers
Régnait le droit. La terre était remplie
D'humbles bergers dont le sort fait envie.
Ils ignoraient et misère et chagrin,
L'amour pur seul était leur doux destin;
Tous leurs désirs, sous leur toit solitaire,
Sont prévenus par les fruits de la terre.

Vint le travail : lors il fallut lutter
Contre dragons, monstres à redouter;
Et bientôt des héros parut l'âge
Où du plus fort cherchant le patronage,
Le faible dut implorer son secours.
Le sang rougit le Scamandre en son cours;
Mais la beauté toujours se montrait reine.
Vint la victoire après la lutte humaine.
D'elle la force a vu fuir la douceur ;
Muses alors de préluder en chœur.
Aux Immortels on dressa des statues :
Félicités à jamais disparues!

Les dieux bientôt se virent méprisés
Et détrônés, leurs temples renversés;
Bientôt on vit sur cette pauvre terre,
Séjour impur de forfaits, de misère,
D'une Vierge, oui, l'on vit naître l'Enfant
Pour terrasser le crime triomphant.
On proscrivit les passagères joies
Des sens, et l'on marcha dans d'autres voies.
On vit alors tous les mortels moins vains
Rentrer en eux, plus sages, plus humains.

Les doux attraits dont le berceau du monde
Etait orné, devinrent chose immonde.
Moines, nonnes, peuplèrent des couvents,
S'y fustigeant en humbles pénitents.
Les chevaliers, sous leurs pesantes armes,
Vers les tournois coururent sans alarmes.
Tristes alors s'écoulaient tous les jours,
Les seuls attraits restaient dans les amours.
Les doctes Sœurs se dressèrent un temple
Dont le cœur seul des femmes fut l'exemple.

C'est là qu'on sut déposer saintement
Noble grandeur, désintéressement,
Les vifs transports, la douce confiance
D'un pur amour ranimant l'espérance,
Et le feu saint qui réchauffe le cœur
Du vrai poëte et trouble son ardeur.

Un doux lien doit donc unir sans cesse
Le troubadour et sa belle maîtresse.
C'est dans leurs mains seules de la beauté
Qu'est la ceinture avec sa dignité ;
C'est l'amour seul avec la poésie
Par qui toujours paraît jeune la vie !

Le paganisme et le christianisme (1).

Créateur et Produit de la raison humaine,
Donne-moi, pour atteindre à ton brillant domaine,
Les ailes qu'il me faut pour arriver à toi,
— Ou bien, je t'en supplie, ah ! retire de moi
Cette divinité, cette austère déesse,
Dont le miroir trompeur, éblouissant sans cesse,
Se présente à mes yeux. Rends-moi plutôt sa sœur,
Au cœur plein d'indulgence et de noble douceur ;
Et que l'autre ici-bas à notre âme ravie,
Nous attende là-haut et pour une autre vie !

Sur la porte d'une ville.

O porte ! que par toi les habitants sauvages
Des forêts en ces lieux trouvent les avantages
    Des lois, de la civilisation ;
Et par toi des cités puisse la Nation
Jouir de la Nature au doux sein des villages !

(1) Schiller s'adresse à Dieu avec une profonde amertume, reproche à la Providence de ne point lui avoir donné la certitude, et dit, en comparant le paganisme et le christianisme, ce que nous rendons par ces vers.

A ma jeune amie.

Le monde autour de toi se joue et semble heureux.
Comme un enfant badin, des grâces et des jeux
    Tu vis environné sans cesse ;
  Mais il faut bien que je te le confesse :
Le monde n'est pas tel que tu sembles le voir,
    De ton cœur au décevant miroir.
Les hommages qu'on rend à ton âme si pure,
    Les charmes dont te para la nature,
    Embellissent la vie à tes yeux.
Eh ! qui peut résister au charme précieux
    De la vertu, de la décence,
    Aux attraits de la jeune innocence ?
    La joie éclate en tes traits enchanteurs,
    Quand sous tes pas tu vois naître les fleurs,
Les heureux que tu fais, les cœurs rendant les armes
A tant de qualités, de vertus et de charmes.
Garde l'illusion, ce talisman trompeur !
O réveil ! ne viens pas dissiper son erreur.
Cache ces tendres fleurs à la vue étrangère,
Comme celles qu'on voit embellir ton parterre.
    Regarde-les sans jamais les cueillir,
    Car des yeux faites pour le plaisir,
Elles se flétriraient sous ta main téméraire :
C'est leur mort, de trop près quand on les considère.

Les dignités.

    Quand un rayon du soleil dans l'eau pure
    Se réfléchit, elle paraît, de sa nature,
      Avoir cet éclat brillant ;
      Mais vois le flot bruyant,
Les vagues se presser en avant, en arrière,
Aucune ne restant dans le point de lumière.
    Il en est juste ainsi de toute dignité :
La place a tout l'éclat, l'homme n'est pas compté !

A Minna.

Suis-je donc égaré par un doux rêve, un songe ?
Mes yeux me trompent-ils par quelque doux mensonge ?
Un nuage profond obscurcit-il mes yeux ?
Est-ce donc bien Minna qui passe ici ? grands dieux !
Elle ne semble pas du tout me reconnaître.
Non, ce n'est pas Minna que j'ai vue apparaître,
Si fière, se jouant avec son éventail :
De libertins usés l'entoure un attirail.

Sur son chapeau je vois flotter ce beau plumage
Dont moi j'avais fait don ; les rubans du corsage
Semblent lui dire : « Ah ! sois encor fidèle au moins
A ton premier amant, toujours aux petits soins. »
Je vois aussi parés son sein, sa chevelure,
Des fleurs dont j'ai soigné de mes mains la culture :
Elles touchent ce cœur qui m'a trompé, banni ;
Leur éclat cependant n'est pas encore terni !

Va, Minna, va, non loin d'adorateurs frivoles,
Oublier tes serments, oublier tes paroles !
Fille vaine et légère, il te faut m'oublier !
Crois à leur voix flatteuse, oui, tu peux t'y fier.
Pour moi je te méprise. Oh ! oui, tu faisais battre
Un cœur bon, généreux ; car il a pu combattre,
Lutter contre la honte accordée en retour
Par une femme indigne, hélas ! de son amour !

Je crois te voir lorsque, par tes amis quittée,
Quand par toi ta beauté sera tant regrettée,
Lorsque tu jetteras tes regards désolés
Sur les plus beaux printemps de ta vie envolés !
Le vent de l'aquilon fait fuir les hirondelles
Que les belles saisons amenaient avec elles ;
De même, sans ami, quand viendra ton automne,
Tu verras sans regret comme l'on t'abandonne !
Les amants d'un baiser qui briguaient la faveur
Riront de ton hiver, riront de ta laideur !

Ils se riront surtout de ta beauté flétrie!
J'allais mêler la mienne à cette raillerie;
Mais non, grâces au ciel!... mon cœur m'en détourna...
Je verserai des pleurs sur le sort de Minna!

Sur Ulysse.

Ulysse, pour rentrer enfin dans sa patrie,
A parcouru les mers; pour sa terre chérie,
Il affronta Charybde et l'horrible Scylla,
Devant aucun danger jamais ne recula!
Mille périls en vain, sur la terre et sur l'onde,
Sans cesse menaçaient sa course vagabonde!
Le Destin ennemi jusques aux sombres bords
Le mena dans l'affreux et noir séjour des morts!
Enfin, dans une nuit, et pendant qu'il sommeille,
Le Sort lui fait toucher Ithaque! Il s'y réveille,
Sans reconnaître encor ses rivages chéris,
Qui l'ont vu naître lui, Pénélope et son fils!

Le métaphysicien.

« Le monde est bien petit et rempli d'objets vains!...
A peine si je puis distinguer les humains;
Je ne les aperçois que comme des pygmées;
Mon art si grand m'enlève aux voûtes azurées! »
Ainsi parle un couvreur sur le haut d'une tour.
Le philosophe aussi parle ainsi sans détour...
« Mon cher petit héros, résous-moi ce problème :
La tour d'où l'on te voit, dans ta fierté suprême,
    Jeter un regard dédaigneux
   Sur les chétifs habitants de ces lieux,
  Dis-moi sur quoi la tour repose-t-elle?
  Pourquoi, comment fut-elle faite telle,
   Et qui t'a fait gravir jusqu'au sommet?
   A quoi sert enfin cette tour, cet objet,
Si ce n'est à tes yeux à rendre bien petite
  Cette vallée et quiconque l'habite?

L'anneau de Polycrate.

Assis au haut des tours de son royale asile,
Polycrate portait un regard fier, tranquille,
Sur les champs de Samos dépendants de ses lois :
« Ce pays, disait-il à l'un des puissants rois
De l'Égypte, en sa cour, et cette vaste plaine
Sont à moi! Que je suis heureux d'un tel domaine! »
Le roi répond : « Sur vous que de bienfaits des cieux!
Le ciel vous a comblé de présents précieux.
Ceux qui jadis étaient vos égaux sur la terre
Ne sont plus maintenant qu'un peuple tributaire.
Mais un de vos rivaux règne encore en ces lieux;
Lui vivant, pouvez-vous être heureux à mes yeux?
Car peut-être tient-il leur vengeance en réserve,
Et l'œil d'un ennemi sans cesse vous observe. »

Le roi finit à peine... Un exprès de Milet
Veut parler au tyran, qui devant lui l'admet :
« Seigneur, faites fumer l'encens au sanctuaire
Et couvrez votre front du laurier qu'on révère!
Votre ennemi n'est plus; victime d'un complot,
Il eut le cœur frappé d'un mortel javelot.
C'est votre général, le brave Polydore,
Qui m'envoya l'apprendre au prince qu'il honore. »

Il dit, et lui présente une tête aussitôt
Qui du monarque ému se reconnaît bientôt.
Des deux princes au front le vif effroi se marque :
« Polycrate, lui dit d'Égypte le monarque,
Ne vous fiez pas trop à semblable bonheur.
Votre flotte est en mer : un sinistre malheur,
Une tempête, peut aisément la détruire. »
A peine il finissait, que des cris de délire
Et de joie annonçaient la flotte dans le port,
Une forêt de mâts!... Grands dieux! quel heureux sort!
Montrant à Polycrate une grande surprise,
Le roi dit : « Aujourd'hui le sort vous favorise,
Mais redoutez, seigneur, les destins inconstants.
Les Crétois belliqueux sont encor menaçants;

Leurs navires sont prêts à vous porter la guerre. »
A peine il dit, cent voix criant comme un tonnerre :
Victoire ! se disaient : — « Voilà nos ennemis
Dispersés par la foudre, et les combats finis ! »
« Oui, vous êtes heureux, vraiment digne d'envie,
Dit son ami ; pourtant des dieux la jalousie,
Polycrate, est à craindre : un bonheur pur, certain,
Sans mélange, jamais ne fut le lot humain. »
« — J'ai trouvé comme vous le sort bien plus contraire,
Presque toujours du ciel j'eus l'appui tutélaire.
Mais la mort m'enleva mon fils tendre et chéri ;
O destin ! sous mes yeux mon enfant a péri ! »

« Pour éloigner de vous tout malheur grand, terrible,
Puisse le ciel plonger votre âme si paisible
Dans quelque noir chagrin ! Je n'ai vu nul mortel
Mourir heureux au sein du bonheur vrai, réel,
Après avoir été comblé, jusques à sa vieillesse,
Des dons des cieux sur lui versés avec largesse.

« Si le ciel se refuse à seconder vos vœux,
Cédez aux bons conseils d'un ami généreux ;
Sur votre tête même appelez l'infortune,
Et jetez dans la mer votre bague importune. »
Polycrate répond, touché de ce discours :
« Cet anneau, c'est pour moi le plus riche secours,
Le plus rare des biens ; mon désir, mon envie,
C'est de le consacrer à la triple Furie
Pour en avoir pardon de ma félicité. »
Il a dit, son anneau dans la mer est jeté.
. . . .
Le lendemain au roi se présente un pêcheur,
Et lui parlant d'un air de joie et de bonheur :
« Maître, je viens offrir à Votre Seigneurie
Le plus gros des poissons pris par moi dans ma vie. »
Un esclave à l'instant le coupe en maint morceau,
Et soudain accourant : « Voilà bien du nouveau,
Seigneur, s'écria-t-il : votre bonheur est rare,
Illimité ; l'anneau dont votre main se pare
Et qu'elle avait hier, — ai-je encor ma raison ! —
Je viens de le trouver dans l'énorme poisson ! »

L'hôte de Polycrate alors à lui s'adresse :
« De rester votre ami ce serait maladresse,

Je crains de prolonger en ces lieux mon séjour,
Car les dieux m'en feraient repentir quelque jour :
Ils veulent votre perte ! il faut que je me sauve,
Si je veux conserver mon existence sauve.
Craignez la mort ! » Il dit, quitte aussitôt Samos,
Et lance à pleine voile un vaisseau sur les flots!

Le jeune homme sur les bords du ruisseau.

Assis aux bords fleuris d'un ruisseau qui murmure,
Un jeune homme cueillait des fleurs pour sa parure.
Tout à coup il les voit par les eaux s'emporter.
A leur surface, il dit, en les voyant flotter :
« Comme ces eaux s'écoule, hélas ! ma triste vie !
Comme ces frêles fleurs ma jeunesse est flétrie !

Ne me demandez pas d'où viennent ces chagrins,
Au printemps de ma vie, et ces sombres destins.
Oui, tout se réjouit ici-bas, tout espère,
Lorsque le doux printemps vient ranimer la terre.
Tes milles voix, Nature, à ton réveil heureux,
Pour mon âme ne sont que des cris douloureux !
Étranger aux plaisirs de la saison charmante,
Je désire une chose, et toujours inconstante,
Elle est près, elle est loin sans cesse de mes pas.
Brûlant de passion, toujours j'étends mes bras
Vers l'apparition, vers cette ombre chérie,
Que je crois voir toujours ! Trompeuse rêverie !
Et mon cœur reste en proie à sa sombre douleur.
Beauté divine, sors du palais enchanteur,
Laisse couvrir ton sein des doux présents de Flore...
Écoute... le bosquet redit un chant sonore
Et joyeux ; le ruisseau murmure doucement
Et réjouit ce couple heureux, riant, aimant !
Il trouve assez de place en un seul coin de terre
Pour s'aimer, fût-ce même une étroite chaumière.

Le banni.

On sent l'air doux et frais, embaumé, du matin
    A travers les feuilles du vieux pin;
La lumière se joue, en naissant, azurée,
Et couvre ces hauts pics d'une teinte dorée;
L'alouette, au réveil, par ses chants gracieux
Te salue, ô soleil brillant et radieux
    Qui, dans l'éclat de ta vive jeunesse,
De l'Aurore a reçu les baisers pleins d'ivresse.
Doux rayons de lumière, oh! oui, je vous bénis!
C'est par vous que ces champs sont toujours rajeunis.
Aux rayons du soleil, sur la verte prairie,
Aux couleurs d'or, d'argent, la pourpre se marie.
Près de la rose on voit se jouer le zéphir;
Les airs sont embaumés, tout renaît au plaisir!
Des cités la fumée au sein de l'atmosphère
S'élève. Les chevaux frappent du pied la terre;
On voit voler dans l'air des nuages poudreux.
Le bœuf mugit. Les chars, sous leurs massifs essieux,
Sous leur poids, font gémir autour d'eux les vallées.
Aigles, faucons, vautours, prennent tous leur volée :
Leurs ailes, s'étendant sous le ciel le plus beau,
Réflètent les rayons du céleste flambeau.

Pour moi qui n'ai d'appui qu'un bâton de voyage,
Où retrouver la paix, retremper mon courage?
La Nature sourit par un printemps si beau;
Mais elle n'est pour moi qu'un sinistre tombeau.
Aurore, de tes feux viens rougir les campagnes
Et les forêts, et vous, lueurs de ces montagnes,
Les dernières du soir dont on jouisse ici,
Plongez dans le sommeil l'univers assoupi!
Le jour semble pour moi n'éclairer qu'une tombe,
La nuit couvre les maux sous lesquels je succombe!

L'Élysée.

Loin d'ici les soupirs, les plaintes, la douleur!
De l'Elysée ils fuient le séjour enchanteur :

On y goûte un bonheur, une joie immortelle,
La riante saison y semble être éternelle.
Là, les heures s'enfuient comme des songes vains.
L'âme s'élance et vole aux espaces lointains,
Illimités ; aux yeux le voile se déchire,
Qui dérobait le vrai, l'agréable sourire.
Une joie infinie anime tous les cœurs :
Ils semblent ignorer jusqu'au nom des douleurs ;
Par les plus doux transports elle sont remplacées.

L'âme du pèlerin, par la route lassée,
Se repose en ces lieux sous des ombrages frais.
Pour toujours il se sent déchargé de son faix.
Des mains du moissonneur s'échappe la faucille :
Aux doux sons de la harpe il s'endort bien tranquille ;
Dans ses rêves il voit en gerbes ses épis,
D'eux-mêmes rassemblés, mûrissant et jaunis.

Celui dont les drapeaux nous annonçaient la guerre,
Dont l'oreille écoutait l'alarme meurtrière ;
Celui qui sous ses pas faisait trembler les monts,
Se repose aujourd'hui dans de riants vallons,
Oublie, au bruit si doux de la vive fontaine,
L'horrible cliquetis des armes dans la plaine. —
Ils se revoient ici les fidèles époux,
Ils se donnent ici les baisers les plus doux,
Sur le gazon. Ici l'amour, sans qu'il y pense,
Trouve facilement sa belle récompense ;
A l'abri des soucis, des craintes du trépas,
Il célèbre ces jeux qui ne finiront pas !

―――

A une jeune mariée.

Ah ! viens, aimable épouse, et recevant nos vœux,
Dans les sentiers si doux d'un hymen bienheureux,
Nos yeux charmés ont vu s'embellir ta figure,
S'ennoblir ton beau cœur et ton âme si pure :
Pour un heureux époux nous t'avons vue fleurir ;
Le plus beau des destins devra t'appartenir.

Une ardente amitié cède toujours sans peine
Au tendre dieu qui sous ses lois t'enchaîne;
Il réclame surtout et possède un bon cœur.
Un doux hymen t'appelle aux devoirs, au bonheur,
Aux obligations qui te sont inconnues.
Il faudra renoncer aux grâces ingénues
Du premier âge, à ses sentiments enfantins,
De la jeunesse aux jeux fugitifs et badins!
Les sévères flambeaux de ton chaste hyménée
Remplacent de l'amour une flamme insensée;
Mais pour ton cœur si bon, pour ton si noble cœur,
Les nœuds d'hymen sont faits de mainte tendre fleur.

Veux-tu savoir comment ta couronne si belle
D'épouse brillera de fraîcheur éternelle?
Par la douce bonté, la craintive pudeur,
La grâce qui vieillit aussi peu que ton cœur,
Qui, semblable aux rayons du soleil qui t'éclaire,
Donne l'aimable joie à tous mortels si chère.
C'est la douceur surtout aux suaves regards
Et cette dignité pour soi pleine d'égards.

Élégie.

La beauté même, ô mort! doit subir tes lois sombres.
Ton cœur d'airain lui-même, ô monarque des ombres!
Se ferme aux sentiments qui des dieux vont aux cœurs,
A ceux des habitants de ces lieux de douleurs,
Car ces émotions touchent parfois la terre.
Jadis l'Amour parvint, par un divin mystère,
Dans ton séjour affreux, à t'attendrir, Pluton;
Mais reprenant bientôt son inflexible ton,
Ce dieu lui retira, des enfers à l'entrée,
La grâce qu'il avait, imprudent, accordée.
Vénus même, Vénus a le cruel tourment
De voir de sa blessure expirer son amant!
Le héros grec, tombant près des portes de Troie,
Malgré sa mère en pleurs, du destin fut la proie.
Thétis sort de la mer et pousse d'affreux cris
Autour du corps sanglant de son malheureux fils,

De tous les Immortels la troupe en est émue,
Et voit avec regret la noblesse ingénue,
La grâce, la valeur, succomber à son sort !
Les larmes des amis qui pleurent notre mort
Sont un honneur pour nous ; elles ne coulent guère
Sur ceux qu'a recouverts une tombe vulgaire.

La lumière et la chaleur.

L'homme entrant dans la vie est plein de confiance ;
Ce qu'il lit dans son cœur, il conçoit l'espérance
    De le trouver dans ce monde trompeur !
Brûlant d'enthousiasme et d'une noble ardeur,
Il se consacre à toi, vérité pure et sainte !
Mais pour lui quel sujet de tristesse et de plainte,
    Quand il a vu les choses d'ici-bas,
Où tout lui paraît vil, étroit, mesquin et bas !
Le choc des passions et l'agite et l'entraîne ;
Il n'a plus de désir, dans cette lutte vaine,
Que de se conserver et la vie et l'honneur.
Pour lui l'amour n'a plus ni plaisir ni bonheur.
Tes rayons, vérité, sont souvent sans chaleur !
Heureux ceux-là pour qui les dons de la science
Ne sont pas achetés au prix de la vertu !
Qui savent réunir la sage expérience
Au cœur qui pour le bien a sans cesse battu !

Réminiscence. — A Laura.

Oh ! qui m'expliquera ma passion ardente
De voir ta lèvre unie à ma lèvre brûlante !
Comme aussi de fixer mes yeux sur tes beaux yeux !
De confondre mon être avec le tien, ô cieux !
Oui, mes esprits vers toi s'élancent à ta vue,
En esclaves soumis ; leur ardeur imprévue
Paraît se dégager des liens, des ressorts
Qui semblent ici-bas, seuls, dominer les corps.

Ils pensent retrouver, Laura, en toi leur patrie,
Des frères séparés, ô ma Laura chérie !
Par des liens secrets fûmes-nous donc jadis
Étroitement, en vrais tendres amants unis ?
Nos cœurs ont-ils brûlé déjà de même flamme ?
Avons-nous eu jadis le même feu dans l'âme ?
De nos nœuds d'autrefois, de nos joyeux destins,
Eûmes-nous des témoins dans des soleils éteints ?
Oui, nous fûmes unis par un saint mariage !
Dans les Tables du Temps j'en lis le témoignage.
Dans d'autres mondes, oui, oui, nous fûmes unis ;
Ces mondes à nos lois avaient été soumis.
Oui, nous n'avions qu'une âme, un amour, une vie ;
Vers le séjour du vrai notre âme était ravie.
Ma Laura, ce beau temps... il s'est évanoui !
Il ne nous est resté qu'un désir inouï
De renaître à ces jours, de tout voir, tout comprendre !
Cette existence-là, puissions-nous la reprendre !
C'est de là que me vient l'ardent et vif désir
D'avoir tes doux baisers, d'entendre ton soupir ;
Voilà pourquoi, Laura, dans ton âme chérie
Il semble à mes esprits trouver une patrie.
Ma Laura, quand sur moi s'abaissent tes beaux yeux,
Quand le rouge a couvert tes traits délicieux,
Ne confondons-nous pas, dans nos vives tendresses,
Et nos embrassements, nos baisers, nos caresses ?
Semblables au banni qui rentre chez les siens,
Nos deux êtres sont joints par de nouveaux liens.

Sur le punch.

Sur les riants coteaux du Midi la Nature
A fait croître le vin. Personne, je l'assure,
Ne connaît ses desseins, ses mystères secrets !
Le vin, fils du soleil, brille de mille attraits ;
Comme un rayon vermeil de la pure lumière,
Il sort en pétillant du cristal ou du verre !
Il réjouit nos sens, console nos douleurs,
Verse la paix, l'espoir, baumes consolateurs !

Ce soleil ne lançant du Nord sur les villages
Que d'obliques rayons, colore les feuillages
Seulement de nos ceps, sans en mûrir les fruits.
Comme ailleurs, dans le Nord, les jours comme les nuits
Se consacrent parfois au plaisir, à la joie!
Pour remplacer le vin, c'est le punch qu'on emploie,
Quand on veut dans le Nord se donner joie au cœur.
On puise dans la coupe une ardente liqueur :
Belle création, combinaison nouvelle,
Être nouveau qu'on doit à l'humaine cervelle.
Il est vrai, ce breuvage est artificiel,
Mais il doit cependant son origine au ciel.
Les éléments divers sont sous son influence;
Du Créateur il sait imiter la puissance.
Ses ordres souverains rompent souvent les nœuds
Par qui sont ici-bas les corps unis entre eux.
Il prend le feu du ciel des foyers à la flamme.
Par lui, comme au Midi, la tête au Nord s'enflamme !
Cette liqueur doit être un symbole vanté
De ce qu'un bras humain fait par la volonté!

Élégie sur la mort d'un Natché.

On dirait, à le voir, gisant sur la poussière,
Que ses yeux sont encore ouverts à la lumière!
Mais qu'a fait ce Natché des forces de son bras?
Et de son calumet pourquoi ne voit-on pas
    Aux cieux s'élever la fumée
Du Grand Esprit vers la demeure aimée?
Ses yeux vifs et perçants plus que ceux du faucon
Des biches calculaient les pas sur le gazon,
Et ses pieds devançaient le chamois des montagnes,
Ou les daims si légers traversant les campagnes.
Cette main qui lançait au loin et sans effort
Maint javelot... sans vie, est froide par la mort !
Bien heureux maintenant, il habite un domaine
Où la neige jamais ne vient blanchir la plaine,
Où de lui-même croît le bienfaisant maïs,
Où les buissons épais sont tous d'oiseaux remplis ;
L'étang est poissonneux et la forêt féconde
En gibier. Il s'assied, dans ce bienheureux monde,

Au banquet des esprits. Il nous laisse ici-bas
Pour chanter ses hauts faits et survivre au trépas!
Donnons-lui nos présents avec la sépulture,
Faisons entendre pleurs, cris plaintifs et murmure!
Mettons dans son tombeau tout ce qui lui plaisait :
Sous sa tête sa hache et ce qui terrassait
Si bien l'ours : la massue, arme si redoutable,
Puis ce couteau pointu dont l'aide impitoyable,
   Ne le servant point à demi,
En trois coups dénudait un crâne d'ennemi!
Mettons-lui dans la main des couleurs bigarrées
Pour s'orner au pays des âmes épurées!

Carthage.

D'une mère meilleure enfant dégénérée,
Des habitants de Tyr, ô cité parjurée!
Tu joins la ruse à l'art de ces hardis Romains
Violents, mais sachant régner sur les humains
Avec gloire et sagesse; et Tyr instruit le monde,
Tout en le dépouillant, en ruses si féconde!
Comme Rome, on t'a vue par la force acquérir
Ce qu'avec l'or, sans foi, tu régis comme Tyr!

A un jeune philosophe.

Les jeunes Grecs bravaient des épreuves sévères
Avant qu'on les admît d'Eleusis aux mystères.
Te trouves-tu comme eux dignement préparé,
   Pour pénétrer dans le parvis sacré
Où le Palladium saint orne le sanctuaire?
De tes efforts sais-tu quel sera le salaire?
   A quel prix tu l'achèteras?
   Sais-tu que tu n'échangeras
  Que contre un bonheur éphémère
  Des plaisirs qui ne te fuiraient pas?

Te sens-tu donc assez de force et de vaillance
    Pour les plus rudes des combats
Du cœur, des sens, avec l'esprit, l'intelligence?
    Aurais-tu la force de lutter
Avec l'hydre du doute, et sans en redouter
    La tête toujours renaissante,
  Pour terrasser l'hostilité puissante
      Que tu portes en toi,
  Pour démasquer le sophisme sans foi,
Qui, sous l'aspect du vrai, veut unir l'innocence
De l'âme aux doux rayons de la science?
Ah! si tu n'es pas sûr au succès d'aboutir,
Fuis des bords de l'abîme, il pourrait t'engloutir.
Crains en marchant au jour de voir la nuit obscure!
Du crépuscule suis la lueur bien plus sûre!

Les ombres du Tartare.

Un pénible, profond et lourd gémissement,
Et qui semble arraché, sort douloureusement
    De leur poitrine affaiblie, oppressée,
    Semblable au bruit de la mer courroucée,
Ou tel que le soupir du ruisseau murmurant,
A travers un rocher qui fuit en gémissant.
La cruelle douleur dessèche leur figure,
Leur bouche affreuse s'ouvre au blasphème, au parjure;
Leurs yeux caves toujours semblent suivre les flots
Du Cocyte plaintif et grossissent ses eaux.
Ces ombres l'une à l'autre adressent en silence
Ces mots : « Quand nos tourments, notre affreuse souffrance
Auront-ils une fin? » Pour ces sombres fléaux
L'Éternité!... Saturne a vu briser sa faux!

Le chasseur des Alpes. — La mère et le fils.

— « Ne veux-tu pas garder tes agneaux caressants
« Et si doux, près de l'eau, sur les gazons paissants?

— « Ma mère, je voudrais chasser sur les montagnes!
— « Ne veux-tu pas, mon fils, rappeler des campagnes
« Ou des forêts, au son du cor, tes gras troupeaux?
— « Ma mère je voudrais errer sur ces coteaux!
— « Veux-tu laisser le soin de ces fleurs si charmantes ¿
« Voit-on des jardins sur ces roches effrayantes?
— « Mère qu'importe à moi la fleur de nos vallons?
« Laisse-moi donc gravir les sommets de ces monts! »
— Il dit, et subjugué par son goût pour la chasse,
Sur les pics les plus hauts s'élève avec audace,
Attiré par le daim qui fuit comme un éclair.
La gazelle et le daim paraissaient fendre l'air,
Bondissant à travers les roches escarpées,
Les abîmes profonds. De flèches acérées
Le chasseur les poursuit, est toujours sur leurs pas,
L'arc meurtrier en main, sans craindre le trépas.
La gazelle est enfin au pic le plus horrible :
Ici le roc affreux, là l'ennemi terrible!
La gazelle semblait demander grâce, hélas!
Mais en vain, un trait va lui porter le trépas!...
Soudain du roc on voit s'échapper un Génie!
Le Vieux de la Montagne! — O clémence infinie!
Il défend l'animal timide et tout tremblant.
« Pourquoi, dit-il, porter sur ce roc désolant
La mort... dans ces déserts poursuivre mes gazelles?
La terre vous suffit, créatures mortelles! »

Adieux au lecteur.

Oui, ma Muse se tait! Sur son front virginal
Elle sent la rougeur : pourtant d'un pas égal
Elle ose s'avancer, pour avoir connaissance
De ta pensée à toi, qu'avec reconnaissance
Mais sans crainte elle doit accueillir de ton cœur.
Elle désire voir surtout l'homme d'honneur
Lui faire un bon accueil, lui donner ses suffrages,
Mû par la vérité, non par de vains hommages.
L'homme dont le cœur s'ouvre au noble sentiment
Du vrai, du beau, peut seul l'honorer dignement.
Ils ont assez vécu ces chants, si l'harmonie
Qu'ils respirent a pu réveiller le génie

Dans une âme sensible, et si d'illusions
Elle a su l'entourer! Dans mes prévisions,
Ces chants n'aspirent point à passer d'âge en âge!
Ils n'ont point dans le temps ni d'écho, ni d'image.
Un fugitif plaisir les fit naître souvent ;
Des heures ils vont fuir dans le cercle mouvant !
Ainsi le doux zéphir se lève et nous ranime :
Le soleil des coteaux vient réchauffer la cime ;
Aux champs sa clarté brille et le printemps renaît.
La jeunesse ou la joie avec lui reparaît.
Livre aux vents tes parfums, agréable aubépine ;
Le chant des oiseaux monte à la voûte divine.
Une commune ivresse a saisi tous les sens,
Tous les êtres ; mais que l'aimable et doux printemps
S'éloigne, on voit les fleurs tomber, tristes, fanées,
Et toutes avec lui sitôt mortes que nées !

Aux mânes de Schiller (1).

Les dieux, en t'appelant au séjour éternel,
Schiller, nous ont laissé ton génie immortel.
Il règne en tes écrits, monuments de ta gloire.
Ton nom sublime, inscrit au Temple de Mémoire,
Sert de noble héritage à la postérité,
Et mérite l'honneur de l'immortalité. A. J. B.

(1) Le savant, le profond, le sentimental, le sublime poëte Schiller a vécu en proie à des besoins, à des souffrances et à des maux immérités ! Lui qui valait mieux que tout l'or de son pays, languissait, et est mort dans la gêne, laissant à peine de quoi payer son cercueil ! ! ! Depuis que ce grand génie s'est éteint à la fleur de l'âge viril, on a dépensé pour lui plus d'un million de florins en monuments, en statues, en tableaux, en gravures, en livres, en écrits de tout genre, en fêtes splendides et universelles en Europe, pour célébrer son nom, son talent, ses vertus, ses œuvres impérissables ! ! !

FIN DES POÉSIES DE SCHILLER.

CHOIX DE MORCEAUX

D'UHLAND[1], GŒTHE[2], TIECK[3], RÜCKERT ET HEINE,

MIS EN VERS FRANÇAIS

PAR A.-J. BECART.

Uhland à lui-même.

Fatal destin, oh! oui, clairement je t'entends :
    Mon bonheur n'est pas de ce monde ;
C'est dans la poésie immortelle et féconde
    Que je le vois, que je l'attends !
    En souffrances mon cœur abonde :
Pour chacun de mes maux j'aurai de nouveaux chants !

(1) Né en 1787 à Tubingen, digne rival de Schiller et de Gœthe, Uhland est le poëte favori des Allemands de notre époque, surtout de ceux du Midi, où il est né, Rückert a la palme dans le nord de cette vaste contrée.

(2) Gœthe naquit à Francfort-Sur-Mein le 28 août 1749, et mourut à Weimar le 22 mars 1832. Ses admirateurs lui on fait ériger une statue dans sa ville natale, comme l'ont fait ceux du grand Schiller.

(3) Tieck, né à Berlin en 1773, doit être regardé comme le vrai fondateur de l'école romantique allemande.

La fille de l'orfévre.

D'APRÈS UHLAND.

Un beau jour, un orfévre était dans sa boutique,
Ayant autour de lui maint joyau magnifique,
Perles, colliers, bijoux... — Oui, le plus précieux
De tous ces biens, c'est toi, mon Hélène, à mes yeux ! —
Un brillant chevalier soudain s'offre à leur vue : —
« Bonjour ma belle enfant ! » dit-il ; puis il salue
Avec respect le père assis à son comptoir,
Et nourrissant déjà d'un très-beau gain l'espoir.
L'orfévre à son client a cru voir la pensée
D'orner d'une couronne au front sa fiancée. —
La couronne bientôt s'achève et resplendit :
Hélène seule et triste entre ses mains la prit
En s'écriant : « O ciel ! Ah ! quelle est bien heureuse
La douce fiancée ! Ah ! je serais joyeuse
Si de roses à moi ce brillant chevalier
Donnait une couronne !... » Au logis du joaillier
Le chevalier revient, regardant la couronne ;
Et puis, se dirigeant vers l'orfévre, il ordonne
De lui faire un anneau de plus pur diamant,
Pour que sa fiancée ait ce don d'un amant.
Dès que l'anneau fut fait, couvert de pierreries,
Hélène au doigt le mit, livrée aux rêveries,
Et quand elle fut seule à la maison, se dit :
« Heureuse, bien heureuse, hélas ! sans contredit,
La fiancée à qui cet anneau de parure
Doit servir ! Ah ! jamais si de sa chevelure
Le chevalier voulait d'une boucle m'orner,
Ma joie et mon bonheur ne sauraient se borner ! »
Le chevalier revint, vit la bague éclatante
Et dit : « Mon cher orfévre, à ton œuvre brillante
Il me faut rendre hommage, à ton art précieux !
Ma fiancée aura des dons délicieux ! —
Maintenant, et pour voir s'ils vont bien, jeune fille,
Approchez, car ma belle est comme vous gentille ! »—
C'était par un matin de dimanche, un des jours
Où, pour aller prier, de ses plus beaux atours

Hélène se paraat. Rougissante et candide,
Elle se lève. Alors la couronne splendide
Est mise sur sa tête, et bientôt elle voit
La bague en diamants attachée à son doigt !
— Cessons de plaisanter, Hélène bien-aimée ;
C'est toi, ma belle Hélène, oui, toi, ma fiancée !
Pour toi j'ai commandé la couronne et l'anneau,
Pour toi ton père a fait ce chef-d'œuvre nouveau.
Tu vécus parmi l'or, les perles, les parures,
Présages sûrs pour toi de richesses futures !

Le chantre des châteaux, ou le minnsinger.

Il chante, cet enfant que son cœur tendre inspire,
    Et la sylphide de ces bois
    Ecoute avec un aimable sourire
    Les beaux vers qu'enfante sa lyre,
L'accent vif et si pur de la plus douce voix.
    Les chansons du poëte sont belles
    Autant que les bouquets fleuris,
    Et partout le suivent fidelles,
    Ainsi que des frères chéris.
Dans nos châteaux, son luth résonne
Aux tentures qu'orne un fort beau satin.
A la fête, on écoute, on admire, on s'étonne !
Ses chants délicieux animent le festin.
    De nos dames la plus élégante
Veut de sa main le couronner de fleurs ;
    Il rougit, sa joue est brûlante,
    Ses yeux sont humides de pleurs !

Chanson d'un pauvre,

PAR UHLAND.

Oh ! moi, je ne suis qu'un pauvre homme,
Et vais tout seul par les chemins.
Ciel ! que je sois encore comme
J'étais, au rang des gais humains !

Oui, dans la maison de mon père
J'étais certe un joyeux compère ;
Depuis la mort de mes parents,
Que de maux, de soins dévorants !

Aux riches ces jardins superbes,
Ces moissons aux si belles gerbes ;
Pour moi ce sentier épineux,
Si fertile en chagrins affreux !

A chacun de toute mon âme
Je dis bonjour, monsieur, madame !
Et traverse, en rongeant mon frein,
Le vil troupeau du genre humain !

Tu ne m'as point laissé sans joie,
Malgré tout, Dieu juste et puissant,
Ta consolation s'épand
Partout sur la terrestre voie !

Ton église est en chaque bourg,
Et tes orgues s'y font entendre !
Oui, dans le plus humble faubourg
Pour l'oreille est une voix tendre !

Le soleil m'éclaire le jour,
Et la lune, avec les étoiles,
De la nuit dissipant les voiles,
A Dieu me font parler d'amour.

Un jour les élus de la terre
Seront dans la salle des cieux,
Et vêtu de pourpre légère,
Au banquet je serai comme eux !

Le droit.

TRADUCTION LITTÉRALE D'UHLAND.

Partout où le vieux vin de Wurtemberg se boit,
Portons le premier toast à notre ancien bon droit !
C'est le plus ferme appui d'une maison sublime,
Le soutien le plus fort de la cabane infime !

Il aime la justice et dit ouvertement
La sentence du juge; il veut loyalement
Que le code des lois échappe à l'arbitraire.
Du trésor de l'État gardien sûr, tutélaire,
Il abaisse le chiffre où montent nos impôts,
Il tâche d'épargner le fruit d'ardents travaux.
Le Droit est le patron de tous les biens d'église.
Par la science et l'art il veut qu'on rivalise :
Il inspire le goût des travaux de l'esprit.
C'est par le Droit que l'homme libre apprit
A défendre les siens, son prince, et sa patrie.
A travers notre monde et sa vaste industrie,
Il nous ouvre un chemin qu'il sait nous aplanir;
Il nous attache au sol natal, le fait bénir!
Par les siècles ce Droit, avec son caractère,
Nous fut transmis, ce Droit auguste, franc, austère,
Que nous chérissons tous du fond de notre cœur,
Comme un culte qui doit nous conduire au bonheur.
Un siècle désastreux le jeta plein de vie
Dans la tombe, et voilà qu'avec plus d'énergie
Il renaît! Ah! pour nous, hommes wurtembergeois,
Qu'il revive plus fort ce culte de nos droits!
Qu'il soit pour nos enfants et le gage et le signe
Du bonheur le plus pur et d'une gloire insigne!

Chant national de l'artiste poëte.

IMITATION DE GOETHE.

O Muses, votre temple est debout dans mon âme,
Loin du vulgaire ignoble, au ris moqueur, infâme!
Oui, lorsque le soleil m'éveille le matin,
Autour de moi je jette un regard pur, serein.
O déesses des cieux, ô chastes immortelles,
Au milieu des rayons de l'aurore, vos ailes
S'ouvrent vers moi qui prie avec recueillement.
Les accords de ma harpe accompagnent mon chant.
M'avançant vers l'autel après cette prière,
Je lis avec respect les chants sacrés d'Homère.

Il m'entraîne au milieu des luttes, des combats,
De la mêlée ardente, aux furieux débats !
Les fils des dieux, prompts, vifs ainsi que la tempête,
Sur des chars élevés, debout, dressent la tête.
Les chevaux gisent là dans le sang et la mort ;
Amis comme ennemis roulent... ô triste sort !
C'est lui, fils d'un héros, qui de sa lourde épée
Le frappe... mais bientôt sa poitrine est frappée :
Il tombe, et ce bûcher que lui-même s'est fait
A reçu son beau corps que bientôt, vil méfait,
L'ennemi vient souiller de sa main sacrilége !
Alors j'attaque aussi... Mon arme, ô privilége !
C'est un simple charbon !... Des flots de combattants
Couvrent ma grande toile ! Affreux cris, hurlements !
Bouclier contre bouclier... l'épée heurte l'épée...
La mort autour des morts vole, court, affamée !...
On se choque, on combat pour lui : tous ses amis,
La rage dans le cœur, pressent les ennemis.
Combattez, sauvez-le ! Versez sur ses blessures
Des baumes, et qu'il soit bientôt par des mains sûres,
Mouillé de nobles pleurs, transporté sur le champ,
Afin qu'il y repose en paix, dans notre camp !

. . . .
Mais où donc suis-je enfin ? O ciel ! je suis chez moi !
Ma femme, mon amie, hélas ! auprès de toi
Je veux toujours rester, et veux fuir les batailles ;
Assez de morts, grands dieux ! assez de funérailles !
Sois mon tout, l'idéal de ton époux-amant,
Madone sur ton sein qui tiens un saint enfant !

Le roi de Thulé.

BALLADE DE GOETHE.

Il était un roi de Thulé,
Jusqu'au dernier soupire fidelle,
A qui mourant sa toute belle
Laissa coupe d'or ciselé.

Ce don pour lui fut plein de charmes :
Il s'en servait à ses repas,
Et quand il y buvait, hélas !
Ses yeux se remplissaient de larmes.

Lorsqu'il fut à son dernier jour,
Trésors et cités du royaume,
Tout fut pour l'héritier, en somme,
Tout, hormis sa coupe d'amour.

Au banquet royal il prit sa place
Près de ses chevaliers joyeux,
Dans la salle de ses aïeux,
Non loin d'où la mer gronde et passe.

Alors le vieux buveur encor
Une fois en buvant s'anime,
Et lance au fond du vaste abîme,
Là-bas, sa coupe sainte d'or.

Il voit, creusant la mer profonde,
Sa coupe tomber, se remplir ;
Son œil se ferme avec soupir :
Il ne boira plus en ce monde !

La nuit.

TRADUIT DE TIECK.

Dans la paix de la nuit, au murmure des vents,
Un voyageur s'avance, à pas comptés et lents :
Il regarde les cieux étoilés, et soupire ;
Il pleure en invoquant les astres qu'il admire.
« Bien triste est ma pensée et bien lourd est mon cœur :
Je passe de la joie à l'amère douleur ;
Je ne sais d'où je viens dans cette solitude,
Je ne sais où je vais, dans mon inquiétude.
Belles étoiles d'or, toujours si loin de nous,
Je mettrais volontiers ma confiance en vous ! »
Tout à coup il entend une douce musique ;
La nuit devient plus claire et moins mélancolique ;

Il sent son cœur moins lourd, et partout dans ses sens
Circulent des airs purs, baumes rafraîchissants !
« C'est loin et près de nous que fuit ton existence.
Homme, tu n'es pas seul !... Jette avec confiance
Tes yeux sur nous ! Souvent, l'éclat de nos doux feux,
De nos feux consolants, a lui pur à tes yeux ! »
Tu n'es point pour toujours séparé de nous autres,
Nos âmes, ô mortels, pensent souvent aux vôtres !

L'Empereur et l'Artiste.

Il nous faut être juste
Pour tous, fût-ce des rois !
Oui, d'une tête auguste
On peut aimer les lois
Sans cependant forfaire
A la sage équité :
Tous les grands de mal faire
N'ont pas la volonté.
Si la royale race,
Au dire des penseurs,
Néglige un peu la trace
Des bienfaits, des douceurs,
Certes, de grandes choses,
De noble mouvements
Ont eu des rois pour causes,
Mûs de beaux sentiments.
On sait mainte anecdote
Qu'on pourrait vous conter,
Mais celle-ci dénote
Qu'on peut s'en rapporter
Au bon sens d'un monarque
Plein d'esprit et de cœur,
Pour juger comme il marque
A leur juste valeur
Et le rang et la place
Des faits, des actions.
— Dans un pays de glace.
En proie aux aquilons,

Où pourtant le génie
Entretient sa chaleur,
Au sein de l'harmonie,
Vivait un empereur
Brillant par son courage,
Illustre de maison :
Je ne sais plus son âge,
Mais Max était son nom.
De Dürer, fameux peintre
Et divin ouvrier,
Max, du sol jusqu'au ceintre,
Visitait l'atelier.
Il admirait des fresques
Les effets merveilleux,
Suivait des arabesques
Les contours gracieux.
Quand dans le sanctuaire
L'empereur fut conduit,
Par ce beau qui sait plaire
Il eut l'esprit séduit.
Là, le rival d'Apelle
Fixait de son pinceau,
Sur la toile nouvelle,
Un chef-d'œuvre nouveau.
Sa main sème la vie,
Donne un corps aux couleurs ;
Sa palette asservie
A ses doigts créateurs
Récèle tout un monde !
Il surgit et revêt,
Sous sa touche féconde,
Mainte forme qui plaît.
« Certes, dit l'empereur,
Cette œuvre est vraiment belle !
Son charme exquis révèle
L'âme de son auteur,
Et ces lignes si pures,
Ce coloris si frais,
Des célestes natures
Offrent les purs reflets. »
Des mots qu'il vient d'entendre
Dürer est tout confus.
Bientôt il veut descendre,
Ses sens encore émus ;

Il pose sur l'échelle
Un pied mal appuyé :
Elle glisse; loin d'elle,
L'Empereur effrayé
Dit à l'un de sa suite
De lui servir d'arrêt.
Le courtisan hésite,
Et croit que son valet
Est bon pour cet office.
Quoi ! reprend l'empereur,
Un semblable service
Répugne à votre cœur!
Un tel orgueil me blesse.
Quoi ! vous n'honorez pas
Celui dont ici-bas
Dieu sacre la noblesse :
Empereur, d'un valet
Je fais un gentilhomme;
Mais Dieu, Dieu lui seul fait
D'un artiste un grand homme. »
Il a dit, et sa main
Pour Dürer bientôt signe
Blazon et parchemin;
Puis il ajoute en signe
De morale ou sermon :
« Messieurs, veuillez m'en croire,
N'est pas riche de nom,
Noble, pauvre de gloire.
Sachez-le bien d'ailleurs,
Un cœur bon et modeste
Rehausse les grandeurs
Plus encor que le reste. »

Le petit frère.

Dis-moi, ma chère et bonne mère,
Qu'est devenu mon petit frère?
Naguère nous nous trouvions deux
Pour folâtrer dans tous nos jeux;
Maintenant, je suis seul, ma mère,
Où donc est-il mon petit frère?

Regarde, enfant, ce beau ciel bleu !
Ton frère est là, non loin de Dieu ;
Il rit et joue avec les anges,
Les séraphins et les archanges,
Et le charmant petit Jésus,
Dont je t'ai conté les vertus.
Tu sais comme aussi pour son âge
Ton bon petit frère était sage.
Les bons anges qui le guidaient,
Et dans son sommeil le gardaient,
A l'enfant Jésus en parlèrent ;
Sa gentillesse, ils la contèrent.
Oui, l'enfant Jésus appela
Vers lui ce petit enfant-là.
Les anges ensuite, un dimanche,
Sont arrivés ; d'une main blanche,
Ils ont en silence et sans bruit
Dressé là-bas un petit lit,
Tu sais, dans le champ de prière,
Où cent croix surgissent de terre.
Ces apprêts étant achevés,
Vers ton frère ils sont arrivés.
Leurs voix si douces, si modestes
Le ravissaient de sons célestes :
Ils lui parlaient du beau jardin
Où le plus pur jour luit sans fin,
Où sont des brebis innocentes
Paissant mille fleurs renaissantes,
Où de sa cour sainte entouré,
Règne le Pasteur vénéré.
Leurs paroles étaient si douces,
Qu'on eût dit ces moelleuses mousses
Où si souvent je le berçais.
Il s'endormit. — Et puis après?
— Après?... Les anges le ravirent,
Puis avec grand soin ils le mirent
Là-bas dans le bon petit lit
Que tout à l'heure je t'ai dit,
Là, dans ces paisibles enceintes
Où sont des fleurs et des croix saintes
Ils lui mirent avec douceur
Un habit brillant de blancheur,
Et sur la tête une couronne
De pâles roses de l'automne ;

Puis on les vit orner encor
Ses beaux bras de deux ailes d'or.
Sa parure étant ainsi faite,
En lui faisant baisser la tête,
Les anges allaient lui chantant :
« Réveille-toi, petit enfant :
Étends tes deux flexibles ailes ;
Donne-nous tes mains fraternelles,
Et volons bien vite là-haut,
Vers celui qu'on nomme Très-Haut !
Qui seul à le droit de te prendre. »
Alors, et sans se faire attendre,
Ton petit frère ouvre les yeux,
S'envolant soudain vers les cieux !
Là nous le reverrons, ton frère.
— Cependant tu pleures, ma mère ?
— C'est qu'il faut attendre, ô mon fils !
Tu dois aussi pour être admis
A faire à ton tour le voyage,
Être vertueux, bon et sage !

Le salut du revenant,

D'APRÈS GOETHE.

Sur le sommet de la tourelle antique
S'élève l'ombre du guerrier,
Et sa voix sombre et prophétique
Salue ainsi le frêle nautonnier :
« Voyez, dit-elle : en l'ardente jeunesse,
Ce bras fut fort, puissant, et ce cœur indompté ;
Oui, tour à tour j'ai savouré l'ivresse
Des festins, de la gloire et de la volupté !
Les combats ont usé la moitié de ma vie ;
En vain, l'autre moitié, j'ai cherché le repos !
N'importe, ici, passant, satisfais ton envie,
Pousse ta barque et fends les flots ! »

L'heureuse mort.

Sur son doux sein de plaisirs je *mourrais*,
Et sous ses draps, hélas! je *m'enterrais!*
Bientôt de doux baisers me rendent à *la vie.*
Ressuscité, je vois, tout glorieux,
Le ciel s'ouvrir dans l'azur de ses yeux.
O douce mort! plus d'un mortel t'envie!

Le bois périlleux.

Ce soir, ne passe point à travers le bois sombre,
Tu risquerais tes jours, ô bel adolescent!
— Dieu nous suit ici-bas, nous dirige dans l'ombre;
Il ne laissera pas immoler l'innocent!

Il descend, disparaît dans le bois. La tempête
Avait dans les vallons roulé les fiers torrents;
Les forêts mugissaient s'agitant sur sa tête;
Les horizons restreints se montraient pâlissants.

Il arrive bientôt au repaire du crime.
Belle brune aux yeux bleus, une captive en sort.
Par quel triste destin, tendre et douce victime,
Te voit-on encor jeune affronter un tel sort?

Les brigands ont quitté leur retraite inhumaine,
La captive les voit et se voile les yeux.
Le jeune homme est frappé, son sang rougit la plaine;
Il sanglote, et son âme a volé vers les cieux!

Mais quelle sombre nuit! pas un rayon de lune!
Ayez pitié de moi, secourez-moi, Seigneur!
Secours-moi, jeune fille, en ma dure infortune!
Viens, reçois mon esprit, ange plein de douceur!

Mauvais voisinage.

Je demeure en ma chambre, et jamais mon ouvrage
N'avance comme il faut, ni même de travers;
Et sous mes yeux j'ai là livres, cahiers divers,
Mais c'est en vain, je n'en retourne aucune page!

Par les sons de sa flûte un voisin me distrait,
Et j'entends malgré moi sa douce mélodie.
Puis ma voisine a plus d'un charme, d'un attrait;
Il me faut la lorgner, elle est jeune et jolie.

Le chevalier nocturne.

Sous mon balcon un chevalier, dans l'ombre,
Venait chanter dans une nuit bien sombre.

Et j'entendais le barde soupirer
Sur sa harpe des airs qui font pleurer.

A peine il voit ses rivaux, qu'il les frappe,
A son épée aucun d'entre eux n'échappe.

Partout l'écho retentit de ce bruit,
Le feu de mille éclairs non loin de là reluit.

Oui, c'est ainsi qu'un preux prouve à sa belle
Le vif amour dont il brûle pour elle.

Ainsi trouva le chemin de mon cœur
Amant connu par sa seule valeur.

L'aurore à peine à mes yeux apparue,
L'œil curieux, je vais voir dans la rue.

Je vois... je fuis... O triste, ô cruel sort!
Pour moi le preux se battant était mort!

La résolution.

Oui, ses pas l'ont conduit vers ce lieu solitaire ;
Elle vient, je l'attends, il faut montrer du cœur !
Le trouble, à son aspect, de mon âme est vainqueur.
Dois-je donc toujours craindre, avoir peur et me taire ?

Quand je la vois par tous saluée en riant,
Je n'ose faire un pas ; je regarde, timide,
Ses yeux cherchés de tous et son front souriant,
Et sans les admirer, quoique j'en sois avide.

L'oiseau qui dans les bois gazouille en la voyant,
La fleur qui dans les prés devant elle s'incline,
Lui disent leur amour et sa beauté divine.
Pourquoi serai-je seul silencieux amant ?

Pendant de longues nuits j'ai pleuré ma faiblesse ;
De me prendre en pitié j'ai supplié le ciel.
Que ne m'a-t-il permis de montrer ma tendresse
En lui disant : A toi mon amour éternel !

Mais elle va bientôt passer près de ce chêne ;
Sous son ombre je vais reposer un moment,
Puis je pourrai parler comme un rêveur aimant
Et lui dire ces mots : Ma chère et douce reine !

Ensuite... Quel frisson dans mon âme je sens !
Elle vient, je l'entends, et va me voir sans doute ;
Fuyons, et cachons-lui le trouble de mes sens.
Ici caché, je vais la voir suivre sa route !

L'étudiant,

PLAINTES D'AMOUR.

A Salamanque un jour, un livre en main,
D'un beau jardin j'admirais le parterre ;

Le rossignol chantait dans cet Eden,
    Pendant que je lisais Homère.

C'était à l'heure où devant les vieillards
Hélène passe, en beauté souveraine.
Ses traits brillants, sa démarche de reine,
    Sur elle attirent les regards.

En vain ils ont une barbe argentée,
Car chacun d'eux admire sa beauté.
Du sang des dieux on voit qu'Hélène est née.
    Hommage à sa divinité !

Moi, tout pensif, plongé dans ma lecture,
J'oubliais l'heure et des ondes le bruit,
Quand tout à coup j'entendis le murmure
    Du feuillage pendant la nuit.

Sur le balcon d'une maison voisine
Je vis venir, non sans étonnement,
Une Hélène à figure divine :
    C'était un ange assurément !

Mon cœur bondit de bonheur et de joie.
Quant au barbon qui des yeux la lorgnait,
On aurait dit un des vieillards de Troie,
    Tellement il la contemplait.

Et depuis lors mon cœur fut pris au piége,
Il m'attirait toujours vers la maison ;
Comme les Grecs, bientôt je fis le siége
    De ma trop fameuse Ilion.

Aussi, mon cœur franchement le confie,
Sous son balcon, pendant tout un été,
Quand la rosée humectait la prairie,
    J'ai mille fois gaîment chanté.

J'ai mille fois sur ma lyre sonore
Chanté mon amour éperdu ;
J'aurais chanté du soir jusqu'à l'aurore,
    Si l'on n'eût enfin répondu.

Six mois durant, notre âme aimante et tendre
Vécut d'extase et de soupirs d'amour.
On ne pouvait, par bonheur, nous entendre,
    Car le vieux tuteur était sourd.

Quand il était saisi de jalousie
Ou de soupçons, l'oreille de ce vieux
N'entendait rien, pas plus que l'harmonie
    Des sphères roulant dans les cieux.

Mais une nuit silencieuse, horrible,
Nuit où le vent agitait les ormeaux,
Je redisais ma romance sensible,
    Les yeux fixés sur ses vitraux.

Ah! quel tourment! Une vieille tremblante,
La nymphe Echo, cachée au fond des bois,
Répondait seule, et sa voix insolente
    Me narguait, répétant ma voix!

Elle avait fui, mon amante ignorée,
Et son balcon, ses livres et ses fleurs,
Laissant l'oiseau chanter sous la feuillée
    Où mes yeux répandaient des pleurs.

Moi, j'ignorais, pour l'amant quel martyre!
Ce qu'elle était et comment la nommer,
Car elle avait juré de n'en rien dire,
    Bien longtemps avant de m'aimer.

Nouvel Ulysse errant sur l'onde amère,
Je fis un vœu : la chercher en tous lieux ;
Et je laissai là dormir mon Homère
    Sur les rayons, avec ses dieux.

Je cours partout, et tenant ma mandore,
Dès que la nuit je vois sous un balcon
Briller le feu dont le vitrail se dore,
    Je recommence ma chanson.

C'est vainement: ma chanson langoureuse
N'a plus du tout les effets d'autrefois;
Echo se rit de ma flamme amoureuse,
    La vieille contrefait ma voix.

La fleur mourante,

PAR RÜCKERT.

Espère, tu verras revenir le printemps,
Quoique dans les forêts les bises, les autans,
Aux arbres aient ravi leur charmante parure;
Tu verras de nouveau leurs boutons, leur verdure!
La sève reprendra sa course après l'hiver,
D'un feuillage nouveau chaque arbre sera fier.
— Je ne suis point un arbre issu de forte race
Et qu'un millier d'étés voit sans cesse vivace;
Lequel ayant rêvé dans les frileux hivers,
Tisse dans les beaux jours ces beaux feuillages verts.
Je ne suis qu'une fleur qu'éveille la caresse
Des doux zéphirs de mai; de respirer je cesse
Dès qu'on a vu pour moi s'entr'ouvrir le tombeau.
Quelle trace voit-on de mon être si beau?
— Si tu n'es qu'une fleur, âme modeste et pure,
Console-toi, tu dois revivre en la nature.
Sur la terre, ici-bas, ce qui s'épanouit,
Ou se métamorphose, ou bien se reproduit,
Laisse au loin disperser sa poussière vitale
Par l'orage et la mort! C'est une loi fatale
Que seule doit périr la végétation.
Le végétal ne peut fuir la destruction;
Mais mille fois il doit revivre en sa poussière.
Sur ma tombe on verra levant leur tête altière
Ces germes s'accroissant. Des plantes comme moi
Croîtront sur mon tombeau, renaissant mille fois.
Mais quand elles seront ce que j'étais-moi-même,
Moi, je serai venue à mon heure suprême.
J'existe en ce moment, ni plus tôt ni plus tard.
Quand du soleil ardent le pénétrant regard
Pourra les échauffer, qu'en aurai-je de joie,
Si mon corps du trépas n'en est pas moins la proie?
O roi du ciel, pourquoi déjà dans le lointain
Les épier? Pourquoi rire de mon destin?
Ah! que maudite soit ta douce confiance,
Quand ta chaleur en moi fit naître l'espérance!

Malheureuse! j'ai tant admiré ton éclat,
Car j'en meurs! — Pour ravir à ton insouciance,
A ta pitié, la fin de ma triste existence,
Pauvre malade il faut, je le sens, je le vois,
Afin de t'échapper, me renfermer en moi.
Mais tu dissous en pleurs ma trop froide rancune;
Grand astre, prends ma vie éphémère, importune!
Oui, prends-la dans ton orbe immense dans les cieux.
Une dernière fois tu chasses de mes yeux
Mes pleurs et mes chagrins! A mon heure dernière,
Sois remercié des dons que m'a faits ta lumière.
Aurore, je bénis ton souffle qui, l'été,
M'a fait souvent trembler, m'a souvent agité.
Je te bénis aussi, papillon qui voltige,
Que tant de fois je vis folâtrer sur ma tige;
Et je bénis les yeux par mes couleurs charmés,
Les sens que mes odeurs ont gaîment embaumés.
O toi qui me formas de parfums, de lumière,
Oui, je t'en remercie en mon âme sincère.
Faible ornement, c'est vrai, mais ornant l'univers,
Comme l'étoile brille au vaste sein des mers,
Par tes soins je brillais ici-bas sur la terre
Comme un astre brillant dans la céleste sphère.
Mon dernier souffle, hélas! ce n'est point un soupir.
C'est un adieu suprême avant que de mourir,
Un suprême regard vers la vive lumière
Du firmament et vers les splendeurs de la terre!
Cœur flamboyant du monde, ô soleil éternel,
Laisse dissoudre en toi tout mon être mortel!
Viens, pavillon du ciel, ma tente de verdure
Ne peut plus m'abriter. Dans ta lumière pure,
Printemps, je te salue! Brise du matin,
Adieu! sans nul espoir je meurs et sans chagrin.

Donna Clara,

PAR H. HEINE.

Dès l'aube on voit la fille de l'alcade
Dans son jardin faire sa promenade;
Dans tous les lieux où son pas la conduit
De cymbales, de cors, arrive un bruit.

De moi la danse, hélas! n'est plus chérie ;
Elle me lasse autant que la folie
Du chevalier, du flatteur sans pareil,
Qui dans ses vers me compare au soleil.

Tout me fatigue, ô ciel! et m'importune,
Depuis ce soir qu'aux rayons de la lune,
D'une mandore entendant le doux son,
Je m'avançais, la nuit, sur mon balcon.
Un chevalier chantant sous ma fenêtre,
La lyre en main, à mes yeux vient paraître.

Avec sa taille et son maintien de preux,
Ses yeux brillants et son teint langoureux,
On le prendrait pour saint Georges, sans doute,
Que pour sa lance au loin chacun redoute.

Ainsi pensait donna Clara. Ses yeux
Etaient baissés et son front soucieux.
Son œil à peine est levé, que la belle
Voit l'inconnu, le chevalier près d'elle.

A la clarté de la lune soudain
Ils vont tous deux se tenant par la main,
Faisant serment d'amour et de tendresse ;
Rose ou Zéphyr doucement les caresse.

Chaque rose s'incline tour à tour
Pour saluer ce couple plein d'amour.
« Mais d'où vient donc ce rouge à ta figure,
— Ma chère enfant? » — Des mouches la piqûre

En est la cause. En ces temps de chaleur,
Leur vil essaim m'inspire autant d'horreur
Que si c'était cette bande maudite,
Au nez si long, qu'on nomme Israélites.

« Mouches et juifs, laisse cela, mon cœur, »
Dit l'inconnu parlant avec douceur.
Des amandiers vois plutôt sous les branches
Tomber à flot des milliers de fleurs blanches.

Mais dis : « Ton cœur est-il vraiment épris? »
Lui dit le preux avec un doux souris.

« Je te le jure à l'instant, répond-elle,
Par Christ aux Juifs qui dut sa mort cruelle. »

« Laisse donc là les Juifs et le Sauveur,
Reprit encor le preux avec douceur.
De beaux lis blancs qu'un vif éclat relève
Se balancent de même qu'en un rêve.

« De beaux lis blancs, aux reflets lumineux,
Regardent là les étoiles des cieux.
Mais n'as-tu pas à craindre, mon amante,
D'un faux serment l'imprudence infamante? »

« Ami, sois sûr que rien n'est faux en moi,
Pas plus qu'il n'est dans mes veines, je crois,
Du sang impur de Juif ou bien de Maure,
Immonde race et que mon cœur abhorre ! »

« Laisse donc là Maures et Juifs, mon cœur, »
Reprend le preux d'un ton doux, sans aigreur.
Vers un bosquet de myrthes il attire
Sa tendre amie, avec un doux sourire.

Ainsi que d'un réseau voluptueux,
Bientôt elle est entourée en ces lieux :
Rapides mots, longs baisers de tendresse,
Leurs âmes sont dans la plus douce ivresse !

Sous la ramée un fantastique oiseau
Redit des airs, en ce riant berceau,
Pour célébrer une amoureuse flamme,
Chantant la molle et douce épithalame.

Les vers-luisants, aux mouvements si beaux,
Semblent former une danse aux flambeaux,
Puis le feuillage a gardé le mystère ;
Nos doux amants cachés semblent se taire :
Le myrthe seul, et prudent et discret,
Murmure, comme ayant le doux secret.

Mais tout à coup cymbales et trompette
Au château font un bruit qui se répète ;
Clara s'éveille et s'échappe à l'instant,
D'un air furtif, des bras de son amant.

« Écoute, ami, ce signal me rappelle ;
Je pars : dis-moi mon cher, comme on t'appelle !
Oui, je voudrais savoir le nom chéri,
Caché par toi si longtemps, mon ami ! »

Le chevalier, souriant de tendresse,
Baise les doigts minces de sa maîtresse,
Baise sa joue, et sa lèvre et son front,
Et doucement en ces mots lui répond :

« Moi, senora, que d'un amour extrême
Ton cœur chérit, suis fils du rabbin même,
Dit Israël de Sarragosse, ainsi
Connu de tous pour son savoir ici ! »

Les protecteurs.

TRADUIT DE HEINE.

Ils étaient toujours là, tout pleins de prévoyance,
Et tout prêts à m'offrir... des conseils !
Leur prudence me prédisait un jour des bonheurs sans pareils,
Si j'étais patient, docile à leurs conseils.

Je serais mort de faim, de besoin, de misère,
Si j'avais trop compté sur leurs secours de frère !
Un digne ami pourtant, dans mon affliction,
Me soutint et m'aida de sa protection.

Brave homme ! il me donna de quoi manger et boire
De ses bienfaits je veux conserver la mémoire.
Que de fois je voudrais dans mes bras le presser !
Mais cet homme, c'est moi,... je ne puis l'embrasser.

FIN DES MORCEAUX D'UHLAND, GOETHE, TIECK, RUCKERT ET HEINE.

PETITS

POËMES ET POÉSIES DIVERSES

DE A.-J. BECART.

La vie, les œuvres et la mort de Chateaubriand.

1768 — 1848 (1).

Noble CHATEAUBRIAND, faut-il avoir recours,
Pour illustrer ta vie, aux fiers blasons des cours?
Faudrait-il remonter à l'obscur moyen âge
Pour célébrer ton nom qui vivra d'âge en âge
Aux titres de naissance, à ces vieux parchemins,
Que vantent sottement de stupides humains?
Ce seul, ce simple fait démontre la faiblesse
Et la futilité d'une vaine noblesse.
Tout ancêtre d'un noble est un vrai roturier,
Quelquefois moins encore, un franc aventurier !!!
Des talents, des vertus, un grand et beau génie,
Une belle action, personne ne le nie,

---

(1) Ce petit poëme a été composé en 1848 et a été imprimé pour la première fois dans le *Progrès belge*. Plusieurs lettres fort honorables ont été écrites à M. A. J. Becart par cet illustre et sublime écrivain, à l'occasion des ouvrages de littérature, d'histoire et de philosophie d'un humble et modeste Belge. On sait que ce grand génie n'était pas prodigue d'éloges et de missives de ce genre. Nous avons entrepris cette œuvre poétique pour payer un juste tribut de regrets et de reconnaissance à la mémoire d'un des plus fameux et féconds écrivains français.

Cette nouvelle édition est plus correcte et plus complète.

Seule vaut à jamais, brillant à tous les yeux,
Mille distinctions et des siècles d'aïeux !
Nobles surtout sont ceux qu'on voit à la patrie
Sacrifier leurs jours, leur art, leur industrie,
Donner l'exemple à tous par leur activité,
Encourager le bien, l'honneur, la probité !
Secourir le malheur, protéger l'indigence,
Et de plus pures mœurs faire sentir l'urgence !
Voilà, Châteaubriand, ton illustration !
Ton génie a grandi la grande nation !
Il a grandi surtout notre humaine nature,
Enrichi, rajeuni notre littérature.
Ton aristocratie est celle du talent,
De l'art, d'un rare esprit, d'un génie excellent,
Et des plus nobles dons de la puissance humaine
Convergeant en un seul, faculté souveraine,
Centralisant en toi tant d'autres facultés !
La nature isolait ses libéralités
Les plus grandes dans toi ; sa force et sa richesse,
Élevant ta belle âme, ont formé ta noblesse !
Aussi, quand le niveau de l'an quatre-vingt neuf,
Terrible précurseur de ce grand peuple neuf
Qui d'historiques noms a fait rase la table,
Rendit obscur le tien, tu le fis respectable.
Dans l'horrible tourmente, on te vit échanger
Pour une gloire jeune et sans aucun danger
Le lustre suranné qui venait de ton père ;
Tu dis à ton génie : En toi j'ai foi, j'espère !
Des hommes et des faits que l'éducation
Vienne augmenter ta force et ton instruction !
Jeune, du cœur humain tu fis déjà l'étude,
Par un pénible instinct cherchant la solitude,
Nourrissant le regret des grands âges passés,
De leur confuse image et des faits effacés.
Rongeant, impatient, le frein de cette vie,
Par la satiété ton âme endolorie
S'abreuvait à longs traits de contemplations,
Sans aliments réels de méditations !
Ton âme se livrait à la mélancolie,
Des chagrins les plus vrais illusion sentie,
Devançant cette vie et ses enseignements,
Et faisant naître en toi tant de maux, de tourments,
Tant de plaisirs mêlés à la tristesse même !
Du génie en sa fleur c'est là le sceau suprême.

De mille écrits divers ton âme se nourrit;
Le dégoût avec eux entra dans ton esprit.
Sans cesse tu flottais, dans ces études vaines,
Entre tes sentiments et les erreurs humaines;
De tes propres pensers le travail ébauché
Ne rencontrait jamais l'objet par lui cherché!
C'était là ton cachet, ton signal prophétique,
Ton premier aiguillon, faculté poétique,
Si puissante et si rare! et qui brille partout,
Dans tes œuvres, tes faits, tes voyages, dans tout! —
Il nous fallait jeter ce coup d'œil en arrière
Pour suivre les circuits de ta longue carrière!
L'imagination, dans ce monde moqueur,
A causé tous les maux, le vide de ton cœur
Qu'aspirait à remplir ton âme si pieuse,
Pleine de foi, d'amour, d'ardeur religieuse!
Tu fus par les parents, fils timide et puîné,
A servir les autels en naissant destiné.
Tu laissas l'encensoir et la robe de prêtre;
Et l'épée au côté la cour t'a vu paraître.
De Louis Seize on vit, ministre vertueux,
Malesherbes te faire un accueil gracieux. —
Les tableaux de RENÉ, si frappants, si fidelles,
Retracent ton enfance en couleurs immortelles,
En traits de caractère, en douces actions,
Aurore d'une vie aux mille émotions!
Fable qu'on inventa pour l'effet dramatique,
Mais vraie, originale, à l'auteur identique (1)!
Premiers jours de la vie avec ses passions,
Les malheurs de l'enfance et ses affections!
CHATEAUBRIAND-RENÉ, cet écrit te dévoile,
Toi-même tu te peins sans tropes et sans voile.
Trop jeune encor tu vis la révolution
Qui pourtant sur ton cœur fit tant d'impression!
Tu ne pouvais prévoir les grands faits politiques,
Annoncer, signaler, tant de phases critiques;
Mais ton cœur, malgré mille effroyables excès,
Ne désespérait point de l'honneur des Français!
Par delà l'Océan ton âme est absorbée!
Sur l'Amérique libre, enfin émancipée,
Tes yeux se sont fixés; tu la vis au moment
Où le sol des Français allait profondément

(1) « Le matin de la vie est comme le matin du jour, plein de pureté, d'images et d'harmonie. »

Lui-même s'ébranler d'une manière affreuse!
L'âme de Washington (1), cet âme généreuse,
Sut te faire à jamais aimer la liberté,
Ce beau droit des humains, la sainte égalité!
Tu vis un peuple libre, affranchi de la veille,
Et qui, sans attentats, s'émancipe et s'éveille
Au sein d'un pays neuf, mûr dès ses jeunes ans,
Fixant pour base à tout, libertés et bon sens!
A peine dans dix ans le siècle allait renaître,
Quand un monde nouveau fit vibrer tout ton être,
Et que son imposant et gigantesque aspect
A ton âme imprima le plus profond respect!
Quel spectacle en effet pour l'âme poétique!
Là, c'est une forêt majestueuse, antique;
Ici, la solitude avec sa liberté,
La nature sans borne en sa fécondité!
A nos sens effrayés s'ouvrent une large sphère
Dans ces déserts nouveaux, colossal hémisphère.
Sur les regards charmés qu'il fait d'impression,
Tout ce qu'a de grandeur cette création,
Qui même en son berceau nous semble illimitée!
Pourtant par ton génie elle fut imitée :
Ta plume rarement de feindre a le besoin,
Tu sus errer, sentir, voir et peindre avec soin.
Tes pinceaux enchanteurs et ta plume émouvante
Retracent à nos yeux l'antithèse vivante
De l'état de nature à l'état social :
L'homme intact des forêts, le sauvage brutal,
Sans liens, sans remords, sans projet ni science,
Comme dans une écorce, âme sans conscience,
Mais lançant par moments de sublimes éclairs ;
L'homme civilisé, dans ces mêmes déserts,
Apparaît à nos yeux, l'âme vaste, exercée,
Ses facultés en jeu, sa raison éclairée,
Et dans toute l'ardeur de ses mille espérances,
A cent douleurs en proie, aux peines, aux souffrances,
Tous les muscles tendus vers un autre avenir,
Et de tous ses rivaux pâle au seul souvenir...
Que de matériaux pour tes nombreux ouvrages,
CHATEAUBRIAND, s'offraient dans tes hardis voyages!

(1) On se rappelle ces paroles d'une si généreuse amertume :
« J'ai vu Washington au début de ma carrière, et je suis retombé sur ce que je vois aujourd'hui ! »

Là seul, tu méditais sur l'ouvrage des mains
De Dieu, puis sur le but des œuvres des humains.
Pour nous faire comprendre une jeune nature,
Il fallut t'oublier, vieille littérature ;
D'ATALA, des NATCHEZ, les naïves douleurs
S'expriment en un style empreint de ces couleurs
Qu'une inspiration féconde, originale,
Devait te réserver, brillante pastorale !
Poëme primordial, roman délicieux,
Dans mainte solitude esquissé sous des cieux
Sans cesse différents, dans des huttes sauvages,
Près de fleuves géants et de vastes rivages !
Sans renoncer jamais à tes utiles plans (1)
D'un important passage, on vit tes jeunes ans
S'associer à ceux d'un naissant hémisphère.
Des révolutions la brûlante atmosphère
Te fait franchir les mers ; tu vois l'éruption
Du volcan de la France en ébullition !
Vertige universel et pêle-mêle extrême,
Voilà ce que tu vois, et dans ton pays même
Méconnais ton pays ! Dans tes excursions
Tu médites, écris tes RÉVOLUTIONS !
Echauffant ses pensers de ses incertitudes,
Ton âme les promène au champ de ses ÉTUDES.
Prélude curieux de l'esprit de l'auteur,
Cet ESSAI, quoiqu'informe, annonçait la hauteur
De ses futurs travaux dans le genre historique,
Et son amour pour toi, liberté politique !
Dans ce livre d'exil, le brillant écrivain
Cherche à concilier avec le droit divin
Les sentiments innés à la nature humaine.
D'un vague et grand talent c'est un vrai phénomène.
En ce fécond travail, il semble qu'entravé,
Il saisit peu l'objet dont il est captivé.
Qu'avec regret on voit sa grande âme flétrie
Jeter avec horreur ses yeux vers sa patrie !

(1) Ce plan consistait à traverser en la visitant scrupuleusement, avec soin et lenteur, toute l'Amérique du Nord, depuis les frontières orientales, de la haute Louisiane jusque vers le cap Mendoce, sur les rivages de la Grande Mer. C'est là une de ces entreprises où se dessine la taille de leur auteur, et qui peut servir de mesure aux vastes besoins d'une imagination neuve encore, de ce grand vide de l'âme, duquel nous avons parlé dans ces vers.

Son cœur pourtant s'ouvrait, sensible à la pitié,
Quand il se réchauffait au sein de l'amitié!
Noble CHATEAUBRIAND, lorsque la Providence
Te ravit à la mort, tu fis la confidence
A Fontanes d'abord de ce travail divin
Dont la seule entreprise est d'un grand écrivain.
Parmi tant d'autres voix devait briller la tienne,
Pour chanter tes bienfaits, religion chrétienne!
O livre du GÉNIE, en toi seul le vrai Dieu
Des pompes du langage apparaît au milieu!
Ouvrage surhumain, grande œuvre inspiratrice
D'un auteur qu'entraînait sa force novatrice;
Pages qui nous devaient remplir d'étonnement,
Dont avorta deux fois le long enfantement!
On crut audacieux, on jugea téméraire
L'auteur qui refondait tout l'esprit littéraire,
Moral, religieux, de ses contemporains,
Et semblait mépriser les arrêts souverains
De celui qu'on nommait le maître du Parnasse!
L'arme du ridicule en vain même menace
L'esprit qui sut orner les mystères chrétiens
De charmes non moins vrais qu'aux écrits des païens.
A la tête du siècle, oui, sous ce point de vue,
Brille CHATEAUBRIAND, et sa gloire imprévue
De notre âge récent devança les besoins,
Pressentit l'art, les goûts et tous les nouveaux soins.
De là cette couleur, cette harmonie étrange
Qui dans CHATEAUBRIAND semble montrer un ange,
Du vrai Dieu grand et bon l'interprète immortel,
Ici-bas envoyé pour parer son autel!
Au génie éclatant afin de rendre hommage,
Bonaparte consul l'honora d'un suffrage
Dont la suite toujours attire au protégé
Un cercle courtisan autour de lui rangé!
Mais de CHATEAUBRIAND, ambassadeur-ministre,
La figure bientôt devint sombre et sinistre,
Lorsque, dès l'an suivant, Vincennes, les fossés
S'imbibèrent du sang du dernier des Condés!
Entr'eux tout est fini!... Napoléon s'attache
A n'avoir à son nom que cette seule tache...
Pour le guerrier pourtant rongé d'ambition
Le grand poëte avait de l'admiration!
Mais sa faveur pour lui n'était plus qu'importune,
Et tout fut refusé, biens, honneurs et fortune! —

Il entreprend bientôt un voyage nouveau,
Et va de l'Homme-Dieu visiter le tombeau.
Quoiqu'il eût des croisés la foi toute chrétienne,
Il désira mêler l'antiquité payenne
Aux sentiments pieux du dévot voyageur.
De Sparte il visita la trace avec ardeur.
Les mâles souvenirs de la Grèce et de Rome
Se mêlent dans son âme à ceux du Dieu fait homme ;
Les sentiments chrétiens de l'humble piété
S'unissent dans son cœur à ceux de liberté !
De même il contempla, sur l'africaine plage,
Les vestiges poudreux de l'antique Carthage.
Il revenait d'avoir vu dans sa nudité
Le Jourdain appauvri, puis la sainte cité !
Après avoir quitté la Grèce et l'Italie,
Il dirigea ses pas au cœur de la Turquie ;
Il vit l'Egypte et puis la Palestine ; enfin,
Revenu par l'Espagne, à sa course il met fin. —
    D'attaquer l'Empereur il se fait une étude,
Quoique le héros pût arguer d'ingratitude.
Bien que Napoléon l'admirât, à ses yeux
C'était un conquérant, avide, ambitieux,
Un despote orgueilleux, en proie à l'égoïsme,
Immoral ennemi du vrai patriotisme !
Pour armes il n'avait contre ce grand pouvoir
Qu'un génie étonnant, esprit, talent, savoir.
C'est par là que le sort le combla de largesses ;
Pauvre, par ses MARTYRS il eut gloire et richesses.
Bientôt l'intéressant ITINÉRAIRE encor
Vient accroître ses biens de grosses sommes d'or ;
La fortune a cessé d'être son ennemie.
Au génie admiré s'ouvre l'Académie ;
Son fauteuil resta vide, on ne peut le nier,
Pour n'y point avoir fait l'éloge de Chénier. —
Des Hellènes plus tard embrassant la défense,
Il prête à cette cause une mâle éloquence :
Ces nobles Grecs disaient : « A nous tous le cœur bat
Pour vous, même au milieu d'un terrible combat ! »
Châteaubriand, Byron, ces souvenirs de gloire
Seuls éterniseraient vos beaux noms dans l'histoire !

Dans ce Paris, naguère encor brillant séjour,
La mort a moissonné presqu'en un même jour

Un vertueux prélat, un homme de génie,
Au talent immortel, si riche d'harmonie,
Dont la libre pensée enrichit l'univers,
Fit éclore, inspira vingt poëtes divers.
L'astre de ton génie, intelligente flamme,
Divin CHATEAUBRIAND, est un rayon de l'âme
Qui parcourt tout l'espace et se montre à nos yeux,
Au sein de l'infini, comme un soleil aux cieux!
Pendant qu'autour de toi tout s'écroule, tout tombe,
Tu t'éteins, écrivant ces livres d'OUTRE-TOMBE,
Ces MÉMOIRES fameux d'un siècle si rempli,
Et que ta main traçait, au sein d'un sombre oubli!
Oh! que de souvenirs de l'un et l'autre mondes,
Pour toi qui parcourus terres et mers profondes,
Cent lieux divers, qui fus soldat, navigateur,
Pèlerin, magistrat, ministre, artiste, auteur!...
Le monde y pourra voir ce qu'une active vie
Peut produire en chefs-d'œuvre au-dessus de l'envie!
Ce qu'inspirent surtout de rares dévoûments,
Un cœur pur, un génie aux nobles sentiments!
Ton âme, que montrait ta physionomie,
Du grand, du vrai, du beau resta toujours l'amie!
Deux fois, CHATEAUBRIAND, j'ai pu bien voir tes traits,
A dix ans d'intervalle, et tes anciens portraits
Je crus les voir : ton grand, ton noble caractère,
Ta stature encor droite, un air, un front austère!
Tout cela semble ici présent à mes esprits,
Mais je t'ai vu moins grand que dans tes beaux écrits!
Quel homme eut plus que toi de fortunes diverses?
Qui fut plus éprouvé?... Malgré tant de traverses,
Ton cœur fut toujours jeune, et ton style enchanteur
Décèle une belle âme en son sublime auteur!
Tu me disais un jour : « En France, tout conspire
A faire du pays un nouveau Bas-Empire? »
L'égoïsme, la peur et la corruption
Pourraient vérifier cette prédiction!
Et sans d'aucun devin invoquer l'art magique,
Le même sort t'attend, ô patrie, ô Belgique,
Si tu n'écoutes point la voix de ce PROGRÈS
Qu'appelleraient trop tard de vains, d'amers regrets!

Edwin et Euphémie.

IMITATION DE LA BALLADE INSÉRÉE DANS LE MINISTRE DE WAKEFIELD.

I

Entendez-vous ma voix tremblante,
Bel ermite de ces vallons?
Guidez une marche accablante
Qui se perd parmi ces buissons!
Sans doute c'est une chaumière
Là-bas, près du lointain réduit,
Où j'aperçois une lumière
Pénétrant l'ombre de la nuit?

II

Mon fils, répond le solitaire,
Craignez ce feu qui vous poursuit;
Il ne s'exhale de la terre
Que pour égarer qui le suit (1) :
Venez dans ma cellule obscure,
Je vous offrirai de bon cœur
Mon pain noir et ma couche dure,
La paix, le repos, mon bonheur!

III

Voyez là sur l'herbe fleurie
Mes troupeaux; d'eux jamais mon bras,
Les arrachant à leur prairie,
N'approchera le coutelas.
Les doux fruits de mon jardinage,
Voilà les seuls mets que je veux,
Des herbes, des œufs, du laitage;
Nul souci : je borne mes vœux.

(1) Il s'agit ici des feux-follets ou des petites flammes qu'on voit en automne dans les endroits marécageux et dans les cimetières, à cause des cadavres en putréfaction. C'est une erreur populaire de croire que ces lueurs phosphoriques égarent et conduisent dans l'eau ceux qui les voient. Comme ces feux sont fort légers, il est naturel qu'un homme en les rencontrant les pousse devant lui, ou qu'ils le suivent, en obéissant à l'agitation de l'air.

IV

Ces accents si doux font sourire
Le voyageur reconnaissant ;
Un penchant inconnu l'attire
Vers cet asile bienfaisant :
Le chaume simplement le couvre.
Le bon ermite hospitalier
Pousse un loquet qui de suite ouvre
La porte du simple hallier.

V

C'était à l'heure fortunée
Où l'homme souvent se distrait
De ses travaux de la journée.
Le souper eut beaucoup d'attrait
Pour l'ermite et pour son convive ;
Puis de contes délicieux
Naît une gaîté franche et vive,
Car l'ermite les fait au mieux.

VI

Devant lui son chien qui folâtre
Semble partager sa gaîté :
Le grillon en chantant sous l'âtre
Se cache malgré la clarté.
Mais, hélas ! rien n'a de vrais charmes
Pour un hôte si soucieux !
Rien ne peut faire que des larmes
Ne s'échappent plus de ses yeux.

VII

L'ermite, voyant sa tristesse,
S'efforce de la soulager :
« D'ou vient le mal qui vous oppresse?
Dit-il à ce jeune étranger :
Serait-ce une amitié trahie?
Serait-ce un amour dédaigné?
Ou bien la misère ennemie
Qui vous rend l'œil de pleurs baigné ?

VIII

« Ah! mon cher! tous les biens du monde
Sont si peu dignes de nos vœux,
Que lorsqu'un insensé s'y fonde,
Il est plus méprisable qu'eux !

L'amitié, s'il en existe une,
N'est rien qu'un nom faux et trompeur;
C'est un vent qui suit la fortune
Et souffle bien loin du malheur.

IX

« L'amour est plus frivole encore;
Ce n'est qu'un éclat emprunté,
Un ornement dont se décore
Une ambitieuse beauté.
Vous ne verrez l'amour fidelle,
Lorsqu'il daigne quitter les cieux,
Qu'au nid cher à la tourterelle
Qu'il vient échauffer de ses feux.

X

Croyez-moi, devenez plus sage,
Méprisez un sexe imposteur... »
L'hôte, touché d'un tel langage,
Parut plus beau par sa rougeur :
Son front où l'innocence brille,
Ses doux yeux, sa bouche, son sein,
Tout fait reconnaître une fille
Dans cet aimable pèlerin.

XI

« Vous voyez, dit-elle une amante
Recherchant en vain le repos;
Vous voyez une fille errante,
Dont l'amour a causé les maux.
Je fus longtemps fière, inhumaine,
Ignorant tout le prix d'un cœur;
D'hymen à mépriser la chaîne
J'avais mis, hélas! mon bonheur !

XII

« Parmi cette foule volage
Qui venait augmenter ma cour,
Edwin seul m'offrait son hommage
Sans oser dire un mot d'amour.
Le ciel semblait être en son âme;
La fleur qui s'entr'ouvre aux zéphirs
N'est pas plus pure que la flamme
Qui faisait naître ses soupirs.

XIII

« Son origine était commune ;
Edwin, sans biens et sans emploi,
N'avait que son cœur pour fortune,
Mais ce cœur fut entier à moi !
Lassé de mon ingratitude,
Il m'abandonna pour toujours,
Pour aller dans la solitude
Attendre la fin de ses jours.

XIV

« Vous me voyez désespérée,
Victime d'un injuste orgueil.
Je vais me rendre en la contrée
Où je trouverai son cercueil.
Là, je n'aurai plus d'autre envie
Que de voir mes maux expiés,
En payant des jours de ma vie
Les siens qu'il m'a sacrifiés. »

XV

« Non, non, s'écrie Edwin lui-même,
Emerveillé de tant d'appas,
Non, non, celui que ton cœur aime
N'est point victime du trépas :
Regarde, ô ma tendre Euphémie !
Sensible objet de mes regrets !
Oui, regarde, ô ma chère amie,
Vois cet amant que tu pleurais ! »

XVI

Euphémie est dans une ivresse
Dont le transport coupe sa voix :
« Edwin, dit-elle avec tendresse,
Est-ce bien toi que je revois ?
Vivons et mourons l'un pour l'autre,
Ne songeons plus à nous quitter :
Qu'un même trépas soit le nôtre !
Nous n'aurons rien à regretter. »

N. B. — On peut comparer cette traduction faite par un Belge à celle du célèbre Andrieux : elle se trouve dans le recueil des poésies de ce littérateur français, publié à Bruxelles dans la collection elzévirienne de Laurent, format in-32.

Le démon et la jeune mère.

IMITATION LIBRE D'UNE BALADE ÉCOSSAISE.

Sous les brillants dehors d'un noble chevalier,
Le démon apparut d'un air familier,
  D'une façon brusque et soudaine,
  A cette belle et jeune châtelaine.
 De son effroi remise à peine,
   Elle lui dit :
   Démon maudit,
« Où fûtes-vous pendant ces sept longues années
Et plus, qu'on ne vous vit paraître en ces contrées ? —
— Vous voyez, je reviens, madame, en ces moments,
Aux serments que j'ai faits, à mes premiers serments !
— Paix ! ne me parlez plus de serments... ; à cette heure
Je suis épouse, et mère !... » — Alors le guerrier pleure,
  Va, vient, revient d'un air silencieux
   Et détournant les yeux :
« D'Irlande, non jamais, si ce n'est pour te plaire,
Jamais mon pied n'aurait foulé la terre !
   — Il n'a tenu qu'à moi
  D'être l'époux de la fille d'un roi !...
Loin, par delà les mers... Une royale dame
Aurait été, sans toi, ma légitime femme !
— Si tu n'épousas point cette fille des rois,
Il t'en faut accuser toi-même, tu le dois !
Pour moi, je ne suis point une royale fille !...
Je ne suis née, hélas ! que d'une humble famille ! »
— Le chevalier insiste et feint une douleur
Qu'il ne ressentait point dans le fond de son cœur.
La jeune femme dit, tremblante, fascinée :
« Mais si loin d'un époux je suis, infortunée,
Que ferais-tu, dis-le, de moi, de mes enfants ?
De mes deux fils chéris, deux petits innocents !
— J'ai sept vaisseaux en mer, qui sillonnent les flots,
Et pleins d'or, plus un autre, avec vingt matelots,
Qui résonne d'accords, de concerts d'allégresse ! »
— Aussitôt sur son sein la tendre mère presse

Ses petits innocents, leur baise le menton,
Et la joue, en disant : « Chers petits, hélas ! non,
Je ne vous verrai plus ! Que Dieu vous ait en garde ! »
— A peine sur la nef, partout elle regarde,
Et ne voit nul marin ; les mâts sont d'or bruni
Et les voiles de soie (1) ! A son œil assombri
Tout semble triste... Alors elle navigue une heure,
Une seule... au plus trois... Elle s'attriste et pleure !
Sur les vagues les mâts ne peuvent se baisser,
Aux brises d'est la voile est loin de se bercer !
Une heure à peine, on a vogué pendant une heure,
Une seule,... au plus trois... que cette femme pleure,
Puis voit un pied fourchu qui double son émoi !
« — Retiens tes pleurs, tes cris, je n'ai que faire, moi,
De ces gémissements, dame aimable et jolie.
Je vais te faire voir les beaux lis d'Italie !
— Oh ! quels sont donc là-haut ces collines, ces lieux
Sur lesquels le soleil est doux, délicieux !
— Là, dit-il, sont du ciel les brillantes frontières,
Que ne pourront gagner vos larmes, vos prières !
— Quels sont ces rocs affreux de glaces, de frimas ?
— Les monts d'enfer, dit-il, vers qui tendent nos pas ! ! »
— A peine a-t-il parlé, que cette dame tombe
Au fond des mers, où gît près des enfers sa tombe !...

Le chant du ménestrel.

IMITÉ DE CHATTERTON.

Oh ! chante, mon virela,
Ne danse plus, ne sois plus gai ;
De larmes que tes yeux soient une source amère !
Celle qui me fut si chère
Et qui le mieux a su me plaire,
N'est plus... Elle est allée, ô triste sort !
Sous l'ombrage du saule, au lit de mort !

(1) On vient de découvrir (juillet 1857) que ce sont les meilleures.

O nuit d'hiver, à toi sa noire chevelure
Ressemblait, et sa peau blanche et pure
Brillait pareille à la neige d'été ;
De l'Aurore ses traits retraçaient la beauté,
La fraîcheur ; son visage au fond de cette tombe
Repose pâle ! Hélas !.. à ces mots je succombe !...
    Celle qui me fut si chère, etc.

Écoute, la chouette aux ailes funéraires
S'agite au fond du vallon de bruyères :
Écoute le hibou, ses sombres cris de mort,
Les cauchemars pesants, des accents du remords !
    Celle qui me fut si chère, etc.

Vois de la lune aux cieux la lumière argentée,
Plus blanc est le linceul où dort ma fiancée ;
Il est plus blanc encore que le ciel du matin,
Que l'ombre blanche, au soir, d'un nuage serein.
    Celle qui me fut si chère, etc.

Oui, là, sur cette tombe, amante regrettée,
Une stérile fleur souvent sera jetée ;
Mais le plus saint, hélas ! de tous les saints, jamais
Ne peut faire à mes yeux revivre tes attraits !
    Celle qui me fut si chère, etc.

Mes mains iront courber la bruyère et l'épine
Qui pourraient croître autour de sa beauté divine.
Esprits follets, allumez tous vos feux,
A jamais, moi, je demeure en ces lieux !
    Celle qui me fut si chère, etc.

    Accourez tous, venez en troupe,
    Armés d'épines, d'une coupe,
    Et tirez-moi le sang du cœur !
    Je méprise la vie et son frêle bonheur !
    Dansez le jour et la nuit même !
    Elle n'est plus celle que j'aime,
    Elle est allée, ô triste sort !
    Sous l'ombrage du saule, au lit de mort !
Sorcière de ces eaux, toi de jonc couronnée,
Conduis-moi du Léthé vers l'onde empoisonnée !
Je meurs, je viens, mon amante m'attend...
Ainsi le démoisel parle et meurt à l'instant !

Mais l'amour dont la perte aujourd'ui se ressent,
C'est cet amour si beau, l'amour adolescent.
Il est beau, car il est de l'amour véritable,
Du matin de nos jours flamme pure, ineffable,
Et qui prend tout entiers dans leur virginité
Le cœur d'un beau garçon, d'une tendre beauté !
Les donne l'un à l'autre avec la foi sublime,
L'espérance sans borne, un dévouement intime.
Cet amour de jeune homme et de fille aux beaux yeux
N'a rien que de charmant, de doux, de gracieux,
Depuis les rêves d'or au séduisant mirage,
Jusqu'aux naïfs plaisirs d'un simple enfantillage :
Prendre un bouton qu'on voit perdu sur la toilette,
Baiser un gant terni, prendre une violette
Que l'on a respirée. O vaine illusion !...
De se croire immortel il a l'ambition !
Un amour immortel serait un vrai prodige
Que l'on ne pourrait voir qu'au pays du prestige !
Peut-être cet amour est-il le seul parfait ;
Mais tout ce qu'il fait, certe, est sûrement bien fait.
C'est cet amour qui peut, de la nuit dans les voiles,
Se mirer dans la lune ou bien dans les étoiles,
Interroger de près le bel oracle en fleurs,
Dérober un ruban fané dans ses couleurs !
Cet amour, plein d'ardeur, de brillante jeunesse,
A la prétention de s'accroître sans cesse ;
Il ne sait qu'aux destins chez nous tout doit plier
Et jure de mourir plutôt que d'oublier !

Les trésors de l'amitié.

O divine amitié, du ciel don précieux,
Heureux qui goûte en paix tes fruits délicieux !
Des mortels vertueux par toi l'âme est ravie,
Tu fais tout le bonheur, le charme de leur vie !
Pour eux se trouve en toi la source de tout bien ;
Le nectar de l'abeille est moins doux que le tien.
Quand la félicité descend sur cette terre,
Au sein de deux amis, dans le plus doux mystère,

Elle vient reposer sur deux cœurs bien amis,
Dans une douce paix l'un sur l'autre endormis !
Rare félicité, tu n'es point mensongère,
Ta douce joie au cœur n'est jamais passagère !
Tendre amitié, pour toi, pour tes plaisirs touchants,
Mon esprit et mon cœur auront toujours des chants !
Avec tes sentiments, que nous sert la richesse ?
On trouve en toi trésors, gaîté, bonheur, sagesse !
Deux âmes ont besoin, pour penser avec fruit,
De se communiquer tout ce qui les instruit.
En conversant on met un frein à sa pensée ;
La raison nous sert mieux, sa fougue est redressée :
Elle a plus de clarté, de vie et de chaleur,
L'émulation vient agrandir sa valeur !
La vérité paraît plus rapide et brillante,
Plus belle, plus féconde et toujours plus riante !
Par la parole on voit l'or pur de l'alliage
Séparé des pensers, pour un meilleur usage.
En fait d'instruction, donner c'est conquérir !
En versant la science on peut mieux l'acquérir !
Oui, nous devons souvent quitter la solitude
Pour, au sein d'un ami, mieux savourer l'étude.
Pour nous goûter nous-même et pour nous satisfaire,
Il nous faut un ami pour nous chérir, nous plaire.
Sans lui, le sentiment s'arrête sans chaleur
Et sans force ; il s'éteint bientôt dans notre cœur.
Sur le choix d'un ami ne va point te méprendre !
L'amitié sans vertus ne peut pas se comprendre !
La passion éteint la sensibilité ;
L'âme, se resserrant, reprend sa dureté.
En s'aimant qu'il est beau de suivre la carrière
Des vertus, de s'unir pour sauver la misère !
L'amour seul peut payer l'amour de son trésor.
Amitié, tu ne fus jamais le prix de l'or !
Si d'avoir un ami la voie est difficile,
De se le conserver il est bien moins facile !
Rien n'est si délicat, dans sa sincérité,
Qu'un véritable ami ; sa sensibilité
Est extrême : on la voit par trop de retenue
Blessée avec raison ; mais un poison la tue,
Et c'est la défiance ! Avant de le choisir,
Ton ami, tu dois bien peser et réfléchir !
Ceux qui de l'amitié semblent t'offrir l'image
N'en ont pas tout le cœur, s'ils en ont le visage.

Examine avec soin, fais choix avec lenteur.
Es-tu fixé, bannis tous soupçons de ton cœur!
Dès que tu l'as nommé, qu'il ait ta confiance
Sans réserve, à l'abri de toute défiance!
Il faut t'abandonner à lui jusqu'à la mort.
Qu'il soit, autre toi-même, arbitre de ton sort!
Qu'à lui toujours ton âme entière se révèle!
La force et la douceur en l'amitié nouvelle
Se montrent encor peu; plus sûre avec le temps,
Cette amitié s'épure et croît avec les ans.
Sache qu'un tel ami vaut mieux qu'une couronne :
Pour en obtenir un, je céderais un trône.
Un royaume en effet ne vaut point le bonheur;
Un roi puissant n'a rien, s'il ne possède un cœur.
Sans la vraie amitié, quels charmes a la vie?
Certes elle est le bien le plus digne d'envie.

Éloge de J.-B. Vanloo et de Karl Vanloo,

CÉLÈBRES PEINTRES BELGES.

Des Rubens, des Van Dyck imitateur magique,
Ton nom, comme le leur honore la Belgique.
Vanloo, ton beau talent, si cher à tous les cœurs,
N'est pas moins précieux au gré des connaisseurs!
Les toiles que l'on doit à ton pinceau fidelle
Rendent ton nom célèbre et ta gloire immortelle!
Ton art sut captiver les regards d'un grand roi.
Mon admiration, me rapprochant de toi,
Auprès de tes tableaux me ravit et m'enchaîne;
Vers le sublime il semble avec toi qu'on m'entraîne!
Aussi lorsqu'il voulut encourager les arts,
Un roi sur tes chefs-d'œuvre abaissant ses regards,
D'un premier peintre en toi fit-il, dans sa sagesse,
L'heureux choix. Le ministre à toi qui s'intéresse
Te propose au monarque avec un doux souris;
Il parle, et tes travaux ont recueilli leur prix.
Mais sans te reposer au faîte de la gloire,

Ton cœur reconnaissant illustra son histoire ;
Par tes savants pinceaux tu l'a mis dans son jour,
Et les littérateurs l'ont tracée à leur tour.
Leur plume et la palette ont transmis avec zèle
De son règne éclairé la mémoire fidèle.
O Vanloo, tu n'es plus ! mais tes rares talents,
Malgré tes envieux, seront dans tous les temps
La gloire d'un pays, du Nord autre Italie,
Qui des arts fut toujours la mère et la patrie.
Ton nom reste à jamais et vit dans tes tableaux !
Et le jaloux renonce à ternir tes travaux !
Sans égaux, on te vit imiter la Nature :
Son nom vous enrichit, fastes de la Peinture !
Belges, il nous légua son héritage heureux,
Car son talent survit pour former nos neveux !
Notre postérité qui lira son histoire
Pour guides sûrs aura sa fidèle mémoire ;
Vingt chefs-d'œuvre brillants qui frapperont leurs yeux
Leur montreront comment on se rend glorieux !
Mais aux siècles futurs, dont la mort les sépare,
Ils laissent, les Vanloo, cet assemblage rare
De nobles sentiments, de talents, de vertus,
Qu'on ne voit pas souvent réunis, confondus !
Vanloo fut le modèle et du fils et du père,
De l'époux le plus tendre et de l'ami sincère.
Son fils, digne héritier d'un nom longtemps fameux,
Sous les yeux d'un grand roi, répondit à nos vœux.
Une famille artiste a gardé sa palette,
Elle a su remplacer le peintre qu'on regrette.
Disciples de leur père, et rivaux à la fois,
Plusieurs ont su répondre aux désirs de maints rois.

APOLOGUES, CONTES ET FABLES.

Tout est fable!

Tout est FABLE ici-bas, oui, tout n'est rien que FABLE !
Platon, ce philosophe au génie ineffable,
Le grand Léonidas, Scipion l'Africain...
Et que sont le Latin, le Grec et le Germain,
Le Gaulois, l'Espagnol?... races mortes et FABLES !
Qu'est donc la renommée aux cent voix variables !
Une FABLE vraiment ! chimère et vanité...
Tout est FABLE ici-bas : esprit, talent, beauté.
La femme, être parfois si tendrement affable,
L'homme même qu'est-il, si ce n'est une FABLE ?
Qu'est donc la Médecine? une FABLE vraiment !
Que sont tous ces Etats qui font notre tourment?
Ce sont FABLES toujours ! Et l'art et la science
Aux sentiments divers prouvant notre ignorance ?
Et la gloire qu'est-elle? une déception,
Un CONTE, une chimère, et pure illusion !
Et tous ces beaux discours si chargés d'éloquence,
Ces écrits de savants et de logiciens,
De rhéteur, d'antiquaire et de musiciens,
Ces travaux concernant l'algèbre et la physique,
L'astronomie enfin et la métaphysique...
Quel est de tout cela le résultat final?
Que tout est FABLE: tout, raison, plaisir, bien, mal.
Quant aux religions, aux sectes innombrables,
Même à l'éternité, quel vaste champ de FABLES !
Que de FABLES débite un grand prédicateur!
Que de FABLES nous livre et maint et maint auteur!
Les richesses de Rome, avec ses prélatures,
Ses honneurs, ses trésors, ne sont que FABLES pures!
Mais dans les lois, dit-on, rien ne sera suspect,
Car là tout est sacré, mérite le respect.
Halte là, droit et lois sont bien trop variables!
D'ailleurs, elles sont trop, en tout, partout semblables
Aux toiles d'Arachné prenant les moucherons,
Laissant les mouches fuir! Ainsi nous assurons

Que les lois comme tout ne sont que vaines FABLES,
Et source de procès, de chicanes damnables!
Aux universités, professeurs, auditeurs,
Cours et cahiers, tout n'est que fables comme ailleurs!
Enfin, en un seul mot, sur la machine ronde,
De fables en tous lieux se voit tout un vrai monde!

Les trois plaintes.

Un jour à l'Eternel les mortels se plaignirent,
   Et lui dirent :
« Vous nous avez donné le cœur pour nous aimer
Et vous bénir, la raison pour penser,
L'âme pour s'élever à votre connaissance
Par la force et l'éclat de notre intelligence,
   Mais à quoi bon
   Ce triple don?
Tout cela n'aboutit qu'aux soins, à la fatigue,
Et n'est pour la plupart qu'une source d'intrigue.
   Les animaux que voilà
   N'ont rien de tout cela ;
Ils vivent cependant, ils sentent, ils jouissent,
Rarement par l'envie on voit qu'ils s'avilissent.
Oui, nous serions sans doute plus heureux
   Si nous étions comme eux!
   Dieu, dans son indulgence,
Accomplit les souhaits faits par l'humaine engeance :
Les hommes sont réduits à l'état d'animaux.
   Mais bientôt, pour des griefs nouveaux,
Ils s'adressent au Dieu qui fit tant de merveilles :
« A quoi servent ces yeux, ces pieds, et ces oreilles,
Disent-ils ; tout cela fatigue extrêmement.
Les plantes n'en ont point et sont certainement
Plus heureuses que nous!... Si nous étions comme elles! »
L'Eternel répondit : « Vous allez être telles! »
Ils le sont, mais bientôt ils se plaignent à Dieu,
Disant : « Nous faut-il donc végéter en un lieu,
Dans la terre enfoncer des racines profondes,
Être en fleurs comme en fruits pour les autres fécondes ?

Les pierres sont des êtres plus heureux !
Jouir de leur bonheur, ce sont là tous nos vœux ! »
Dieu dit : « Je veux encore exaucer vos prières :
De plantes, vous allez enfin devenir pierres ! »
  Et le monde devint cette fois
  Une masse lourde, inerte et sans voix,
   Sans âme et sans intelligence,
   Roulant dans l'espace en silence.
  Sur cette masse, ô triste sort !
S'est assis le Génie ou l'Esprit de la mort !
Il en émane une vapeur humide, délétère,
  Qui consume et corrode la pierre,
   Et la dissout lentement
  Jusqu'à l'entier anéantissement !

Virginie, ou la vierge Ermite malade.

Tout être animé doit son tribut à l'amour,
   C'est la loi de la nature ;
Si de rares mortels cherchent par aventure
   A s'y soustraire quelque jour,
Ils en sont châtiés par mainte maladie.
Voici ce qu'il advint un jour à Virginie :
Cette gentille ermite, à l'âge de seize ans,
Cachait encore à tous ses doux appas naissants,
Et croyait pour toujours avoir dompté ses sens ;
Mais sa virginité lui causa grand dommage :
La maladie en elle avait fait maint ravage.
Les médecins disaient tous unanimement :
« Ma belle, le remède est de prendre un amant ! »
— « J'aimerais mieux mourir, dit aussitôt l'ermite,
Que perdre aux yeux de Dieu mon plus brillant mérite,
  Cette virginité, don le plus précieux
   Et certes le plus cher aux cieux. »
Les prières enfin, le désir de la vie
Décident notre belle à se la voir ravie,
   Cette pure virginité,
Par un adolescent d'une mâle beauté,
Aux formes, aux attraits vraiment dignes d'envie !

Ils se livrent ensemble au plaisir, au sommeil.
Comme on vit fondre en pleurs la belle à son réveil,
    On voulut faire cesser ses larmes
    Et mettre fin à ses alarmes
    En lui disant que Dieu pardonnerait
    Volontiers un péché secret
        Que la belle n'avait pu faire
            Afin de satisfaire
        L'aiguillon de la volupté,
        Mais pour recouvrer la santé !
« Ce n'est pas pour cela, dit-elle, que je pleure,
C'est pour avoir jusqu'à cette heure
        Différé ces divins plaisirs !
Notre humaine nature est encline aux désirs,
Et trop souvent la volupté du vice
Sur l'austère vertu l'emporte un cœur novice ! »

L'Œillet et la Rose.

Par un beau jour, dans un jardin,
Un Œillet coquet et badin
S'avisa de dire à la Rose
Tout fraîchement éclose :
« Les amours cherchent tes appas ;
Sans cesse on les voit sur tes pas,
Et moi, l'on me délaisse, hélas !
Et pourtant, ma brillante voisine,
Autour de toi plus d'une rude épine
Défend ta fleur des attentats. »
« Apprends, mon cher, répondit-elle,
Qu'à cette épine cruelle
Un vif attrait est attaché :
    Par une belle
    Un peu rebelle
Un cœur se sent plus vivement touché ! »

Plus d'une coquette habile
Par politique est souvent difficile.

La Vierge et la Rose.

La jeune vierge est semblable à la rose
Que, dans un beau jardin, sur son épine on voit
Seule, à l'abri, doucement qui repose.
Ni pasteur, ni troupeau, dans ce paisible endroit,
Ne la menace, et l'air et l'aube matinale,
L'eau de la terre, ou le vent, s'incline en sa faveur.
Dames et jeunes gens, sa grâce virginale
Vous touche ; autels, vieillards se parent de sa fleur.
Mais à peine arrachée aux tiges maternelles,
Se trouve-t-elle, hélas! loin de son beau cap vert,
Qu'autant qu'elle eut de faveurs solennelles
Des dieux ou des mortels, tout pour elle se perd!
Grâce brillante, éclat, vie et fraîcheur!
La vierge ainsi qui, d'une humeur volage,
De sa beauté laisse cueillir la fleur,
Se perd au cœur des amants avant l'âge!

Le Paysan, ses Fils et les Moineaux.

Un brave villageois depuis deux ou trois ans
Était sollicité par ses nombreux enfants
    De leur céder biens et richesse,
Moyennant quoi, dans leur tendresse,
Ils auraient soin de leur père toujours :
« Le brave homme à soixante jours
      Crut devoir ajourner
      Cette importante affaire,
Et pria ses enfants de bien examiner
      Tout ce qu'il allait faire. »
Il prit un nid de tout jeunes moineaux,
Les mit dans une cage, à l'air, à la fenêtre
Et fit voir à ses fils qu'à travers les barreaux
Père et mère venaient, veillant sur leur bien-être,

Ne les laissant manquer de rien.
Quand ces petits moineaux, entretenus si bien,
Devinrent grands, la liberté si chère
Leur fut rendue, et leur père et leur mère,
Pris à leur tour, vinrent les remplacer.
Mais de leurs vieux parents loin de s'embarrasser,
Loin de songer en rien à leur pâture,
Ils les laissèrent là mourir sans nourriture.
Le paysan alors s'adresse à ses enfants :
« Si tels sont des oiseaux si près de la nature,
Voyez ce que feront les fils pour leurs parents ;
  Car nous autres, tant que nous sommes,
Nous valons bien moins qu'eux, quoique nous soyons hommes. »

Thémis et la Toile d'araignée (1).

Aux feux d'un beau soleil, en un riant passage,
Où volait mainte mouche au splendide corsage,
  Dame Araignée un certain jour plaça
   Ses filets de toile légère,
Où la mouche se prit et le frélon passa.

Un pareil apologue est loin d'être un mystère :
Le sage Anacharsis nous l'expliqua fort bien.
Les filets sont les lois, où se prend d'ordinaire
Le criminel qui ne peut rien, n'a rien,
Tandis que l'homme riche ou puissant, au contraire,
A l'aide de son or ou de son grand crédit,
   Des lois se rit.

Les arbres choisis par les dieux.

Un jour, chacun des dieux prit un arbre en partage :
Alcide, au cœur si haut, voulut le peuplier ;

(1) On attribue à Anacharsis, qui vivait vers le milieu du sixième siècle avant Jésus-Christ, cet apologue antique où les lois sont comparées aux toiles d'araignées, qui ne prennent que les moucherons.

Du lierre par Bacchus fut choisi le feuillage,
Et Phébus-Apollon conserva le laurier.
Le puissant Jupiter, des dieux maître suprême,
Au chêne attribua l'empire des forêts;
Pallas de l'olivier fit l'agréable emblème
De la riche abondance et de la douce paix.
Quant au myrthe, il devint des amours le symbole,
Il fleurit, caressé, bercé par les zéphirs.
Aux malheureux amants, resta le triste saule,
Unique confident de leurs tristes soupirs.
Les oiseaux que retient sa flexible verdure
D'un si tranquille abri n'osent troubler la paix;
L'humble flot qui l'arrose, adoucit son murmure,
Et paraît en coulant exprimer des regrets.
Que l'on aime à le voir vers la rive chérie
Incliner son feuillage et ses souples rameaux,
Ainsi que l'on nous peint la plaintive Élégie,
Robe et cheveux épars, pleurant sur des tombeaux!
Saule chéri, sacré, le deuil est ton partage,
Sois l'arbre des regrets, des soupirs et des pleurs!
Comme un fidèle ami, sous ton discret ombrage,
Sers de refuge sûr et de voile aux douleurs.
Aux peines ici-bas c'est en vain qu'on espère
D'échapper, et l'on voit à la commune loi
Céder même ceux-là qu'un sort brillant, prospère,
Semblait à tout jamais, saule, écarter de toi!
Quel mortel ne voit pas, dans sa courte existence,
Disparaître un objet qui fut cher à son cœur?
Quel est l'homme ici-bas que la dure souffrance
N'ait jamais fait courber sous son assaut vainqueur?
O toi, crédule amant, qu'un doux lien engage,
Hâte-toi de jouir de ton bonheur d'un jour!
Si le MYRTE amoureux te prête un doux ombrage,
Dans peu de jours le SAULE! hélas! aura son tour!

———

Populus Alcidæ, laurus gratissima Phœbo,
Baccho sunt hederæ et Pallas exoptat olivam,
In sylvis dominans quercus placet Altitonanti;
At Veneris myrtus fit dulcis symbolum amoris.
Lenta et mœsta salix misero servatur amori!

Le Nègre.

Un jour d'hiver, un nègre ôte ses vêtements,
Prend de la neige et par maints frottements
Presse, agite son corps d'une façon étrange.
Que fais-tu là? dit-on. — Je veux que ma peau change,
Répondit-il, je veux n'être plus noir.
— Ta peine est inutile et n'aie aucun espoir,
      Lui dit un voisin sage :
      De la neige l'usage
   Que tu fais, la noircit, et ta peau
N'en prendra pas un teint ou plus blanc ou plus beau. »
  Ceci s'adresse à ceux dont la conduite,
    Au mépris des plus sages lois,
Finit par avilir les charges, les emplois,
Dont ils avaient à cœur une ardente poursuite!

Aux roses du vallon.

Dès l'aurore Zéphyr folâtre en ces prairies,
    Et s'enivre en buvant le miel
Des roses du vallon qui s'éveillent fleuries
    En regardant l'azur du ciel.
Comme nous, douces fleurs, elle s'est éveillée,
    Le cœur plein d'amour, un matin,
Et les pleurs dont sa joue était toute mouillée
    Arrosaient son cou de satin.
Adieu, roses! Jetez votre éclat au mystère,
    A l'ombre du bois verdoyant;
Si jamais elle passe en ce pré solitaire,
    Inclinez-vous en la voyant!

L'Esprit et le Bon-Sens.

Un certain jour on entendit
Le Bon-Sens et l'Esprit

Se disputer à qui sont les vrais avantages.
« Je suis le guide heureux, le père des talents,
A moi sont dus les honneurs, les hommages! »
Disait le fier esprit au bonhomme Bon-Sens.
« Guide obscur, incertain du stupide vulgaire,
A pas lourds, chancelants, tu rampes sur la terre,
　　Et moi, d'un vol sublime, audacieux,
　　　J'élève mon front jusqu'aux cieux !
　　Jusques au sein de l'auguste empyrée,
　　　Sur mes deux ailes m'élançant,
Je vais ravir aux cieux cette flamme épurée
Par qui l'homme est libre, noble et pensant. »
— « Cesse, dit le Bon-Sens, de vanter tes chimères,
Ton prestige embellit des rêves éphémères !
Mais ces illusions, ces grossières erreurs,
Ces mensonges hardis et ces fausses couleurs,
Se dissipent bientôt à ma vive lumière,
　　Disparaissant sous mon regard sévère !
Les mortels à ta voix pensent être des dieux,
Dans le vrai, dans le bon, je concentre leur être.
Si l'on voit par tes soins de rares talents naître,
Je fais plus, moi Bon-Sens, car je fais des heureux,

Muses dont le poète appelle les caresses,
Qui semez sur ses pas fleurs et vers renaissans,
Vous seules vous pouvez, belles enchanteresses,
Dans ses œuvres mêler l'esprit et le bon sens!

L'Amitié surprise par l'Amour.

Le tendre Amour, au sourire malin,
Abandonnant le doux sein de sa mère,
Un jour alla, d'un air calme et bénin,
Vers l'Amitié vraie et sincère.
« Ma chère sœur, lui dit le petit dieu,
Tu dois savoir tout notre empire ;
Tu sais qu'il n'est peut-être pas un lieu
Où quelque amant en secret ne soupire.
S'il est encor certains êtres mortels
Osant braver mon arc et ma puissance,

Sans redouter ma terrible vengeance,
Ils encensent les fiers autels.
Nous savons faire aimer, charmer et plaire,
Et nous verrons sans cesse sous nos lois
Sages et fous, peuples, princes et rois,
Si tu veux bien donner aide à ton frère...
Oui, chère sœur, vivons tous deux en paix!
Tous deux d'accord, en bonne intelligence,
De tous les cœurs, oui certes, désormais,
Nous bannirons la froide indifférence.
Unissons donc nos âmes pour toujours.
Loin de borner ta solide puissance,
Réduis, ma sœur, sous ton obéissance
Tous ceux qu'aura soumis ce tendre Amour.

Dès qu'il eut dit, d'Amitié la déesse,
En recevant de l'Amour la promesse,
Bénignement crut que l'Amour
En lui parlant n'usait d'aucun détour.
De l'Amitié sans nulle défiance,
Chèrement se paya la confiance :
D'une flèche Cupidon la blessa,
Puis dans les airs, souriant, s'élança!

Le billet de banque avalé.

Après avoir passé, selon ses vœux,
La soirée et la nuit en ébats amoureux,
Milord Richard Atkins déjeune avec sa belle.
« Mille livres sterling il me faut, lui dit-elle,
Pour payer mes bijoux! — Voilà pour les payer
Un billet de ce taux et pour ton bijoutier!
C'est tout ce qui me reste. — Ah! fit Fanny sur l'heure,
Entre une double tranche et de pain et de beurre,
Plaçant ce cher billet, dussé-je t'étonner,
Il ne suffit point, vois, pour un seul déjeuner. »
    Elle dit et l'avale!...
De cette histoire vraie écoutez la morale :
Phryné, par tous moyens, veut de nos jeunes gens,
Même des hommes faits, amoureux, imprudents,
Gâter l'âme et le cœur, surtout vider la bourse,
Au physique, au moral, les laissant sans ressource!

Une aventure de La Fontaine.

Ce fait assez plaisant, aventure certaine,
Est arrivé jadis à ce bon La Fontaine,
    Simple et sublime en tout!
  Il allait rassemblant partout
Mainte tête d'ancien, ou philosophe ou sage,
Qu'en petit bronze il désirait avoir :
C'était là son souci du matin jusqu'au soir.
D'un air très-affligé que montrait son visage,
    Il entre un jour, au désespoir,
    Chez madame de la Sablière,
  Et s'écrie, en sa tristesse amère :
    « Madame, oh! quel malheur!
    Oh! quel chagrin, quelle douleur!
    Quelle calamité sans pareille!
    Tout allait à merveille,
  MAIS AU FOUR, MON SOCRATE A COULÉ !
TOUT EST PERDU ! JE SUIS BIEN DÉSOLÉ !

D'un sage La Fontaine avait perdu le moule!...
Que de sages manqués aujourd'hui dans la foule!

La Rose et la Violette.

La Rose reprenait un jour la Violette
En lui disant : « Vous êtes trop discrète,
Ma sœur, vous qui cachez ainsi votre beauté ;
Personne ne vous voit sous cet épais feuillage,
Et vous ne vous plaisez que dans l'obscurité.
    Moi, je suis bien plus sage :
Au lieu de me cacher, je me produis au jour ;
  Mais aussi tout le monde m'aime,
    Ou me montre un amour extrême,
Et chacun vient ici pour me faire la cour. »
  « Il est vrai, dit l'humble Violette ;
Mais si j'ai peu de gloire et de célébrité,

                    Du moins je suis en sûreté
                    Dans ma demeure secrète ;
Votre éclat vous expose aux périls incessants
Des vents ou des insectes malfaisants.
Borée en un clin d'œil souvent vous défigure. »
La violette à peine a fini de parler,
            Qu'au loin on entend souffler
            Un vent dont l'effrayant murmure
                    Jette partout la terreur.
La Rose en vain voulut résister à sa rage ;
Rien ne put la soustraire ou souffle destructeur.
                Son humble et modeste sœur,
Bravant dans sa retraite et le vent et l'orage,
Avec son doux éclat conserva sa fraîcheur.

La rose par son sort nous apprend à connaître
Les dangers d'être vain, de chercher à paraître.

La Rose et le Pavot.

Dans un joli bosquet, un gentil papillon,
        Fatigué des rigueurs d'une rose,
Aperçoit un pavot, mais encore en bouton,
        Et sur sa tige il se repose :
        Il jouit... mais... ô trop cruels destins !
        La mort bientôt met fin à son ivresse !
Les pavots dans nos champs présentent leurs venins
Mais la rose protége et défend sa richesse !

Les Singes. — Allégorie.

Tous les gens d'un navire écarté par l'orage
            Dormaient paisiblement au bord
            D'une île déserte et sauvage
            Où les avait jetés le sort.

Des singes, habitants de l'île,
Tandis que tout était tranquille,
S'introduisent dans le vaisseau ;
Et là, cette gent libertine,
Fouille partout, pille et butine.
Chacun tire à lui son morceau,
Puis regagnant le bord de l'eau,
La troupe alerte et baladine,
De son brigandage nouveau
Fait l'usage qu'on s'imagine.
Sur ses pieds de derrière un d'entr'eux s'élevant,
Marche à pas grave et pédantesque ;
D'une morgue de juge et d'un air imposant,
Décorant sa face burlesque,
Il haussait la tête à l'évent,
Et d'une robe à longue queue
Traînante après lui d'une lieue,
Balayait le sable mouvant.
L'autre, le plumet sur la tête,
L'air étourdi, vif et mutin,
Leste et fort, contre son voisin
S'escrimait d'une longue brette.
Un autre, la palette en main,
A part, avec un ris malin,
Barbouillait sur une tablette.
Celui-ci faisait le poëte,
Et celui-là le spadassin.
Devant un miroir de toilette,
Rencontré parmi le butin,
Une guenon, laide, difforme et vieille,
Cherchait de petits airs fripons,
S'ornait de cent brimborions,
Se peignait le museau, s'ajustait sur l'oreille
Un moulinet et des pompons,
De crinoline essayait des jupons,
Et se trouvait ample et belle à merveille.
Mais ne voilà-t-il pas deux fous
(Tels que vous et moi pourrions l'être)
Qui lapident les sapajous.
Adieu Robin, Rimeur, Coquette, Petit-Maître !
Chacun d'eux se débarrassant
De son ridicule étalage,
Fut, hélas ! en disparaissant,
Regretté de tout l'équipage !

Les hommes extravaguent tous ;
Mais pourquoi leur jeter la pierre ?
Sans ridicules sur la terre,
Sages, de quoi nous divertirions nous ?

L'Imagination et le Bonheur.

L'Imagination, vive et pleine d'ardeur,
S'élançant pour courir au pays du Bonheur
Qui seul pouvait fixer son caprice volage,
Prit un jour le parti d'errer de plage en plage.
Elle court le chercher dans les jeux, dans les ris ;
Mais bientôt les remords, les ennuis, la tristesse,
La vinrent arracher à ses transports chéris.
Loin de se rebuter, bientôt elle s'empresse
   Vers le palais d' l'Ambition,
Pensant y satisfaire encor sa passion !
Mais là partout rien qu'ombre et que fumée,
Fantôme de bonheur et vaine illusion.
Enfin, dans le pays où trône la richesse
Elle voit l'abondance, elle voit la mollesse,
   Avec le plaisir enchanteur,
   Mais il y manquait le bonheur !
La voilà donc encor qui court et se promène.
Lasse des grands chemins, elle voit à l'écart
Un sentier peu battu qu'on découvrait à peine.
   Une beauté simple et sans art
De ce lieu solitaire était la douce reine :
C'était la Piété ! La voyageuse en pleurs
   Lui raconte son aventure.
« Il ne tiendra qu'à vous de finir vos malheurs :
Vous verrez le Bonheur, c'est moi qui vous l'assure.
Demeurez avec moi, s'il se peut, sans l'attendre,
Sans trop le rechercher, sans trop le désirer.
L'Imagination à l'avis sut se rendre :
Vers elle le Bonheur alla sans différer.

Le Pot de terre et le Pot de fer.

Quand, vil manant, un grand seigneur vous ruine,
Pour peu que vous fassiez une mauvaise mine,
  Il vous poursuit jusqu'en enfer!
Le plus prudent parti, c'est de vous taire.
  Ami, contre le puissant pot de fer
  Que peut le faible pot de terre?

Le Chiffonnier philosophe.

 Moi que l'on vit très-opulent naguère,
Aujourd'hui me voilà malheureux comme Irus!
 Mais aux chagrins je sais faire la guerre
 Et suis ainsi plus riche que Crésus.
Tel on vit un consul jadis au Capitole
  Préférer son toit casanier.
Pour moi, dès que j'ai vu se tarir le Pactole,
  Gaîment je me fis chiffonnier!
Je sais fort bien deviner au plus vite,
  Lorsque j'approche d'un palais,
 La qualité du seigneur qui l'habite
  Par les trouvailles que j'y fais.
Sitôt que mon crochet heurte, trouve ou rencontre
  Certain écrit peu délicat
Qui trop souvent plaide le pour, le contre,
  C'est le logis d'un avocat!
 Si j'aperçois, grâces à ma lumière,
  D'un intrigant solliciteur
  Trente placets pleins de poussière,
  Là doit loger un protecteur!
  D'un registre, une chose sacrée,
  Pour duper un pauvre rentier,
  Plus d'une feuille est déchirée!...
  Ici loge un banqueroutier!

Je découvre auprès d'une borne
Un plan fortement discuté
Contre un ministre qu'on flagorne :
Là doit loger un député !
Eh bien ! gaîment, la hotte sur l'épaule,
Je vis libre, mais sans éclat,
Et ne troquerais pas mon rôle
Contre celui d'un potentat !

La Statue orgueilleuse.

Une grande et superbe statue
En sa faveur était trop prévenue ;
On l'avait érigée au milieu d'un jardin.
Pour les autres, dit-on, elle avait un dédain
Qui choquait fort une de ses compagnes.
Elle lui dit : « Ma sœur, pourquoi cette fierté ?
Comme nous, au sein des montagnes,
N'étiez-vous pas un bloc informe et sans beauté ?
Je sais qu'étant plus exhaussée,
Vous paraissez bien plus grande que nous ;
Mais sans le piédestal où vous êtes placé,
Ne serions-nous donc pas aussi grandes que vous ?
Je veux encor qu'on voie en vous plus de finesse ;
Mais cette délicatesse
De traits qui vous font tant briller,
Vient de l'artiste auquel on vous a fait tailler.
De grâce, cessez donc de vous en faire accroire.
Le statuaire seul doit s'arroger la gloire
Que peut vous attirer une rare beauté ;
Oui, vous ne seriez rien de tout ce que vous êtes,
Si l'artiste n'eût pas eu tant d'habileté.
N'est-ce donc point un vol que vous lui faites,
Lorsque de son talent vous tirez vanité ?

L'Amitié horticole,

A M J. DE J. M. R. V. D. T. AU JOUR DE SA FÊTE.

Vous le savez, chère REINE-MARIE,
Je ne suis pas fleuriste, encore moins flatteur ;

Mon seul jardin et ma serre chérie
    Sont tous les deux dans mon cœur.
Les fleurs de l'amitié font toute ma culture;
    La serpe en main, je les épure
En tâchant d'élaguer les stériles rameaux
Qui désignent si bien les amis noirs ou faux.
La rigueur des hivers ne s'étend point sur elles,
Par mes soins incessants je les rends immortelles;
Elles n'ont pour éclat que la simplicité,
Et pour toute couleur rien que la vérité.
Elles ont un parfum d'une douceur charmante.
Reine, du meilleur cœur à vous je les présente;
Au gré de vos désirs, formez-en un bosquet!
Ainsi j'aurai rempli mes vœux et mon objet,
Si votre cœur aimant l'accepte et se contente
De ces emblèmes vrais d'une amitié constante,
D'une amitié qu'éprouva vingt-cinq ans
L'époux qui t'a fêtée en ces heureux instans !

Apologue moral.

Faire du bien, même à son ennemi,
C'est n'être pas généreux à demi.

D'une honnête famille un père bon et sage,
    Chargé de biens et d'ans,
    Voulait entre ses trois enfans
Des fruits de ses travaux faire un heureux partage.
Après en avoir fait trois justes portions,
A chacun assigné son lot, sa part égale :
« Si par un noble fait l'un de vous se signale,
Dit-il, par l'une au moins des belles actions
    Que l'on peut appeler généreuses,
Il aura dans trois mois un bijou précieux
Pour digne prix de ses vertus heureuses! »
    Aussitôt dit,
Les trois fils sont partis pour diverses contrées.
    Au temps prescrit,
Leurs belles actions par eux sont racontées.
Voici ce qu'à son père, à son juge, l'aîné

Exposait en substance,
Espérant que le prix lui serait décerné :
« Un étranger, mon père, en mon absence,
S'est trouvé dans une circonstance
Qui l'obligeait, sans contrats, sans écrits,
A me confier tout : biens, honneur et fortune;
De preuve du dépôt il n'en était aucune,
Mais très-fidèlement par moi tout fut remis! »
« Tu n'as fait, ô mon fils!
Répondit le vieillard, juge et père,
Que ce que l'on doit faire.
L'honnête homme peut-il en tel cas concevoir
Que juste probité ne soit pas un devoir? —
A son tour l'autre fils vient et plaide sa cause :
« J'étais au bord d'un lac : un enfant y repose
Sur le bord et s'y laisse tomber;
Il allait se noyer!
Je saute dans le lac, où je plonge et je nage,
Et ramène l'enfant à sa mère, au village. »
« C'est bien, lui dit le père, et ton humanité,
Quoique belle, n'est point la générosité! » —
Enfin, le dernier fils en ces termes s'exprime :
« Mon ennemi mortel au bord d'un sombre abîme
S'endormit,
Égaré dans la nuit.
Le malheureux en ces lieux qui sommeille,
Si tout à coup il s'éveille,
Disais-je, ne pourra manquer de s'y plonger.
Je l'éveille à l'instant et l'arrache au danger!... »
« Ah! mon fils, s'écria, dans son transport, le père,
Sur son sein le pressant,
Avec tendresse l'embrassant,
Je te dois le bijou, même en juge sévère!
Cœur héroïque et noble, Oh non! nul diamant
N'égale un trait si beau, ne vaut ce dévouement! »

RÉCIT HISTORIQUE.

Le cardinal de Richelieu et son lion.

Le fameux Richelieu, ministre et cardinal,
Avait apprivoisé le plus fier animal,

Un lion beau, mais terrible.
Ce roi des animaux, malgré son air horrible,
Couchait au pied du lit
De l'illustre Éminence.
Un jour qu'elle faisait sa sieste en silence,
Le lion vint et prit
La main du cardinal. Sa langue la mordille,
La caresse et la lèche tant,
Qu'elle s'enfle par le sang.
Le cardinal s'éveille et voit un œil qui brille
Comme jamais il n'en vit au lion !
Il juge le danger, a la précaution
De ne point retirer sa main aventurée,
Que l'animal aurait sans doute dévorée.
Il sonne, on vient; il dit : « Pour prévenir tout mal,
Qu'on brûle la cervelle au farouche animal ! »
Il fit bien, car l'odeur de la chair pousse au crime.
Sa popularité l'aurait rendu victime !

Fable d'un philosophe indien.

LA ROSE ET LE ZÉPHYR.

Une charmante Rose
A peine était éclose,
Que Zéphyr s'en approche et veut la caresser.
Mais la reine des fleurs, d'un air noble et superbe,
Repousse et précipite autour d'elle dans l'herbe
Le téméraire amant qui veut trop s'avancer.
A DEMAIN par pitié la Rose la renvoie.
« Avant DEMAIN, dit-il, il faut que je me voie
Vengé de tes rigueurs. »
Il eut raison. Flétrie et sans couleurs,
La Rose au LENDEMAIN perdit tout son empire.
En vain elle appelait le volage Zéphyre,
D'elle Zéphyr détournait son regard...
DEMAIN c'était trop tard !...

Quelle œuvre plus ardue
Que de chercher partout l'occasion perdue ?

EL BURRO FLAUTISTA,

L'Ane joueur de flûte (1).

Que ma fable plaise ou déplaise,
Je n'en vivrai, soit dit sans art,
Ni plus ni moins, fort à mon aise,
Si je la fis, c'est par hasard.

Un jour, auprès d'une prairie,
Verdoyant gaîment à l'écart,
Un jeune coursier d'Arcadie
Vint à passer par un hasard.

Une flûte tendre et légère
Sur l'arbre attire son regard ;
C'est là qu'une aimable bergère
Hier la laissa par hasard.

Notre âne l'aperçoit à peine
De son œil stupide, hagard,
Qu'il la flaire et de son haleine
Souffle sur elle par hasard.

Par l'haleine de ce beau sire,
Qui se glisse de toute part,
A l'instant la flûte soupire,
Module un beau son par hasard.

« Oh ! dit le baudet qui s'admire,
Oui, j'en sais toucher avec art !
Quel pédant viendrait encor dire
Qu'un âne est artiste au hasard? »

Ainsi, sans talent, sans génie,
Parfois d'Apollon un bâtard
   (Un maître sot, bavard)
Fait un, deux vers pleins d'harmonie,
Mais il ne les doit qu'au hasard !

(1) Cette fable est le chef-d'œuvre de Thomas Iriarte, le plus grand fabuliste espagnol.

Le vieux Moucheron.

Par un beau jour, le peuple moucheron
    S'assembla sur un champignon.
L'un deux, appesanti par la vieillesse,
    En ces termes à la jeunesse
    Adresse un beau discours :
« Jeunes gens qui voyez l'aurore de vos jours,
Suivez bien mes conseils : soyez prudents et sages,
Que les vertus toujours aient vos hommages !
    Le ciel vous récompensera,
    Ou sinon il vous punira.
    Croyez-en mon expérience,
    Mon âge et ma prévoyance !
J'ai vu naître, moi, l'Aurore au sein de l'onde,
Et je vois aujourd'hui venir la fin du monde !... »
Le moucheron alors se met à voltiger...
Et c'est la nuit que l'on voit s'approcher !

Le Chat dévorant une pie pour une souris.

Par une belle nuit, un de ces gros vieux chats
    Qui protégent contre les rats
Nos lares, si l'on veut, notre humaine demeure,
    Prit pour une souris,
    La dévorant sur l'heure,
Une pie ; et cela, n'en soyez point surpris,
    Lui coûta cher. La vie,
    Après d'horribles maux, je crois,
    Lui fut cruellement ravie ! —
De Némésis ici qui ne voit point les lois ?

La Fauvette.

Sur la cime d'un haut peuplier
    Une fauvette inexpérimentée
Avait placé son nid : bientôt un épervier
    Fondit sur sa couvée.
Au pied de l'arbre, une autre année,
Elle fit ses petits ; mais, ô cruel destin !
Des reptiles impurs ont dévoré soudain
Ces tendres fruits du plus doux hyménée,
    Qui ne vécurent qu'un matin.
Par ses malheurs l'oiseau rendu plus sage,
Au beau milieu de l'arbre, et sous l'épais feuillage,
Va déposer ses œufs, et là, tranquille enfin,
La fauvette jouit des douceurs du ménage.

Qui sait se contenter d'un modeste héritage
    Vit paisible, heureux et content.
    Du premier ni du dernier rang
    Le vrai bonheur n'est le partage.

Le Renard et la Fortune.

Un vieux renard, blanchi dans le péché,
    Après avoir partout rôdé, cherché,
    Escaladé force murailles,
Finit par étrangler bon nombre de volailles.
« Il était temps, dit-il, car je puis soutenir
Que si renards entendent leurs affaires,
De la part des fermiers on ne leur en doit guères.
C'est une tyrannie à n'y pouvoir tenir !
    Si je marche à la decouverte,
Cent piéges sont tendus au long de mon chemin
    Par le paysan inhumain !
Si je trouve une porte entr'ouverte,

J'y rencontre un énorme mâtin
Qui jamais ne clôt sa paupière,
Ameute valet, chambrière,
Contre moi de tout côté.
Puis, à peine arrêté,
On m'échine, on m'assomme,
N'eussé-je rien emporté.
Dieu ! que je suis éreinté !
Mangeons et puis faisons un somme.
Que d'autres renards, à leur tour,
Aillent chercher fortune ;
Puisqu'aujourd'hui j'en tiens une,
Je m'en régale, et sans détour,
Je dis : Vivons au jour le jour !
Il sera temps, je pense,
D'être inquiet, prudent,
Quand je n'aurai plus rien à mettre sous la dent.

Le vieux Montaigne aussi narguait la prévoyance,
Car le mal, selon lui, vient toujours assez tôt,
Et c'est souffrir plus qu'il ne faut
Que de souffrir déjà d'avance.

Le Perroquet et les Enfants.

Un perroquet vivait au sein d'une famille
Qui s'efforça d'en faire un orateur ;
Dans l'art de l'éloquence il eut pour précepteur,
Au lieu d'un lourd pédant, une charmante fille.
Sous un tel maître, il eut un succès tel,
Que son babil fut éternel.
Le père, à son lever, fatiguait son oreille
D'une leçon de latin ou de grec,
Et chaque mot qui tombait de son bec,
Au dire de la sœur, était une merveille.
Pour infuser quelques grains de bon sens
Dans le cerveau de ses enfants,
Le père un jour leur dit : « J'admire l'éloquence
De votre perroquet ; mais pour moi sa science

Est encore à l'état de simple préjugé ;
Il faut que devant vous il soit interrogé.
Le parleur veut en vain montrer son savoir-faire.
Sans doute il eût bien mieux fait de se taire,
Que de répondre blanc quand on lui parlait noir,
De montrer sa sottise au lieu d'un vrai savoir.
Comme on se l'imagine, en cercle la famille
   D'une telle stupidité rit ;
Mais le frère et la sœur étouffent de dépit.
  Pour apaiser et son fils et sa fille,
   Le bon père leur dit :
 « Cette leçon pourra vous être utile.
 Maint perroquet malappris, inhabile,
   A parler toujours prêt,
Bavard comme le vôtre et non moins indiscret,
  Par son babil montre son ignorance,
Dans ce bas monde, où des sages aux sots
   Presque toujours la différence
Est d'écouter, se taire ou parler à propos.

Le Coq et le Renard.

  Un jour, un des plus fins renards
  Allait rôdant de toutes parts,
Espérant rencontrer dans cette course errante
De quoi remédier à sa faim dévorante.
Sur un arbuste il voit reposer un coq gras.
Il le prie à l'instant de descendre plus bas
   Pour entendre sa voix si belle.
  Le coq, oh ! la sotte cervelle !
Vient auprès du renard, qui lors lui parle ainsi :
« Tu sembles enroué, cher coq, ô mon ami !
« Écoute-moi, bientôt, d'une voix sans pareille,
  « Par tes chants tu feras merveille !
  « Mais un moment il faut fermer les yeux,
  « Puis, quels accents, quels sons délicieux !
La proposition au coq semble acceptable.
« Grand merci, ta leçon, dit-il, m'est agréable. »
Il ferme alors les yeux et se met à chanter
Pour que maître renard là reste à l'écouter.

Mais tandis que chantait cet animal stupide,
Les yeux clos, le renard, d'un bon repas avide,
Grâces à cette ruse, au coq put s'attaquer
A son aise, et sans sel le manger, le croquer.

Tant de fois faut-il donc de même que l'on voie
Des fourbes l'ignorance être ici-bas la proie!

La Violette et la Rose.

Charmante fille du printemps,
Timide amante des bocages,
Ton parfum te révèle à nos sens,
Car tu sembles fuir nos hommages.
Pareille au discret bienfaiteur
Dont la main secourt l'indigence,
Tu nous fais du bien de bon cœur
Sans en vouloir de récompense.
Sans apparat et sans flatteur,
Tu vis à l'oubli condamnée,
Et l'œil encor cherche ta fleur
Quand l'odorat l'a devinée.
Pourquoi tes modestes couleurs
Au jour n'osent-elles paraître?
Auprès de la reine des fleurs
Crains-tu de t'éclipser peut-être?
C'est à tort, car près de Vénus
Les Grâces nous plaisent encore;
On aime à voir briller Phébus
Après les doux feux de l'Aurore.
Que te font les succès d'un moment
Qu'obtient la rose purpurine?
Tu n'es pas la fleur de l'amant,
Mais aussi tu n'as point d'épine.
Tu dois au moins avec ta sœur
Entrer dans le galant langage!
Si l'amour t'a prise pour sœur,
De l'amitié deviens le gage.

Sois la reine de ces bosquets!
Tu les embaumes, fleur chérie!
Heureux qui répand ses bienfaits,
Comme toi dérobant sa vie!

Les Guêpes et le Collégien.

Un écolier, sans faire attention,
Près d'un essaim de guêpes malfaisantes,
A l'heure de sa récréation,
Cherchait des fleurs, des simples et des plantes.
Tout à coup sur les lèvres charmantes
De ce jeune garçon
L'un de ces animaux distilla son poison.
Je vous laisse à juger la colère subite
De l'élève qui jure et fait vœu
D'exterminer par le fer, par le feu,
D'insectes vils une race maudite!
« Oui, tout entière, elle sera détruite
Ici-bas! disait-il; oui, ce serait en vain
Qu'on vous chercherait demain! »

Cette harangue d'épopée
Touchait à peine à sa fin,
Que déjà du subtil venin
La douleur s'était dissipée.
Le jeune homme, oubliant ses maux,
Oublie aussi ces pauvres animaux,
Et changeant de discours, de langage,
Court se livrer aux plaisirs de son âge.

Des traits malins d'un critique méchant,
D'un sot, d'un envieux, rions à gorge pleine!
D'une guêpe souvent c'est la piqure vaine,
Une douleur qui fuit en un instant!

L'Aigle et le Limaçon.

Un aigle un jour, rentrant dans sa maison,
      C'est-à-dire dans son aire,
      Y trouve un vilain limaçon.
« Malheureux, lui dit-il, comment as-tu pu faire
      Pour t'élever si haut?
      La limace aussitôt
Lui répond : « J'ai rampé ! Voilà toute l'affaire ! »

Que d'intrigants, de chefs, de directeurs,
De ministres, ou de coureurs de place,
Sont arrivés aux prétendus honneurs
Où leur orgueil fait si sotte grimace,
En imitant la hideuse limace?

La tour de Pise.

IMAGE ALLÉGORIQUE DU GOUVERNEMENT PONTIFICAL (1).

Vois de Pise là-bas cette tour cylindrique
D'un édifice saint, cathédrale gothique.
Tu l'admires de loin s'inclinant tellement
Qu'on dirait qu'elle va tomber dans un moment.
C'est là sans aucun doute un admirable emblème
De ton gouvernement, ô pontife suprême !
Il semble faible, car nul n'en sait les ressorts.
Toujours sa fin est proche, et pourtant peu d'efforts

(1) Cette pièce seule, entre cent autres, prouverait que l'auteur de ces vers est un de ces véritables poëtes inspirés, de ces *vates* ou poëtes de vins de l'antiquité. En effet, ce petit poëme a été écrit et imprimé 2 ans avant les dernières guerres d'Italie et la formation de ce récent royaume ou du nouvel empire italien enfin indépendant, si antique à la fois et si nouveau !!

Soutiennent ce pouvoir, ce trône catholique,
Faible et fort à la fois, rusé, fin politique.
Aux appuis incertains, ce hardi monument
Ne nous paraît debout que par enchantement.
Depuis maint siècle ainsi, sur leur fragile base
Sont demeurés sur pied tant de rois qu'on écrase.
Tant de gouvernements qui paraissent entiers
Ont dû céder au choc de leurs peuples altiers.
De révolutions nous vivons dans une ère
Où tout penche et s'incline au souffle populaire.
Comme la tour de Pise effrayant le passant,
Maint trône va crouler dans la boue et le sang !

Les trois Chansons.

Sur son trône un grand roi, d'une voix solennelle :
« Qui de vous nous dira sa chanson la plus belle, »
Dit-il aux ménestrels. Un jeune homme a fendue
La foule au même instant : son glaive est suspendu
A son côté ; sa harpe à la main, il s'écrie :
« — Moi, je sais trois chansons ! La première est la vie
De mon frère par toi, traître roi, mis à mort !
Tu l'oubliais peut-être ! oui, ce fut là son sort !
La seconde, au milieu de la nuit, moi, j'y rêve :
C'est qu'il faudra nous battre à mort sans nulle trêve ! »
— Alors le ménestrel sur la table plaça
Sa harpe, prit l'épée, et le roi commença
D'en faire autant. Tous deux avec un grand courage
Luttèrent ; mais le roi tomba sur le visage.
— Maintenant, écoutez ma troisième chanson !
La plus belle sans doute et dont l'aimable son
Ne me lassera point ! « Le monarque gisant
Sur son brillant parquet, se baigne dans son sang ! »

ANTHOLOGIE GRECQUE.

Ce mot qui en latin se traduit par celui de *Florilegium*, veut dire *choix de fleurs* ou *fleurs choisies*. Ce titre n'est juste que pour les plus belles épigrammes, que nous avons mises en vers latins et français. L'*Anthologie* entière est un recueil de tous les petits ouvrages de l'antiquité échappés à la barbarie des siècles intermédiaires, et publiés par Lubin, avec une traduction latine de sa façon. Tout y est pêle-mêle et sans choix. Ce sont des épitaphes sans nombre, des vers sur des villes, sur des fontaines, sur des statues de dieux, de héros..., dont le sujet mériterait l'attention de nos peintres et de nos sculpteurs.

Ce qui offre moins d'intérêt, ce sont ces nombreux petits poëtes qui s'égaient sur des *ex-voto*. A quoi bon pour nous ces vers sur l'offrande qu'un individu fait de ses instruments pour le vol, pour la chasse, pour la pêche? ou celle d'un enfant qui a consacré à Mercure ses jouets, son flageolet? A quoi sert l'éloge d'un cuisinier retiré?...

Malgré tant de superfétations, ce recueil est précieux. On y développe le goût de l'antiquité; on y voit, comme de nos jours, des hommes qui disent du mal des femmes, des débauchés impies, des philosophes raisonnables, des esprits forts, des gens à prétendus bons mots, ou de mauvais plaisants, des ivrognes, des amoureux...

C'est dans cette collection poétique qu'on voit surtout combien les anciens connaissaient cette partie si noble de l'âme, le sentiment! Mais outre celle dont nous avons parlé plus haut, il faudrait en élaguer celles dont le goût trop simple ennuierait notre vivacité moderne, celles dont l'obscurité ne peut se développer, comme ayant rapport à des traits mythologiques à nous inconnus, ou à des événements arrivés dans le siècle où elles ont été écrites. Plusieurs pièces ont des expressions trop libres pour notre délicatesse moderne; d'autres rendues mot à mot perdraient de leur grâce, chaque langue ayant ses tours propres. Les anciens songeaient plus à penser qu'à surprendre. Aussi n'observent-ils pas cette gradation d'idées qui nous fait mettre à la fin la plus agréable ou la plus vive. — Il faut cependant bien se garder de confondre l'*épigramme* moderne avec l'ancienne.

L'*Anthologie grecque* ressemble à une guirlande de fleurs choisies exhalant les parfums les plus suaves, offrant les couleurs les plus agréablement variées. Une charmante simplicité respire dans la plupart de ces *épigrammes* grecques. Elles ne roulent pas, comme les épigrammes latines et françaises, sur une pointe, sur des jeux de mots, sur des traits malins ou mordants : c'est presque toujours un tour vrai et naturel, un sentiment fin et délicat, une pensée heureuse et intéressante, exprimée avec une élégante précision, avec une touchante simplicité et une naïveté admirable.

ÉPIGRAMMES CHOISIES

de

L'ANTHOLOGIE GRECQUE

MISES EN VERS FRANÇAIS

PAR A.-J. BECART

Philippe sur la Médée d'un mauvais peintre ancien.

I

As-tu donc toujours soif du sang de tes enfants ?
Près de toi, vois-tu donc Médée à tous moments,
Ou Créuse, ou Jason, renaissant à l'envie,
Pour repaître ta haine, assouvir ta furie ?

II

Nul homme n'est heureux sans un dieu qui l'éclaire.
LUCIEN.

III

Celle dont cette pierre offre la sépulture
Par un seul homme a vu dénouer sa ceinture.

IV

C'est derrière le Tigre aux flots impétueux
Que gît ce Julien, bon roi, guerrier fameux.

V

La sagesse et l'amour, si différents entr'eux,
S'accordent en un point : ils font des malheureux.

C'est ainsi que l'on voit le farouche Hippolyte,
       Victime de sa chasteté.
Succombant aux fureurs d'un amour rebuté,
Au sein du noir Pluton Phèdre se précipite.

VI

L'homme est fait pour penser, mais dans tout ce qu'il pense,
       Que d'erreurs et d'inconséquence !
Quand il est fatigué des longs travaux du jour,
De la paisible nuit il attend le retour
Pour goûter du sommeil la douceur infinie.
Et ce même mortel redoute le moment
Du sommeil éternel qui l'enlève au tourment,
Aux peines, aux travaux, aux tracas de la vie !

VII

Vers Rhode un certain jour voulant faire un voyage,
Quelqu'un interrogea l'olympique devin,
       De le bien faire afin d'être certain.
L'astrologue lui tint à peu près ce langage :
« Montez un vaisseau neuf et par un temps serein.
       Tout vous sera d'un bon présage,
       Si vous pouvez naviguer au printemps
       Et vous soustraire aux pirates brigands.
                    Liv. II. Nicarque.

De Lucillius. — (Aux avares.)

VIII

Trasimaque, d'où vient, dis-moi, cette tristesse ?
On t'a volé !... Voyons ! Pour amasser sans cesse,
       De vils habits on te voit revêtu ;
Du pain sec et de l'eau, voilà ton ordinaire !
Mais tu peux faire encor pareille bonne chère,
Il est donc clair que tu n'as rien perdu.

IX

L'avare Hermon, dans un songe agréable,
Avait fait tous les frais d'un splendide festin.
L'instant de son réveil décida son destin.
D'un tel repas il crut le songe véritable
       Et se pendit de regrets, de chagrin !

Épitaphe de Callimaque, pour son père et pour lui.

X

Passant, vois sous tes pieds ce marbre funéraire !
Le fils de Callimaque y gît avec son père.
Tu vas d'un même trait les voir dépeints tous deux :
Par ses armes mon père illustra sa patrie,
Et la gloire du fils ne put être flétrie
Par d'envieux jaloux, car l'enfant généreux
A qui les Muses font mainte douce caresse
S'en voit encor chéri, même dans sa vieillesse !

Le cataclysme d'Éphèse.

XI

O nuages de l'air, par quel fleuve nourris,
Avez-vous dans la nuit tant de lieux engloutis,
Tant de riches maisons, de luxe, d'opulence,
Et fruit d'un si long temps, une richesse immense ?
Oui, de l'Asie, hélas ! la plus belle cité,
Cette fameuse Éphèse, hélas ! a subsisté !...
Ses restes, ses débris s'écoulent dans les ondes
Pour aller se jeter au sein des mers profondes !

Impunité des parricides, attribuée à Jupiter.

XII

Si nous voyons parfois un parricide heureux,
Nous croyons de Jupin que tels furent les vœux.
N'a-t-il pas fait périr Saturne, son vieux père ?
Mais il a des géants puni la race entière !

De Bianor.

XIII

Un fils voyant un jour, par le fleuve entraînée
L'urne qui renfermait la dépouille sacrée

De son père, voulut au moins sauver ses os
En se précipitant de suite aux sein des flots.
Après avoir sauvé les restes de son père,
Il se noie auprès d'eux, par un destin contraire.

Épitaphe de la mère de deux jumeaux.

XIV
De son époux-amant Lucile si chérie
   A deux jumeaux un jour donna la vie...
   Et la perdit en même temps !
Aux époux le Destin partagea les enfants :
Dans la tombe l'un deux suivit bientôt sa mère,
Mais l'autre survécut pour consoler son père.

XV (1).
O toi qui composais, au printemps, dans tes veilles,
Des hymnes aussi doux que le miel des abeilles !
Toi dont la voix si pure, aux sons mélodieux,
Egalait les accents du cygne harmonieux,
La Parque, du Destin arbitre souveraine,
Parmi les flots de morts, en sa fatale haine,
Te jette en l'Achéron, noir fleuve des Enfers.
Erinne, — la beauté suprême de tes vers
Nous le fait croire au moins, — tu respires encore,
Et par toi des neuf Sœurs le chœur savant s'honore !

XVI
Ce sont là les travaux d'Erinne et ses doux chants,
Peu nombreux ; mais l'auteur mourut à dix-sept ans.
Vierge-poëte, ah ! si Pluton ne t'eût ravie,
Que ta gloire eût grandi, défiant toute envie !

XVII
De la virginité, cette vertu si pure,
On fit avec raison un honneur, un trésor ;
Mais ce bien précieux et qui vaut mieux que l'or,
Ce bien est-il conforme aux vœux de la nature ?
Si chacun à son gré se livre à cette erreur,
Que devient ici-bas l'œuvre du Créateur ?

(1) C'est à Erinne que s'adresse cette belle épigramme, ou plutôt cette fleur de l'Anthologie, que nous reproduisons ici en vers français. Elle avait composé 300 pièces de vers, et elle mourut à 17 ans ! Elle était contemporaine et amie de *Sapho*.

Oui, pour fuir l'adultère où le vice t'entraîne,
Prends femme, et prends ainsi soin de la race humaine.

XVIII

Sotte et prude à mes vœux n'auront guère de part :
L'une cède trop tôt, l'autre accorde trop tard.

XIX (1).

Urne, qui renfermes ma cendre,
Dis aux passants qu'au Styx j'ai dû descendre,
   Ravi par l'implacable mort,
Au moment où l'hymen avait uni mon sort
   A celui de l'amant le plus tendre !
Dis-leur qu'après un si grand revers,
Mon père vit en proie à la peine ennemie,
   Et que la jeune Érinne, mon amie,
   Pour ma tombe a tracé ces vers !

De Palladas. — Fierté des mortels.

XX

Que dois-je donc penser de ces êtres profanes
Que l'on voit respirer, agir et se mouvoir ?
Leur force vient de l'air qu'ils ont pu recevoir,
Qui, respiré par eux, fait agir leurs organes,
Et leur vie, en un mot, n'est qu'un souffle léger.
Comprimez de vos doigts ce qui contient cet air,
Vous en ferez sortir ce que l'on nomme une âme.
Voilà l'homme ! et pourtant, de lui-même enchanté,
Il se croit important : un vif orgueil l'enflamme,
Lui qui n'a pour soutien qu'un peu d'air dilaté.

XXI

Du mortel qui subit le joug de l'hyménée
   On rit, on plaint sa triste destinée !
Mais souvent le railleur, après quelques delais,
   Tombe pris aux mêmes filets.

XXII

Contre l'amour on a plus d'un remède,
Le temps surtout est d'un très-grand secours ;
Mais si le temps ne vient point à notre aide,
Au jeûne austère on doit avoir recours.

---

(1) C'est à la fameuse Erinne qu'on doit la célèbre épitaphe de Baucis.

Contre l'amour s'il ne peut nous défendre,
Nous n'avons plus qu'un parti : de nous pendre !
XXIII
J'admirais des débris de marbres et d'images,
Antiques monuments de ces pieux hommages
Qu'Alcide avait de vous, religieux mortels.
L'homme méprise donc, Hercule, tes autels ?
« Non, dit-il en riant : puisqu'ici-bas tout change,
      Comment peux-tu trouver étrange
Que le destin du monde atteigne aussi les dieux ?
Le culte, les autels sont les œuvres des hommes ;
Rien ne peut altérer notre être glorieux.
      Mais tout immortels que nous sommes,
Comme, même envers nous vos cœurs sont inconstants,
Pour ce qui tient de vous, nous dépendons du temps.

Sur les offrandes. — De Léonida.

XXIV
Qui donc a fait ces dons au plus guerrier des dieux ?
Ces signes de trophée à Mars sont odieux.
Quoi ! ce casque brillant et ce bouclier sans tache,
Cette lance qui luit, voilà ce qu'on attache
A mes autels !... Hélas ! un si honteux affront
M'accable de sueur, me fait rougir le front !
Qu'on aille orner ainsi le lit d'une épousée,
Qu'on aille de ces dons parer un gynécée !
Mars veut être embelli de glaives rougissants,
De lances en éclats, de cadavres gisants !
XXV
Moi qui fus invincible en mainte horrible guerre,
La maladie, hélas ! ne me respecte guère.
Perce-moi donc ce cœur, victorieuse épée,
Que comme un ennemi, ma douleur soit frappée !
XXVI
Ce n'est plus seulement aux champêtres travaux
Que nous servons, nous bœufs, nous tirons les vaisseaux !
Ouvriers de la paix, si cela continue,
Mer, tes dauphins pourront se joindre à la charrue !
XXVII
Je ne désire pas d'avoir des champs fertiles,
  Les trésors de Gygès ou ceux du roi Crésus :

Ces richesses pour moi sont des biens superflus.
Je ne veux que des biens utiles.
Trop désirer, ce n'est point mon défaut,
ET RIEN DE TROP. C'est le trop qu'il me faut!

XXVIII

Louez le Thrace, il n'est qu'un barbare à mes yeux.
Un enfant qui se montre à la clarté des cieux,
Naît chez eux en causant des pleurs, de la tristesse;
Pour le mort des banquets et des chants d'allégresse!
Les Thraces ont-ils tort? Tout n'est qu'affliction
Ici-bas : biens perdus, crainte, erreur, maladie...
En payant le tribut qu'on doit au noir Pluton,
On trouve le remède aux maux de cette vie.

XXIX

O faible race humaine, examine-toi bien,
Lamente-toi, gémis et pleure!
Apprends jusqu'à ta suprême heure,
Pour savoir que tu ne sais rien.

Hector.

XXX

O Grecs, par vous mon corps peut être déchiré;
Un lièvre insulte bien au lion expiré.

L'Enfer aux 300 héros spartiates.

XXXI

Quand ta barque, ô Caron, emportait aux Enfers
Tous ces trois cents guerriers de leur gloire couverts,
« C'est la flotte de Sparte, immortelle guerrière,
Qui jamais n'a connu de blessure d'arrière! »
Déposez tous soucis, livrez-vous au sommeil,
Chacun des fils de Mars à son père est pareil!

Le bouc et la vigne.

XXXII

Ronge-moi, tu le peux, mais à l'autel propice
Je fournirai pour toi le vin du sacrifice.

Jupiter et l'Amour.

XXXIII
« Je prendrai tous tes traits, » dit Jupin à l'Amour :
L'enfant dit : « Tonne et sois encor cygne en ce jour. »

XXXIV
« Petit fripon d'Amour, pour punir ta malice,
Je te prendrai ton arc, tes flèches, ton carquois. »
« Jupiter tout puissant, sont-ce là tes exploits ?
Tonne, et sur les humains que ton courroux sévisse ;
Pour moi, sans recourir à quelque trait nouveau,
Oui, tu redeviendras encor cygne ou taureau. »

XXXV
Vers le haut Hélicon la route est difficile,
Mais le plus doux nectar coule dans cet asile.
De la sagesse ainsi les chemins sont très-durs,
Mais des Muses là-haut sont les dons les plus purs. HÉSIODE,

XXXVI
Hier au soir Phillis me chassa de chez elle.
Dans le juste dépit d'un cœur infortuné,
Je jurai de ne plus jamais voir l'infidelle...
  Ce matin, j'y suis retourné !
     PAUL LE SECRETAIRE.

Un naufragé sauvé sur le cadavre de son père (1).

XXXVII
Sur les débris flottants de son malheureux père
La mort semblait tenir tout l'espoir de son fils.
Il a presque calmé, dissipé sa colère
  Par la tendresse de ses cris !
Ses petits bras d'enfant si bien entrelacés
S'attachent fortement aux membres froids, glacés
 Auxquels l'âme fut récemment ravie.
Ses cris et ses soupirs, quoique mal entendus,
  Semblent encor te demander la vie,
  O père, hélas ! qui ne vis plus !

(1) Miracle de piété paternelle, dit un commentateur.

Naufragus super paternum cadaver salvus enatans!

  Sur les restes flottants du père
  La mort tient l'espoir du fils,
  Et la tendresse de ses cris
  A presque fléchi sa colère.
  Ses petits bras entrelacés
  S'attachent aux membres glacés
  Dont l'âme vient d'être ravie,
  Et ses soupirs mal entendus
  Demandent encor la vie
  A son père qui ne vit plus (1)!

XXXVIII

Ibycus, dans une île, et loin de ta patrie,
Des brigands t'ont ravi tes biens avec la vie!
Mainte grue accourut à ta voix, à tes cris,
Seuls témoins de ta mort, aux lieux où tu péris.
Ce ne fut pas en vain que tu te fis entendre,
Car une peine horrible a su venger ta cendre.
Brigands, après un gain quelle est votre fureur?
Croyez vous donc toujours tromper un dieu vengeur?
Mais Ægysthe lui-même, assassin d'un poëte,
Des Euménides vit l'œil planer sur sa tête! ANTIPATER.

XXXIX

Louer avec plaisir sa femme est un fait rare :
La chérir constamment, c'est bien plus rare encor,
Car l'homme en ses desseins sera toujours bizarre.
Son épouse est charmante et c'est un vrai trésor;
Pourtant ce ne sont plus ses doux appas qu'il vante,
Il est épris de ceux d'une grosse servante! NICARQUE.

XL

O féconde et savante Hippocrène,
Hésiode, Pindare, Homère, Anacréon,
  Sur les bords de ta fraîche fontaine
  Se sont acquis un immortel renom.

---

(1) Cette épigramme a fourni le sujet de la fameuse ode sur l'Immaculée Conception, du père Larue, laquelle a remporté le prix à Caen, en 1670.

Un enfant de vieux vin me présente un flacon :
    Qu'on me critique, ou me badine,
    J'aime bien mieux cette liqueur divine
    Que toutes les eaux de l'Hélicon !   ANTIPATER.

Sur les encyclopédistes ou omni-savants.

XLI

Enfant de la folie, ignorant hébété,
Ne sachant rien à fond et plein de vanité,
Quand on veut discourir des lois de la grammaire,
    Tu parles des dogmes de Platon,
Et réciproquement, parle-t-on statuaire,
Ou peinture, il te faut nous parler de Zénon.
D'aucun raisonnement la suite nécessaire
Ne te plaît, et tu suis une route étrangère.
Parlons vrai tous les deux, soyons de bonne foi,
Tu sus effleurer tout, mais tu n'as rien à toi !

XLII

    On a peint Sextus trait pour trait ;
    Il semble et badiner et rire.
Mais le rhéteur Sextus se tait, ne sait rien dire ;
Serait-il le portrait vraiment de son portrait ?

Imitation. — L'homicide sauvé pour être pendu !

XLIII

    Un assassin reposait contre un mur :
Sérapis apparut, comme un Dieu secourable,
Et lui dit : « En quels lieux dors-tu là, misérable ?
    Va, fuis, cet endroit n'est pas sûr ! »
La frayeur le réveille ; il fuit, et le mur tombe !
« Je te promets, grand dieu, dit-il, une hécatombe,
A toi qui veux bien veiller sur mes jours !
Mais plus je m'interroge et plus je considère,
    Puisqu'un dieu vient à mon secours,
Le crime est un vain mot, un songe, une chimère ! »

La vie est une navigation périlleuse.

XLIV
Aux tempêtes la vie humaine est exposée,
Comme un vaisseau que bat la vague courroucée ;
Pour guide nous n'avons que l'aveugle destin,
L'Océan comme lui toujours est incertain.
L'un erre malheureux, l'autre joyeux surnage :
Le même sort, la mort, est pourtant leur partage.

XLV
Que l'on me fasse boire, ô Bacchus ta liqueur,
Pour que je chasse ainsi les soucis de mon cœur !

XLVI
Les hommes sont amis et gais, buvant le soir ·
Leurs rixes, le matin, font vraiment peine à voir.

XLVII
Vivons sans nous gêner et ne pensons qu'à nous !
Sur ce raisonnement, le brigand se replonge
Dans les vapeurs du sommeil le plus doux.
Sérapis reparaît, mais c'est toujours en songe :
Vil scélérat, » dit-il, ne te flatte pas tant !
Peux-tu croire du ciel la justice endormie?
　　Si j'ai voulu te conserver la vie,
« C'est pour te réserver au gibet qui t'attend !
　　　　　　　　　　(V. XLIII IIᵉ ÉPIGR.)

XLVIII
De Troie en un instant aux feux abandonnée
Les tristes citoyens fuyaient de toutes parts,
Quand, d'un pieux fardeau chargé, le noble Ænée
　　　　Traversa ses remparts,
Non pour fuir lâchement, mais pour sauver son père,
Préférant à son or une tête si chère.

Sur les femmes.

XLIX
A l'élément par qui tout ici-bas s'enflamme
Jupiter en courroux vint ajouter la femme ;

Des hommes ces deux feux ont causé le tourment!
Un jeune époux bientôt est un vieillard à plaindre!
Le premier de ces maux n'est pas le plus à craindre :
On peut bien le dompter, l'apaiser aisément,
Mais la femme est un feu qu'on ne saurait éteindre.
Elle et son triste époux sont rarement d'accord,
Leur lit eût-il l'appui de vingt colonnes d'or!

L

Toute femme est à craindre, ou modeste, ou coquette :
Telle est l'opinion du plus fameux poëte,
Et pour que son avis ne soit point combattu,
Il nous peint par le Grec le Troyen abattu.

LI

Pour vouloir soutenir une femme adultère,
Tous ces combats d'amants ou vaincus ou vainqueurs,
D'une femme assiégeant les vertus et les mœurs,
Tels sont les traits frappants que le divin Homère
    Avec éclat transmit à la postérité,
    Monuments éternels de cette vérité!

LII

Jamais un indigent ne vécut ou n'est mort,
Car d'un mort en vivant il a le triste sort!
Ceux à qui la fortune a donné la richesse
Doivent craindre ta faux, Mort cruelle et traîtresse!

Homère et les autres poëtes.

LIII

Tout cède à ta splendeur, soleil éblouissant!
De la lune tu rends le disque pâlissant.
Des Muses les enfants, ainsi, devant Homère,
Ne jettent qu'un rayon d'une faible lumière!

LIV

SAPHO, c'était mon nom. Dans mon sexe je vaux
Ce qu'Homère vaut seul entre tant de rivaux!

LV

Admirant de SAPHO l'art et le chant sublime,
Mnémosyne lui dit : Monte à la docte cime!

LVI

    Je suis mortel, tout me l'assure :
En naissant ce tribut se doit à la nature.

Mais vers les astres quand je dirige les yeux,
Mes pieds quittent la terre et j'ai le front aux cieux!

LVII

Démophile eut huit fils, et ce malheureux père
Dans un même combat vit finir leur carrière.
Plus fort que tant de maux, il arrêta ses pleurs.
Il prononçait, en proie à d'intimes douleurs,
Ces mots touchants encor pour toute âme attendrie :
« Ces huit enfants sont nés pour Sparte, ma patrie! »

DIOSCORIDE.

Variante.

LVIII

Démophile eut huit fils... cet infortuné père
Les a vus tous périr dans une seule guerre!
Son cœur fut au-dessus de si cruels malheurs,
Et lui fit arrêter le cours de justes pleurs!
Son âme grande, en ses transports s'écrie :
« Oui, ce fut pour toi, Sparte, ô ma chère patrie,
    Que je les fis élever! »
— Ces mots en lettres d'or auraient dû se graver!

LIX

L'ÉPIGRAMME, pour être une œuvre de raison,
    Ne doit guère avoir qu'un distique;
Un poëte bavard, qui trop longtemps s'explique,
Au lieu d'une épigramme a fait une oraison.

Sur le mariage.

LX

L'homme libre qui veut d'un second mariage
    Rentrer dans les liens
Est comme l'insensé qui, sauvé du naufrage,
Expose encor sur mer et sa vie et ses biens.

LXI

Je compare ce fou qui, sorti d'esclavage,
D'un second hyménée a repris les liens,

A cet autre imbécile échappé du naufrage,
Courant risquer encor son repos et ses biens!

LXII
Je voulais vous laisser sur les bords du Parnasse,
Piquantes fleurs, épigrammes, bons mots,
Qui m'avaient fait haïr de tant de sots!
Mais quand du Paphlagon je vois la sotte face,
Vers séduisants, je ne puis vous bannir,
A mon mal il me faut malgré moi revenir!

LXIII
Ton pied boiteux montre à l'extérieur
Ce qu'est ton âme ou ton intérieur.

LXIV
Ce n'est pas moi qu'on hait, mais ma misère extrême,
Jupiter mendiant serait traité de même!

Sur un homme à bouche malsaine.

LXV
En me donnant des baisers, Lycidas
Prouve qu'il me hait lui-même.
Il a beau me soutenir qu'il m'aime,
Il doit me le prouver en ne me baisant pas.

LXVI
Diodore un jour fit un miracle en peinture :
Tout le monde y trouvait sa figure,
Tous s'y reconnaissaient, s'y voyaient trait pour trait,
Excepté Ménodote; et c'était son portrait!

La mère d'un Lacédémonien.

LXVII
Lycus des ennemis évitait la poursuite :
Dans le sein de sa mère il cherchait son secours ;
Mais par elle aussitôt le fil de ses jours
Est tranché, de ces jours qu'une honteuse fuite
Avait voulu sauver! On dira : « Quel malheur
Pour elle! » et la patrie aura sauvé l'honneur!

Autre imitation.

LXVIII

Un fils, des ennemis évitant la poursuite,
Dans les bras maternels se sauve après sa fuite ;
Mais sa mère le tue et l'envoie aux enfers :
« Meurs, dit-elle, par moi, qui t'ai donné la vie,
Car tu n'es point mon fils, toi, dont le cœur pervers
N'a pu par son courage honorer sa patrie ! »

Sur la journée des Thermopyles.

LXIX

Tout menaçait les Grecs d'un destin déplorable.
Les Perses affrontaient ce peuple de héros :
De fantassins sur mer une troupe innombrable,
Des marins par milliers sortant de leurs vaisseaux,
Tous, par trois cents guerriers restés sur la poussière,
Se virent arrêtés dans leurs vastes projets.
De la Grèce vaillante inutile barrière,
Vous Océan, vous Mont, rougissez à jamais !

Sur Léonidas mort aux Thermopyles.

LXX

Xerxès, en contemplant ce héros plein de gloire.
Léonidas, percé de plus de mille coups,
Voulait, l'ornant de pourpre, honorer sa mémoire,
Mais l'ombre du guerrier apparaît en courroux :
« Point d'ornement d'un lâche et non pas de Bellone,
Dit-il ! mais d'un bouclier couvrez donc moi le corps !
Et quand je descendrai dans le séjour des morts,
On verra que je suis fils de Lacédémone ! »

Sur l'or. — De Palladas.

LXXI

Source de soins, d'alarmes, de douleurs,
Or, le dieu des humains, tes vils adorateurs,
Le désir de t'avoir est une frénésie ;
La crainte de te perdre est une maladie.
  Non, pour moi tu n'as point d'appas,
T'avoir est un tourment, comme ne t'avoir pas !

Pensée de Platon.

LXXII

Oui, tout l'or que l'on voit briller sur cette terre,
  Tout l'or que notre globe enserre,
Ne saurait point payer le prix de la vertu !

Sur Rome, par Alphée de Mitylène.

LXXIII

Jupiter, tu dois craindre une nouvelle guerre
Et chercher les secours que l'on peut te prêter :
  Rome, maîtresse de la terre,
  A le ciel à dompter !

La force de la vertu.

LXXIV

Crains qu'un sort trop heureux n'enfle ta vanité
Et ne fasse fléchir un jour ta liberté !
Mille vents incertains agitent notre vie,
A cents diverses lois elle semble asservie.
La vertu seule est ferme et domine le sort,
Elle seule conduit nos voiles à bon port !

LXXV
Je n'aime point le luxe et d'habits et de table ;
Des Muses je chéris le séjour délectable ;
Je hais le faste et tout inutile trésor,
Je sais vivre de peu, libre et content du sort.

LXXVI
Je n'ai plus de souci de l'espoir ni du sort,
Il m'est donné bientôt de pénétrer au port.
Plutôt que de plier sous la dure insolence
 D'un financier fier de son opulence,
J'aime mieux que le sort m'accable de malheurs,
J'aime mieux du destin supporter les rigueurs !

LXXVII
De tous tes biens apprends à faire usage,
Comme si tu devais mourir le lendemain ;
Ménage, comme si la mort dans le lointain
Te menaçait ! Un philosophe, un sage,
 Entre ces deux extrémités,
Jouit et met un frein à ses cupidités !

LXXVIII
Pauvre, je ris du sort. Je vins au monde nu,
Eh bien ! j'en sortirai comme j'y suis venu.

Sur la vie humaine.

LXXIX
Comment faire le choix d'un bon genre de vie ?
Les travaux du barreau sont toujours ennuyeux ;
Du ménage les soins sont bien souvent fâcheux.
Des voyages celui que possède l'envie
S'expose à rencontrer mille accidents divers ;
En risquant sa fortune au sein des vastes mers,
On est toujours en proie à mainte inquiétude.
L'hymen a ses chagrins. C'est une solitude
Qu'un triste célibat ! La saison des beaux jours
Est erreur ; la vieillesse importune toujours !
Ainsi donc, constamment le chagrin nous dévore
Dans tout état auquel on se croit destiné ;
Et de là je conclus qu'il vaudrait mieux encore
Ou mourir dès l'enfance, ou n'être jamais né.

La contre-partie, par Métrodore.

LXXX

Les travaux du barreau sont toujours agréables,
La gloire et la fortune en sont inséparables.
Notre maison nous offre aise, tranquillité;
Tout en satisfaisant la curiosité,
Le voyage nous charme et peut toujours instruire.
Pourquoi craindre? En tous lieux le sort peut tout détruire.
Pourquoi donc redouter les autans en courroux?
Les profits de la mer sont un attrait pour nous.
L'homme peut être heureux, quand c'est sa destinée,
Et roi dans ses foyers, au sein de l'hyménée;
Il y voit ses enfants, sa femme autour de lui,
S'occupant du ménage et chassant tout ennui.
Le célibat, pourquoi faudrait-il s'en défendre?
    N'offre-t-il pas toute la liberté
    A laquelle on pourrait prétendre?
La jeunesse a pour soi plaisir, force, santé;
La vieillesse pour fruit a son expérience.
A quelqu'état ainsi qu'on se soit destiné,
Nous pouvons soutenir qu'il est bon d'être né
    Et que tout ici-bas se compense!

LXXXI

Qui vit dans l'opulence et la prospérité
Voit s'écouler le temps avec rapidité;
Mais aussi s'enfuit-il avec moins de vitesse
    Pour qui languit dans la détresse.

LXXXII

Lorsqu'un mortel est devenu très-vieux,
Si pour vivre encor plus il implore les cieux,
Redoutant d'arriver à son heure dernière,
Il mérite de voir s'exaucer sa prière.

LXXXIII

Je ne suis qu'un roseau, qu'une plante inutile,
En figues, en raisins un arbrisseau stérile;
Mais un homme me prend moi, né sur l'Hélicon,
M'arrange, me polit, me tourne de façon
Que ma lèvre muette aisément a pu boire,
Pour me faire tout dire, une potion noire.

Paraphrase de la belle prière :

LXXXIV
« Que l'on t'en prie ou non, Jupin, fais-nous du bien,
Mais des maux qu'on voudrait n'accorde jamais rien ! »

LXXXV
Dieu sage et tout-puissant qui connais nos faiblesses,
Daigne aussi bien répandre tes largesses
Sur ceux dont la prière a supplié les cieux,
Que sur ceux qui vers toi ne portent point les yeux !
    Daigne surtout, ô sagesse sublime,
        Ne jamais accorder
Les maux qu'un insensé, ta créature infime,
        Pourrait te demander !

LXXXVI
Théodore est content en apprenant ma mort ;
Il le sera de lui, car tel sera son sort.
Il faut mourir, oui, tout nous en assure,
C'est un tribut que tous doivent à la nature !

LXXXVII
Tes forfaits peuvent fuir les regards des mortels,
Dieu connaît ta pensée et tes plans criminels !

Sur Hercule. — Traduit par Voltaire.

LXXXVIII
    Un peu de miel, un peu de lait,
    Rendent Mercure favorable.
Hercule est bien plus cher, il est bien moins traitable :
Sans deux agneaux par jour il n'est point satisfait.
On dit qu'à mes moutons ce dieu sera propice ;
    Qu'il soit béni : mais entre nous,
    C'est un peu trop en sacrifice.
Qu'importe qui les mange, ou d'Hercule, ou des loups ?

Imitation d'une épigramme grecque.

LXXXIX
Femmes ne sont pour hommes que tourment ;
    Certes, jamais les meilleures

N'ont eu que deux bonnes heures,
L'heure de noce et de l'enterrement.

XC

Élever des châteaux, couvrir de riches tables,
Faire l'amour, jouer gros jeu,
C'est par ces grands chemins, riants et délectables,
Que l'homme enfin n'a plus ni feu ni lieu.

XCI

Qu'un ennemi loyal et m'outrage et m'offense,
Par sa franchise même il me met en défense;
Mais que dire d'un cœur sans honte et sans pitié,
Qui pour mieux me tromper à tous mes pas s'attache?
Oui, le pire ennemi, c'est celui qui se cache
Sous les dehors de l'amitié.

XCII

Si quelqu'homme puissant aime la flatterie,
Par maint esclave il voit sa vanité nourrie;
Tout mortel raisonnable, ennemi des flatteurs,
S'en prend aux vils soutiens de ces adulateurs.

LE BYZANTIN.

XCIII

Des vils adulateurs, mortels, fuyons l'approche!
Ils nous feraient bien plus de maux
Que nos propres rivaux :
Préférons au flatteur qui cache nos défauts
Le sage ami qui nous les reproche.

Sur une nourrice tenant son enfant auprès de la statue de Médée.

XCIV

Nourrice, que fais-tu? Si cet enfant t'est cher,
Ne le repose pas près de cette statue;
C'est Médée... Et veux-tu qu'on t'aille reprocher
De confier ton fils à celle qui les tue?

XCV

Sois discret, c'est un don plus précieux que l'or;
La garde d'un secret vaut celle d'un trésor.

Le rat.

XCVI

L'avare Asclépiade, un jour, dans sa maison
Voyant un rat, lui dit : « Que fais-tu là, mon bon ? »
Le rat (1), EN SOURIANT, RÉPOND d'un air affable :
« Sois sans peur, car je veux ton logis, non ta table ! »

XCVII

Que ton nez au soleil se tienne,
Ouvre ta bouche en même temps,
Tu montreras l'heure aux passants,
Et tiendras lieu d'une méridienne.

L'Empereur Adrien à Hector.

XCVIII

Salut, fils de Priam, écoute-moi, mais sors
De l'abîme profond qui nous cache les morts !
Ilion est debout, ses fils ont la victoire :
Ta vertu les soutient ainsi que ta mémoire.
Va trouver de Thétis le fils impétueux,
De tous ses Myrmidons la race est avilie,
Dis-lui qu'ils ne sont plus et que la Thessalie
Gît sous le joug d'Ænée ou de ses fiers neveux !

Orphée.

XCIX

Par les Muses Orphée est placé dans ces lieux,
Depuis que l'a tué la foudre, ô roi des dieux !

---

(1) VARIANTE. SOURIT ET DIT (avec un de ces jeux de mots singuliers qui n'existent guère qu'en français.)

Ménandre.

C

Vois ce poëte au front sans cesse couronné,
La gaîté sur la vie a par lui rayonné.
Compagnon de l'Amour, Sirène du théâtre,
A ses drames il sut mêler tout jeu folâtre.

Aratus, l'auteur des Phénomènes.

CI

Ce livre est d'Aratus, l'ingénieux poëte
Par qui du ciel on a la science complète,
Soit des astres errants ou bien fixés aux cieux ;
Livre digne d'éloge, ouvrage précieux,
Car après Jupiter vient le puissant génie
Qui fait briller aux cieux des astres l'harmonie,
Par qui pour les mortels se révèle Uranie.

Aristophane.

CII

Lisez Aristophane, un célèbre poëte,
Du lierre il mérita de voir ceindre sa tête.
A ses livres on trouve un grand nombre d'attraits,
Mais on y sent aussi des pointes et des traits.
Il corrige les mœurs par sa prudence sûre,
Soit que de vous il rie, ô Grecs, ou vous censure.

Euripide.

CIII

Euripide, tu fus une gloire d'Athène,
Toi que l'on surnomma Rossignol de la scène,

Ton génie a su joindre aux tragiques portraits
La sagesse, de l'art rehaussant les attraits.

Vers touchants sur la tombe de Sophocle.

CIV
Croissez sur cette tombe, ô lierres toujours verts,
C'est celle de Sophocle, un maître en l'art des vers!
Que fleurisse partout la rose épanouie,
Que s'étendent les bras de la vigne assouplie!
Ci-gît ce fameaux sage à la bouche de miel,
Que les Grâces aimaient et les Muses du ciel.

Coupe ciselée représentant un Tantale.

CV
Moi qui jadis des dieux m'asseyais à la table
Et soulageais ma soif par leur nectar divin,
Malheureux aujourd'hui, ma lèvre cherche en vain
L'onde que boit sans peine un pâtre, un misérable!
Buvant dans cette coupe, apprends, faible mortel,
De l'indiscrétion le châtiment cruel!

Sur Vénus armée, à Sparte.

CVI
Minerve, un certain jour, voit Vénus sous les armes,
A la suite de Mars, au plus fort des alarmes :
« Cypris, en ce moment je viens te défier! »
Vénus riant, lui dit : « Laisse là ton bouclier...
Si je te surmontai quand j'étais seule et nue,
Sous les armes Vénus t'aura plus tôt vaincue. »

La statue de Mercure brisée.

CVII
Certain Grec à Mercure adressait son offrande :
Ce dieu de bois ne put répondre à sa demande.
L'adorateur irrité
Brise en éclats le dieu pour en tirer vengeance !
Mercure ainsi précipité,
De ses entrailles sort une richesse immense.
Le crime quelquefois a son utilité.

Offrande à Vénus.

CVIII
J'élève en ton honneur, ô Vénus, ton image ;
Peut-on d'une plus belle à toi faire l'hommage

Statue de Jupiter par Phidias.

CIX
Jupiter, pour offrir un modèle à tes yeux,
Chez les mortels est descendu lui-même,
Ou Phidias, c'est toi qui t'élevas aux cieux,
Afin d'y contempler la Majesté suprême !

Sur Platon.

CX
Dans ce tombeau repose un mortel inspiré,
Dont les hautes vertus animaient le génie ;
Sage fils d'Ariston, par le monde admiré,
Son mérite et sa gloire ont fait taire l'envie.

La passion de l'amour.

CXI

De Xantippe la voix, l'art, la douce éloquence,
L'œil lascif... C'est un feu qui commence
A me brûler; mais où, quand et comment?
Je ne sais. — Sache-le, malheureux, en aimant!

Même sujet.

CXII

Je la vis, je l'aimai, lui plus et fus heureux!
Où, quand, comment et qui? — C'est su, mais de nous deux.

Offrande du miroir de Laïs.

CXIII

Je le donne à Vénus, puisqu'elle est toujours belle,
  Il redouble trop mes ennuis :
Je ne saurais me voir, en ce miroir fidelle,
Ni telle que j'étais, ni telle que je suis. VOLTAIRE (1).

La courtisane Laïs à son miroir.

CXIV

De moi qui des amants dans la Grèce eus le choix,
Pour t'y mirer, Vénus, prends ce miroir fidelle;
Je ne m'y veux plus voir, ô déesse immortelle,
Ni telle qu'aujourd'hui, ni telle qu'autrefois.

---

(1) Quel dommage qu'un tel poëte n'ait pas mieux su le grec et n'ait traduit que 2 ou 3 de ces beaux petits chefs-d'œuvre épigrammatiques !

Sur une beauté rare.

CXV
Trois Grâces, deux Vénus, dix Muses sont connues :
Toutes sont dans Dercyle, en qui je les ai vues.

Épigramme trouvée sur une antique, chez l'historien de Thou.

CXVI
Heureux, trois fois heureux, si mon ardeur extrême
Peut trouver près de vous un tendre, un doux retour !
Mais si de votre haine est payé mon amour,
Jamais vous ne pourrez haïr autant que j'aime.

Anacréon. — Propos de table.

CXVII
Un buveur me déplaît, si quand je tiens en main
    D'un vin très-vieux mon verre plein,
Il me parle de Mars, des combats et des armes.
Mais j'aime ce mortel qui, mêlant les douceurs
De l'aimable Vénus aux présents des neuf Sœurs,
Des plaisirs les plus vrais me rappelle les charmes.

CXVIII
L'escamoteur Doclès un jour jeta la vue
Sur un beau vase d'or que Lysimaque avait.
A peine par Doclès la coupe est aperçue,
Qu'aux yeux du possesseur ce trésor disparaît.

Anacréon sur sa lyre.

CXIX
Je voudrais chanter les Atrides,
Je voudrais célébrer Cadmus,

Mais ma lyre aux cordes timides,
Chante seul l'enfant de Vénus.
En vain sur des cordes nouvelles
Naguère j'agitais mes doigts :
Sous eux elles furent rebelles ;
D'une autre lyre j'ai fait choix.
Je voulais du vaillant Alcide
Chanter les exploits à mon tour...
Mais cette lyre si perfide
Résonnait encor de l'amour !
Adieu donc, vainqueurs de la terre,
Adieu, guerriers et pour toujours,
Ma lyre fuit un ton austère
Et ne chante que les amours !

Effets du vin.

CXX

De Bacchus la douce présence
Vient endormir les noirs soucis,
Et rend la joie et l'espérance :
Du fier Crésus j'ai l'opulence,
Chantant l'amour, les jeux, les ris.
Lorsque j'ai ceint mon front de lierre,
Je brave la terre entière
Et marche l'égal des rois :
Qu'un autre ait une ardeur guerrière
Et coure aux armes... moi, je bois.
Que l'on me verse coupe pleine !
J'aime mieux être sur l'arène,
Couché dans de riants ébats,
Qu'au milieu de sanglants combats.

Épigramme de Paladas.

CXXI

« O vieillard décrépit, me dit femme ou fillette,
   Regarde bien ton âge en ce miroir ! »
« Eh bien, que mon cheveu soit blanc ou noir,
   Je ne suis plus à l'âge d'amourette.

Je vis enfin pour moi, coulant des jours sereins.
 Parfums, couronne, amis, liberté pleine,
Des plus suaves fleurs l'odeur douce et l'haleine,
Tout me rit, dans le vin en noyant mes chagrins. »

Une femme à son mari mort.

CXXII
 Reçois de ta chère moitié,
 Pour gage de son amitié,
Ces vers et ce tombeau que nul mortel n'envie !
 Ton épouse te doit bien cet honneur :
 Au suprême jour de ta vie,
 Luit le premier de son bonheur !

D'Agathias.

CXXIII
 A quinze ans Zélie était fière,
Trente ans n'ont point changé son cœur ;
 Elle a gardé l'humeur altière
 Qu'on lui connut en son printemps.
 J'en conclus que le caractère
 Ne change point avec le temps.

CXXIV
Némésis, Espérance, ô déesses des cieux,
Toi, tu viens limiter, toi ranimer nos vœux !

Vers d'Orphée sur Jupiter tout-puissant.

CXXV
Avant tout, après tout, de la foudre est le dieu,
Jupiter : c'est de tout la tête et le milieu ;
Il est le fondement de toute la nature.
Si Jupiter est l'homme, il est la vierge pure.
Jupiter est le souffle et le feu tout-puissant,
La lune, le soleil, l'Océan mugissant.

De tout il est le roi, le principe et le maître ;
Cachant tout dans son sein, à tout il donne l'être.
De son cerveau sacré tous les germes sont nés !
Lui seul nous rend heureux ou bien infortunés !

La vertu.

CLXVI

Ton père à ta vertu donne sa récompense,
Hercule, et le travail, source de gloire immense,
Après tous leurs efforts, fait des mortels des dieux.

Un enfant est plus cher à sa mère.

CXXVII

L'enfant est chéri de sa mère
Plus tendrement que de son père :
C'est que l'une sait qu'il est sien,
L'autre le pense et n'en sait rien !

Comparaison avec un passage de l'Odyssée.

CXXVIII

Ma mère m'a bien dit que mon père est Ulysse ;
Pourtant je n'en sais rien. Est-il quelqu'un qui puisse
Affirmer pour certain de quel père il est fils ?

CXXIX

Fils de Saturne, dieu sage dispensateur
De tous biens ici-bas comme du vrai bonheur,
Qui pourrait de tes faits retracer la mémoire ?
Qui fut, qui sera donc digne de cette gloire ?
Salut, père des dieux, salut ! Oh ! puisses-tu
Nous donner, dieu puissant, et richesse et vertu !
Où la vertu n'est pas, que pourrait la richesse ?
Sans l'opulence, à quoi peut servir la sagesse ?

Sur les bains de Pallas.

CXXX

Vous, aux bains de Pallas ministres préposés,
Minerve ne veut point de parfums composés.
Ne lui présentez donc nulle odeur, nulle essence,
Nul miroir. Dans ses yeux la grâce et sa puissance
Etincellent toujours. Et même sur l'Ida,
Quand de trois déités Pâris seul décida.

Sur Héraclite et Démocrite.

CXXXI

Héraclite, ces temps réclament tes douleurs !
Ils sont dignes surtout de larmes et de pleurs !
Démocrite, que tout soit l'objet de ton rire,
Car le rire aujourd'hui tient tout sous son empire !
Mais lorsque je vous vois, sombre et silencieux,
J'ai le rire à la lèvre et les larmes aux yeux !

Qui est homme?

CXXXII

Il est homme celui qui prie et croit en Dieu,
Celui qui n'a point peur quand tout tremble en tout lieu !
Dût tout crouler, jamais la Piété ne tremble !
Il est homme celui qui toujours prie et semble
Pour sa devise avoir : Liberté, vérité !
Rien ne peut renverser ce rempart redouté.
Il peut seul résister à toute force humaine
Qui contre lui toujours reste impuissante et vaine.
Il est homme celui qui sait aimer de cœur
Et d'un amour pieux et d'une sainte ardeur ;
Qui renferme en son âme un sublime courage,
Une force d'acier qui brise toute rage.
Il est homme celui qui pour la liberté
Sait mourir, pour le droit, et pour la vérité ;

Qui défend ses foyers, ses enfants et sa femme.
La force manque au cœur froid, égoïste, infâme.
Les actes d'un tel cœur ne sont le plus souvent
Que vanité, faiblesse, et semblables au vent!
Il est homme celui qui meurt pour sa patrie,
Pour Dieu, pour ses autels, sa famille chérie.
Son cœur, son bras, sa bouche et ce divin flambeau
Qu'on nomme âme, en lui sont fermes jusqu'au tombeau.

Le charme de la vie.

CXXXIII
C'est le foyer et la patrie
Qui font le charme de la vie.
Les autres soins pour les mortels
Sont source de souffrance et de soucis cruels.

Le héros de Sparte.

CXXXIV
Passant, va dire à Sparte au lieu où tu nous vois
Que nous sommes tous morts fidèles à ses lois.

La lyre de Pindare.

CXXXV
La flûte cède autant au son de la trompette
Que le cèdent au tien les chants de maint poëte.
Sur tes lèvres, oh non! ce ne fut pas en vain
Qu'on vit formant leur miel d'abeilles un essaim.
Le dieu du mont Ménal en mangerait peut-être;
Il laissa, t'écoutant, choir sa flûte champêtre.

Traduction exacte de la fameuse ode de Sapho à Phaon (1).

Heureux qui pour toi seul, et près de toi soupire (2),
Qui de ta voix entend les sons mélodieux,
Et peut te voir aussi doucement lui sourire !
    Il est égal aux dieux.
Je sens de veine en veine une subtile flamme
Courir par tout mon corps sitôt que je te vois ;
Je perds, dans les transports où s'égare mon âme,
    Et la langue et la voix !
Un nuage confus se répand sur ma vue.
Je n'entends plus. En proie aux frissons, aux sueurs,
Je tremble, et sans haleine, affaiblie, éperdue,
    Je pâlis, je me meurs (3) !

Hymne à Vénus par Sapho.

Immortelle Vénus qui, dans Cypre adorée,
Te plais à nous tromper, ah ! quitte tes autels ;

---

(1) Boileau a admirablement rendu les plus grandes beautés, mais tout en grands vers, de cette ode délicieuse. Les voici plus littéralement encore, en un mètre français plus analogue à celui de la sublime Sapho.

(2) Boileau traduit ainsi ce premier vers :

    Heureux qui près de toi, pour toi seule soupire.

Il y a dans ce vers une amphibologie singulière, surtout lorsqu'elle est échappée à un poète tel que Boileau. Sapho s'adresse à Phaon : il est évident aux mots *interdite, éperdue*, de la troisième strophe, que c'est une femme qui parle ; ainsi le mot *seule* n'est pas l'adjectif de *toi*, il se rapporte à la personne qui porte la parole ; mais alors cette phrase *heureux qui seule pour toi soupire*, est très-incorrecte !

(3) On s'apercevra facilement qu'en empruntant ce qu'il y a de plus beau, de plus poétique dans la traduction de Boileau, nous lui avons laissé son contresens de seul, ses *doux transports*, ses douces langueurs... qui ne rendent pas du tout le texte ou l'affaiblissent.

Viens apporter le calme à notre âme livrée
    A des chagrins mortels!
O déesse, ô Vénus, traversant l'empyrée,
A nos vœux tu daignas sourire maintes fois,
De ton père laissant, pour te rendre à nos voix,
    La demeure dorée.
Ton char rapide un jour s'offrit à maint regard,
Descendant promptement de la voûte azurée,
Traîné par des oiseaux que guidait avec art
    Ta main, ô Cythérée!
« Sapho, me disais-tu de ton accent flatteur,
Ma Sapho, d'un ingrat veux-tu, nouvelle amante,
Voir tomber le mépris, l'orgueil qui te tourmente,
    Et régner sur son cœur?
Va! qui fuyait tes pas bientôt suivra leur trace;
Qui dédaigna tes dons viendra t'en accabler.
Ton farouche ennemi, sollicitant sa grâce,
    Devant toi va trembler! »
Déesse, sauve-nous de ces traits qui nous blessent!
Tu vois que de tourments notre âme doit souffrir!
Venge-nous! Que les dieux cruels qui nous délaissent
    Se sentent attendrir!

Sommeil de Vénus?

Mars, trouvant Vénus à Paphos,
Couchée en son lit sur le dos,
« Voyons, dit-il, quittant ses armes,
Ce qu'elle a. Dans ce beau dessein,
Otant le voile de son sein,
Plus blancs que neige il voit ses charmes.
Sa main avec témérité
En palpe la rotondité.
Les trouvant fermes, il s'écrie :
« Dieux! quel beau sein à faire envie! »
Enivré de ces doux plaisirs,
Il forma de nouveaux désirs;
A chaque pas il fait rencontre
D'attraits cachés, d'attraits qu'on montre.
Dieux! quels baisers délicieux!
Vénus, toujours fermant les yeux,
S'arrangeait pourtant de son mieux.

Le guerrier habile en profite!
« O ciel! disait Mars, on s'agite,
En dormant on veut m'assister!
Voyons comment à cette scène
Mettra fin la belle inhumaine! »
A loisir il a pu fêter
Son sein, sa bouche et cætera;
Trois heures ce plaisir dura.
Vénus, à la fin se réveille
Et dit à Mars : « Quand je sommeille,
Pouvais-je donc vous savoir là (1)¿ »

Les femmes.

Source de plaisirs et de maux,
De transports d'ivresse et d'alarmes,
Passons aux femmes leurs défauts
Et jouissons de tous leurs charmes!
Convenons que tel qu'il est fait,
Le beau sexe est vraiment aimable,
Et peut-être que plus parfait
Il eût été moins agréable.
Je préfère au nectar des cieux
Baisers d'amour, lèvres de rose;
Le goût d'un fruit délicieux
S'y joint à la fleur fraîche éclose.
Voyez dans cet humble réduit
Cette beauté simple et touchante;
Rose qu'amour épanouit,
Elle me charme, elle m'enchante.
La femme est de mal et de bien
Vraiment un bizarre mélange;
Selon un poëte, elle tient
Du démon autant que de l'ange.
Vainement, hélas! s'en plaint-on!
Sur elle on déverse l'envie!
Comme l'amour, c'est un poison
Indispensable à notre vie.

(1) Cette pièce a été inspirée par la lecture de plusieurs jolies épigrammes de l'Anthologie.

Les professeurs, imité d'Honorius.

L'homme qui sait former les mœurs des jeunes gens
    Et s'applique à cette culture
    Suivant les vœux de la nature;
Celui par qui d'honneur germent les sentiments
    Dans la tendre jeunesse,
Et qui sait imprimer jusqu'au fond de leurs cœurs
    Les leçons de la sagesse,
Ce grand mortel, malgré la populaire erreur,
    Ne pourrait être assez loué!
Simple et sans fard, toujours on voit cet homme,
    Que trop peu l'on renomme,
    Au bien public tout dévoué!
Il méprise, il est vrai, le stupide vulgaire
    Qui le croit bien récompensé
    Par un faible salaire;
Mais lui-même il se juge en son cœur élevé!
    Quels mortels sont plus utiles
    Et font le bonheur des villes,
Que ceux qui dans tous lieux sèment le bien, le beau,
Et de la vérité font luire le flambeau?
    Tout leur bonheur et leur sollicitude,
    C'est de semer la science partout,
    De la sagesse et de l'étude
De répandre l'amour, la pratique et le goût!
Ces dignes professeurs sont les soutiens fidèles
    De tous Etats bien policés;
Ils forment, par leurs soins, des nations modèles,
    Des citoyens civilisés!
Ils te font naître ainsi, félicité publique,
    Par leur constant effort,
La science et les mœurs font de la république
    Un tout actif, bien uni, libre et fort!

Le baiser. — Épigramme de l'Anthologie.

D'une jeune beauté, le soir, la lèvre humide
Du nectar d'un baiser presse ma bouche avide,

Et le plus doux transport, dans ses bras caressants,
Vient enivrer mon cœur et séduire mes sens.

Le baiser et le sein. — Idem.

Oui, je suis fou de tes lèvres de rose
Où la plus douce éloquence repose ;
Savourant leur fraîcheur naturelle et sans fard,
Mon âme, s'y fondant, y puise le nectar !
Sous des sourcils épais, tes yeux où l'éclair brille,
Ont captivé mon cœur, tendre et charmante fille !
Tes mamelles que gonfle un lait pur comme toi,
Fermes, se joignant bien, me mettent en émoi.
A les voir, les presser, ma main sans cesse aspire ;
Plus que pour toutes fleurs, pour elle je soupire !

Dernières plaintes de Sapho.

Objet trop cher, objet de tous mes vœux,
Toi dont mon cœur a trop goûté les charmes,
Phaon, pourquoi te soustraire à mes feux ?
Ah ! viens au moins, viens recueillir mes larmes !
O mon amant, elles coulent pour toi !
Tristes effets de ma vive tendresse !
Oui, tout cruel que tu fus envers moi,
Mon cœur encore y puise de l'ivresse.
La nuit, le jour, en tous lieux, en tout temps,
Devant mes yeux, et surtout dans mon âme,
Ton image est le plaisir de mes sens
Et l'aliment d'une éternelle flamme.
Sur le gazon qu'avec toi je foulais,
En délirant je recherche tes traces ;
Mais ce gazon sans toi n'a plus d'attraits :
Oui, la nature elle-même est sans grâces !
Quand je chantais, ô tendre souvenir !
Mille baisers me marquaient ton ivresse ;
Ne puis-je plus aujourd'hui t'attendrir ?
Mes vers n'ont-ils plus rien qui t'intéresse ?

Fuis ce parjure, Amour, sois mon vengeur;
Haï de tous, qu'il n'aime rien lui-même.
Non, non, punis tous les torts de son cœur
En l'envoyant me répéter qu'il m'aime...
Mais je l'attends depuis longtemps en vain.
Loin de Sapho puisque Phaon demeure,
Flots bienfaisants ouvrez-moi votre sein;
Loin de Phaon, il faut que Sapho meure!

Prière de Cléanthe (1).

Père auguste des dieux, toi que sous tant de noms,
Jupiter tout-puissant, mortels nous adorons,
Salut, ô maître, ô roi de toute la nature,
Qui seul gouvernes tout avec règle et mesure!
Tu vois en nous ta race et permets aux humains
De tendre tous vers toi leurs suppliantes mains!
Ils ne sont que l'écho de ta voix éternelle.
Tout ce qui rampe ici, toute race mortelle
Peut t'adresser son hymne et peut lever les yeux
Vers l'Olympe brillant, jusqu'au maître des cieux,
Jusqu'à toi, dont le bras sur les têtes coupables
Peut lancer, quand tu veux, tes foudres redoutables.
Roulant autour de nous, ce monde entier ne suit
Que la voie où ta main puissante le conduit :
De la terre et du ciel modérateur suprême,
Cet esprit qui meut tout, grand dieu, c'est donc toi-même!
Rien sans toi ne se fait aux cieux ou dans les mers,
N'existe parmi nous, ne féconde les airs!
Rien enfin, si ce n'est une œuvre de folie
De quelque nation criminelle, avilie!
Tout rentre, quand tu veux, dans un ordre certain,
L'harmonie au chaos fait place sous ta main.
Biens et maux sont par toi dans toute la nature
Mêlés et réunis, confondus en mesure,
C'est là ce qui surprend la raison des humains
Qui désirent des biens périssables et vains.

(1) Cette *invocation* du philosophe Cléanthe à Jupiter est le plus beau petit chef-d'œuvre de toute la littérature antique. Nous l'avons mise aussi en vers latins qui reproduisent le texte plus fidèlement encore.

Ils méprisent ta loi générale, éternelle,
Que le méchant déteste, à laquelle est fidelle
Celui qui, pour le bien épris d'un vif amour,
N'attend pas que ta loi se révèle au grand jour.
S'ils la suivaient pourtant, ils auraient une vie
Et raisonnable et bonne, un sort digne d'envie!
Mais tous de leur plein gré s'élancent vers le mal;
Pour eux plaisirs, discords ont un charme fatal.
L'un est ambitieux, de folle gloire avide,
L'autre plein d'avarice, a l'esprit bas, cupide.
Mais toi, grand Jupiter, tonnant du haut des cieux,
Donne leur la sagesse et ses dons précieux :
Dissipe leur folie, et que de ta prudence
Qui sait gouverner tout brille en eux quelque essence;
Qu'ils rendent à ton nom de suprêmes honneurs;
Que rien ne soit plus cher que ces chants à leurs cœur :
Des hommes et des dieux l'emploi le plus sublime,
C'est de chanter sans fin ton pouvoir légitime!

Ode de Pindare à la Fortune.

Fille de Jupiter, Fortune ou Destinée,
Les desseins, les projets et les luttes des rois,
Les navires flottant sur la mer mutinée,
  Tout doit subir tes lois!
Dans nos âmes le ciel a placé l'ignorance :
De nos destins cachés nous portons le fardeau.
De malheurs en malheurs traînés par l'espérance
  Jusqu'au bord du tombeau!
Le bien rend l'homme heureux, et le mal misérable;
Nul mortel ne te voit, ô nuit de l'avenir!
Qui gémit aujourd'hui du destin implacable,
  Demain va le bénir!

Éloge de Rome, par Érinne de Lesbos.

Je te salue enfant de Mars, dieu de la guerre,
Reine au front couronné d'un or si précieux,

O Rome, dont l'empire à jamais sur la terre
Ne peut être ébranlé, comme l'Olympe aux cieux,
A toi seule à jamais le Destin immuable
Semble accorder la force, éloignant les revers
De son règne puissant, aussi grand que durable ;
Sous ton sceptre il veut voir fléchir tout l'univers !
Tes fers vont enchaîner au loin la terre et l'onde,
Tu gouvernes en paix tous les peuples du monde !
Le temps qui flétrit tout semble te révérer,
Il ne peut abaisser ta grandeur ni ton trône ;
Le sort en se jouant renverse une couronne,
Mais ton sceptre jamais il ne peut l'altérer !
Seule entre les cités, tu peux voir chaque année
Éclore de ton sein d'abondantes moissons
De héros, pour garder ta noble destinée,
Comme en épis Cérès couvre tes champs féconds.

Maximes de Théognis.

Ferme à l'homme méchant tout accès dans ton âme,
A quoi te servirait l'amitié qu'il réclame ?
Dans les moments fâcheux, loin d'être ton appui,
Ses biens ou ses trésors, il les garde pour lui.
Il n'a pour les bienfaits nulle reconnaissance ;
C'est une mer profonde où se perd la semence.
Ses flots ensemencés seraient plutôt féconds,
Qu'un méchant généreux en retour de tes dons.
Une fois oubliés, dans son inquiétude,
Pour tous les présents faits il n'a qu'ingratitude.
L'homme de bien reçoit tes dons avec plaisir,
Son cœur reconnaissant aime à s'en souvenir.
Prends garde du méchant à l'amitié peu sûre ;
Ce n'est qu'un mauvais port qui jamais ne rassure.
Que d'amis viennent boire à ta table ton vin
Et que pour le travail tu chercherais en vain !
Préfère à ces trésors dont l'injustice brille,
La médiocrité d'une honnête famille.
Seule en soi l'équité comprend toutes vertus,
Tout homme est vertueux, s'il est juste, ô Cyrnus !
Les dieux même à l'impie accordent la richesse,
Mais à peu de mortels ils donnent la sagesse.

Souvent par notre orgueil ils veulent nous punir ;
Livrés à des penchants qu'il nous faut assouvir,
Par la satiété, source de l'insolence,
Ils savent nous mener jusques à la démence.
Que jamais ta colère à l'homme malheureux
Ne reproche un destin funeste et rigoureux !
Jupiter, inclinant une double balance,
Jette aux uns la misère, aux autres l'opulence.
Évite les grands mots en parlant ; qui connaît
Ce que garde pour nous la nuit, le jour qui naît ?

. . . .

Béliers, ânes, chevaux, Cyrnus, nés généreux,
Sont estimés, et tous sont recherchés pour eux ;
Mais la fille sans mœurs, fût-elle née infâme,
Pour ses biens l'honnête homme en fera bien sa femme.
La femme, préférant l'or à la probité,
Ne refusera pas un époux éhonté ;
Car c'est l'or qu'on estime, et partout l'avarice
Mêle le bien au mal et les vertus au vice.
Ne sois donc point surpris si dans mainte cité
Tout dégénère et meurt par le vice infecté.
L'homme juste pourtant, quand la bonté divine
L'enrichit sans méfait, ne craint pas sa ruine ;
Mais quand injustement à sa cupidité
L'avare immole tout, honneur et probité,
Avant que son espoir de lucre s'accomplisse,
Il est maudit : des dieux plus haut est la justice !

Quelques vers de Solon.

Filles de Jupiter, filles de Mnémosyne,
O Muses, prêtez-moi votre oreille divine,
Par les dieux, donnez-moi toute prospérité,
Que des humains mon nom soit chéri, respecté !
Qu'aux ennemis terrible, aux amis agréable,
Mon nom soit doux aux uns, aux autres redoutable !
Oui, j'aspire au bonheur, oui, certes ; mais je veux
Qu'il soit juste, à l'abri de châtiments honteux ;
Car tous les biens, des cieux dons divins, respectables,
Solides sur la terre, au ciel sont encor stables.
Mais les biens mal acquis, sources des vrais fléaux,
Non sans peine obtenus, nous causent mille maux.

Bientôt on les regrette : ils remplissent la vie
D'un malheur qui toujours croît comme l'incendie.
Ce vain trésor qui plaît d'abord, se change en deuil ;
Car l'œuvre de l'injure a son terrible écueil !
Voyez tous les mortels que le soleil éclaire,
Vous ne verrez partout qu'infortune et misère.
Prions le dieu puissant qui commande à nos rois
D'éterniser chez nous le règne de nos lois !

La Vapeur.

De ce siècle de fer que rare est la fortune !
Vulcain s'y voit fondant le trident de Neptune
Dans sa chaudière ardente et ses brûlants fourneaux.
Toutes les régions de l'empire des eaux
Voient son sceptre de fer, sa brûlante couronne.
Tels peuples que la mer, l'Océan environne,
Ne remontaient jadis que par un long travail,
Par les faibles efforts d'un pesant gouvernail,
Les fleuves, les torrents, les rapides rivières ;
Ils volent aujourd'hui sur des ailes légères,
Renversent tout obstacle, et de rien n'ont plus peur,
Civilisés, hardis, grâces à la vapeur.
Cette force expansive, en sa vaste puissance,
Des milles en instants transforme les distances ;
Elle va, rapprochant citoyens, nations,
Faire jaillir plusieurs civilisations !
Et des peuples changeant la vieille politique,
De l'Europe engendrer la grande république !
Alors ce siècle d'or pourrait bien revenir,
Et de l'humanité se fixer l'avenir !
Un grand héros pourtant, entouré des prestiges
De la gloire, avait peu de foi dans ces prodiges
Qui pouvaient assurer son empire à jamais
Sur la terre et sur l'onde, en soumettant l'Anglais.
Par toi seule, vapeur, ce guerrier qu'on renomme,
Devenait invincible, et certe, ce grand homme
De l'Europe, du monde, eût changé le destin !
Il n'eût point expiré sur ce rocher lointain,
Où du Dante-devin sans doute le génie
Inspira ses bourreaux pour sa longue agonie !

L'éloge de Venise (1).

Neptune au sein des flots vit s'élever Venise,
Cité puissante à qui toute mer est soumise!
Tes rochers tarpéiens et tes hardis remparts
A moi que me font-ils, ô Jupiter, ô Mars!
Préfères-tu le Tibre à la mer? vois deux villes:
L'une ouvrage des dieux, l'autre de mains plus viles.

La biographie d'un grand homme n'est point une vie, une étude individuelle.

Tout est dans tout, a dit un bon littérateur,
Penseur hardi, profond, et philosophe-auteur.
Quand d'une illustre vie on veut faire l'histoire,
Ce n'est point un seul nom qu'on livre à la mémoire.
Que de faits doit tracer l'habile historien
Qui veut dans ses portraits exacts n'oublier rien!
Tant d'être agissants se croisent sur la terre,
Que l'homme n'est jamais séparé, solitaire.
Un seul mortel n'est rien s'il ne vit que pour lui;
En rapport avec tous, il est tout par autrui.
Qui s'isole le plus vit sans inquiétude;
Un monde tout entier peuple sa solitude!
Il s'y résigne, et trouve en tout objet pensé
L'avenir, le présent et surtout le passé.
Dans sa retraite, il est contemporain des âges!
Seul, il vit avec tous, rois, héros, peuples, sages!
La sagesse de tous est sa sagesse à lui,
Heureux d'être éclairé par les fautes d'autrui.
Toute l'humanité fait sa sollicitude;
De ses maux, de ses biens, seul, il fait son étude.

(1) Traduction de 6 vers latins de Sannazar, qui lui ont valu 600 écus d'or de récompense. — Auguste et Octavie furent si émus à la lecture de l'éloge du jeune Marcellus, par Virgile,

Tu Marcellus eris.......... Æneid, VI.

qu'Octavie s'évanouit, et fit donner au poète dix grands sesterces pour chaque vers, ce qui montait à 32,000 frs.

Il n'est jamais moins seul que lorsqu'en son réduit
Tout le génie humain près de lui s'introduit.
Il vit avec Platon, Virgile, Horace, Homère;
Il y puise ce goût dont la Grèce fut mère,
Que lui prit le Romain, son farouche vainqueur,
Dont il ennoblit l'âme et l'esprit et le cœur.
Il a pour compagnons et le Tasse et le Dante,
Et Klopstock et Milton, l'Arioste et Cervante,
Et Schiller et Goethe, ces Voltaires germains,
Lamartine et Byron, poëtes surhumains !

Littérateurs célèbres d'origine obscure (1).

Grecs, il fut mendiant votre divin HOMÈRE;
Romains, VIRGILE était fils d'un potier de terre.
HORACE fut l'enfant d'un modeste affranchi.
Celui dont le génie a si bien enrichi
Le bel art du discours, l'éloquent DÉMOSTHÈNE
Naquit d'un forgeron. L'homme de qui la scène,
O France, avec raison doit se glorifier,
MOLIÈRE a reçu le jour d'un tapissier,
Sous le toit d'un mercier FLÉCHIER vit la lumière;
Du sublime JEAN-JACQUE un horloger fut père.
Pour s'instruire AMYOT servit maint écolier;
Le bon ROLLIN fut fils d'un simple coutelier.
Trouvé près d'une église, en proie à la souffrance,
D'ALEMBERT fut un fils célèbre de la France;
Enfant du plus obscur de tous nos artisans,
MAURY, grand cardinal, passa ses premiers ans
Dans l'échoppe où l'on vient, non prendre la mesure,
Mais pour raccommoder sa mauvaise chaussure.
LA HARPE dont le COURS LITTÉRAIRE est vanté,
A dû la vie aux soins des sœurs de charité !
On vit ÉRASME, fruit d'un nœud illégitime,
D'enfant de chœur, savant de la plus haute estime,
MASSILLON, de la chaire onctueux orateur,
Vit le jour sous le toit du plus humble tourneur.

---

(1) Tiré d'un poëme inédit de A. J. Becart : *Les grands hommes du peuple.*

Le plus noble écrivain qu'ait vu la Germanie,
Schiller, d'un jardinier avait reçu la vie.

Force et faiblesse. — L'harmonie des contrastes.

L'homme qui combattrait la force qui le blesse,
Et la détruirait même, a peur de la faiblesse :
Tel qui renverserait un énorme géant,
Tremble devant la femme, ainsi qu'un faible enfant !
Oui, devant ce roseau, cette feuille de soie,
Cette beauté qui fait ou sa peine ou sa joie,
Nous voyons le héros s'incliner et pâlir :
Raisonnement, conseils, rien ne peut affaiblir
Cette crainte. A quoi bon et la force et les armes?
Pour tout dompter, la femme a sa douceur, ses larmes.
Elle a ses doux accents et ses traits enchanteurs,
Ses pleurs si ravissants, ses attraits séducteurs!
Contre elle tout effort semble tomber stérile.
A quoi nous sert d'avoir cette barbe virile,
De la tête, des nerfs et des poignets de fer?...
Tout cela fond ainsi que l'on voit, en hiver,
Aux rayons du soleil se fondre un tas de neige'
Tout cède à la beauté ! Son séduisant manége,
Ses caprices, ses yeux, subjuguent tous les cœurs ;
Des hommes les plus forts leurs charmes sont vainqueurs.
Au bon goût, aux beaux-arts si leur âme est docile,
L'esprit rend leur empire encore plus facile.
Les dons de la beauté durent fort peu de jours,
Les talents de la vie enchantent tout le cours.
Lorsque d'une belle âme une belle figure
N'est pas l'indice, alors il faut que l'on augure
Une courte durée à notre affection ;
Elle s'accroît toujours par l'éducation!
Femmes, si vous avez la douce inquiétude
De nous plaire longtemps, formez-vous par l'étude;
Pour les hommes, pour vous et pour vos nourrissons,
Pliez le cœur, l'esprit, aux plus doctes leçons.
Connaissez vos devoirs et d'épouse et de mère,
Votre pouvoir ainsi ne peut être éphémère !

Le départ du guerrier.

Je dois te dire adieu, car dès demain, chère âme,
Je serai loin de toi. Mon pays me réclame;
Il compte sur mon bras : pour le sauver je pars,
Je vole, s'il le faut, sous les drapeaux de Mars.
Mais avant mon départ, dans tes bras je te laisse
Cet enfant si chéri, gage de ma tendresse.
Prodigue-lui tes soins jusques à mon retour,
Sans cesse entoure-le de caresse et d'amour.
Quand je te reverrai, ma chère Victorine,
Brillera de l'honneur la croix sur ma poitrine.
Je reviendrai vers toi, joyeux et triomphant,
Et tu me souriras belle de ton enfant;
Tu seras libre enfin d'angoisses et d'alarmes,
Et de joie en tes yeux seules luiront des larmes.
Oui, cet aspect sera plus touchant et plus doux
Que celui d'Andromaque et de son fier époux.
Lorsque pour mon pays l'heure de délivrance
Aura sonné, vers toi je vole en espérance.
Le bonheur est si grand quand on sort du danger
Et que des ennemis on a pu se venger,
Puis rentrer au foyer de sa chère patrie,
Et rendre au doux repos sa famille chérie,
Au milieu de la paix faire le bien toujours,
Pour le bonheur de tous couler ses derniers jours!

Le jeune homme romanesque.

L'histoire de la vie est riche en aventures;
Elle est grave, et pourtant bien féconde en peintures,
En tableaux de tout genre et pleins de passion,
De riches incidents, romans en action,
Dont le monde semble être un atelier immense!
Où le réel finit, là l'idéal commence.
L'imagination du jeune homme saisit
Avidement ce qui vient frapper son esprit!
Il ne veut pas en vain consumer sa jeunesse
Au foyer paternel, sans amour, sans ivresse.

On ne voit plus en lui le doux adolescent,
Et qui promettait tant à son père en naissant.
Impatient bientôt de prendre part aux drames
De la vie, aux beaux faits brillants des grandes âmes,
Aux nobles passions, dont cent fois les romans
Lui révélaient les jeux et les mille tourments ;
Honteux de ce repos où croupissait encore
Celui que son aïeul, que maint exploit honore,
Éclipsait déjà, quand, âgé de dix-huit ans,
Il enlevait sa belle et ses seize printemps,
Il devient d'une humeur taciturne, irascible,
Aux fêtes, aux plaisirs son âme est insensible ;
Brusque, irritable et plein d'une noble fierté,
Vers l'héroïsme seul son cœur est emporté.
De ses distractions l'humeur a pris la place.
S'il aime les forêts, s'il aime encor la chasse,
C'est afin, le matin, d'y lancer son coursier,
D'aller au bois profond qu'il remplit tout entier
De l'agitation de ses rêves pénibles
Et de tous les hauts faits tant réels que possibles.
Ne se contentant plus des plaisirs du foyer,
Pour lui ce n'était plus, au détour du sentier,
L'image du logis ou bien de sa famille
Qu'appelait sa pensée, ou celle de la fille
Douce et blonde à laquelle on a promis sa main
Et qu'on voudrait un jour lui donner par l'hymen.
Ce tableau frais, riant, cette aimable peinture
Ne satisfaisait plus à sa vague nature.
De l'inconnu la soif embrasait tous ses sens
Et dévorait son âme, à qui pour aliments
Il offrait ces grands noms de pâles héroïnes
Écloses du cerveau de ces âmes divines
De hardis romanciers, poëtes de héros.
Il faisait répéter leurs beaux noms aux échos.
Parfois il descendait de son coursier rapide ;
De ses pleurs à ses pieds le gazon est humide.
Voyait-il apparaître un château sous ses yeux,
Un manoir triste, obscur, sombre et silencieux,
Il devait deviner quel drame ou quel mystère
Avait pu s'accomplir au donjon solitaire.
Apercevait-il là quelque blanche lueur...
C'était une victime, et son consolateur
Par elle est attendu !... Partout il rêvait drames,
Intrigues et romans, et d'infernales trames.

Il voyait un abîme au-dessus des lacs clairs,
Et puis... hélas! la nuit..., par les sentiers déserts,
Il s'attendait à voir, à tout tournant de halo,
De ces fantômes dont tout le monde s'effraie.
Rêvant partout l'esprit, l'amour et la beauté,
Son âme s'affligeait de la réalité!...
Un paysan... c'était une âme dévastée,
Un cœur flétri, dont s'est brisé la destinée.
Parfois l'adolescent revient au vrai bonheur,
De la raison en lui brille encor la lueur;
Mais elle n'est, hélas! qu'apparente, éphémère,
Car bientôt il oublie et son père et sa mère,
Et sa belle, et revient à ses enchantements,
A ses rêves chéris, à ses divins romans!
Romans d'intrigue forte ou de cape ou d'épée,
Romans en action, genres de l'épopée,
Romans passionnés et romans pastoraux,
Romans de sentiment, romans vrais et moraux,
Tendres romans d'amour ou bien romans intimes,
Romans de la famille ou romans maritimes,
Tout livre romanesque obtient tous ses respects.
La vie, il veut la voir sous ses divers aspects,
Y compris même aussi celui de l'hyménée;
Mais, quant au sien, toujours, c'est affaire ajournée.
Ses promenades sont souvent des lieux déserts,
Affreux, pleins de cyprès et d'arbres toujours verts,
Ou des sites ornés du nom de romantiques,
Si propices aux cœurs tendres, mélancoliques!

L'Innocence et la Pudeur.

La Pudeur, aux beaux jours de son aimable enfance,
    N'habitait qu'un simple hameau;
Elle était constamment auprès de l'Innocence,
    Elles n'avaient qu'un seul berceau.
Leur front pur ignorait la couleur purpurine:
    Certe il pouvait s'en abstenir,
Car la douce innocence, à la grâce enfantine,
    Doit ignorer qu'on peut rougir!
Un certain jour pourtant la timide Innocence
    Aperçut l'Amour endormi;

Sans malice et sans crainte, aussi sans défiance,
  Elle demeura près de lui.
A peine a-t-elle vu pareille inconséquence,
  Que la Pudeur l'en avertit ;
Mais aussitôt on vit la charmante Innocence
  Disparaître à petit bruit...
Hélas ! ô ciel ! depuis cette aventure,
  On a vu rougir la Pudeur !
Elle semble toujours même voir une injure
  Dans ce qui lui peint son malheur.
A peine l'entend-on soupirer en silence :
  Elle regrette son soutien,
Car c'est du jour qu'elle a vu s'enfuir l'Innocence,
  Qu'elle a perdu tout son bien !

Le Mariage.

Quand s'ouvrent devant vous tant de jolis sentiers
Où chantent la jeunesse et l'amour, vous iriez
Prendre le grand chemin poudreux de l'hyménée,
Qui mène droit à la plus sombre destinée !
Pour être partisan de l'hymen, j'ai connu
Beaucoup trop de maris et suis trop prévenu
Contre ce nœud fatal ! Je sais qu'un galant homme
A deux façons d'atteindre à ce but que l'on nomme,
Je ne sais trop pourquoi : BUT DE L'HUMANITÉ !
On se marie un jour et par nécessité
Et pour faire une fin. On a couru le monde
En tous sens et l'on sait d'une façon profonde
Les secrets de la vie : on est déjà trop mûr,
On n'a plus assez ferme, on n'a plus assez sûr
Le pied pour parcourir, gravir sans peine extrême
Les coteaux verdoyants de la libre bohême.
Certe, il est doux alors, dans une aimable paix,
De vivre, en ses foyers, en époux satisfaits.
On épouse une Agnès qui ne sait rien encore
Et brûle de savoir ce qu'on croit qu'elle ignore.
Elle vous trompe ; on voit, on découvre, étonné,
Que le mal n'est pas tel qu'on s'est imaginé.
On se marie aussi, mais par fortune adverse !
Après s'être égarés aux chemins de traverse,

On se laisse attraper par l'Hymen, un beau jour
Qu'il vous guettait caché sous les traits de l'Amour,
Et qu'il vous attendait un soir sur le passage
Comme un vil malfaiteur méditant le carnage!
Mais conçoit-on jamais qu'on puisse en son printemps
Se marier pour suivre et la mode et le temps?
En voyant de trop loin le but du mariage,
On tend à supprimer les plaisirs du voyage!
Et dût-on la trouver, sous de riants berceaux,
Belle comme Vénus sortant du sein des eaux,
Peut-on s'amouracher d'une humble fiancée
Par qui fut notre vie entière menacée?

La fontaine d'amour à Schaerbeek.

Vallée heureuse, oh! oui, je l'appris près de vous,
Plaisirs simples et vrais, sont toujours les plus doux.
Me promenant un jour vers la belle vallée,
Je pensais ainsi seul, traversant une allée
Longeant près des coteaux un charmant petit bois
Où j'errais de nouveau pour la centième fois.
La fraîcheur du bosquet, celle de la fontaine,
Délasse doucement d'une course lointaine.
Là coule un clair ruisseau, frais et joli canal
Dont des rameaux mouvants ombragent le cristal.
Près de certains vieux rocs, les longs bras de vieux arbres
Protégent un bassin de pierres, non de marbres.
Ce petit monument, par son antiquité,
    Eveille des passants la curiosité.
Les Romains qui jadis vinrent dans nos peuplades
Auraient bien logé là de divines naïades!
Des arbres tout chiffrés se trouvent alentour,
Maint nom te rend célèbre, ô *fontaine d'amour!*

L'amant diffère selon la nation.

Quand un aimable objet oppose résistance,
Un Anglais, fier, hautain, s'encourrouce et s'offense.
    En se voyant de sa belle isolé,
    L'Italien est morne et désolé.

S'il vient à perdre un objet adorable,
Le galant Espagnol se trouve inconsolable.
L'Allemand se console au milieu d'un festin,
Avec sa vieille bière en place de bon vin.
D'une infidèle afin d'oublier la mémoire,
Ainsi que le Germain, le Flamand aime à boire.
Le Wallon, lui, n'est pas fort longtemps désolé,
Car, comme le Français, il est tout consolé !

Imitation d'Ossian.

Toi dont le front surgit des voiles du couchant,
Pâle étoile du soir, messagère lointaine,
De ton palais d'azur, du haut du firmament,
Que regardes-tu donc ici-bas dans la plaine ?
La tempête s'enfuit et les vents sont calmés,
Les arbres de ce bois humectent la bruyère ;
Le phalène doré, dans sa course légère,
Traverse la prairie et les champs parfumés.
Que viens-tu donc chercher sur la terre endormie ?
Mais vers les monts déjà tu sembles t'abaisser.
Tu souris et tu fuis, belle et rêveuse amie,
Et tes yeux tremblotants sont près de s'éclipser.
Etoile qui descends sur la douce colline,
Larme d'un pur argent du manteau de la nuit,
Toi que contemple au loin le pâtre qui s'incline
Auprès de son troupeau que pensif il conduit,
Etoile, où vas-tu donc dans cette nuit immense ?
Cherches-tu sur ces bords un lit dans les roseaux ?
Ou vas-tu, si parée, à l'heure du silence,
Tomber comme une perle au vaste sein des eaux ?
Bel astre, si tu dois mourir, et si ta tête
Dans l'immense Océan va plonger ses cheveux,
Avant de nous laisser, un seul moment arrête ;
Etoile des amants, ne quitte point les cieux !

L'Amour endormi.

Tu dors, et les mortels vivent dans les alarmes ;
Tu dors, et du sommeil tu leur ravis les charmes !

Ta mère, un jour, naquit de l'écume des flots,
Cruel enfant qui dors, nous privant de repos!
Ne crains rien, ne crains pas que ma main te ravisse
Ton arc avec tes traits qui font notre supplice.
Un autre peut avoir cette audace ; mais moi,
Je crains dans ton sommeil d'être surpris par toi,
Ou que pour mon malheur tu ne penses, en songe,
Qu'à te dépouiller, moi, faible mortel, je songe.

L'étude.

De Moïse l'*étude*, imitant la baguette,
Peut faire sourdre une eau claire, limpide et nette,
Du roc le plus stérile et jaillir, tôt ou tard,
L'onde vive des vers et les doux flots de l'art.

Le luxe.

Or et bijoux, dentelles, soie, hermine,
Font souvent que le feu s'éteint à la cuisine.

L'art d'être heureux, imité de l'italien.

Du vrai bonheur on pense, hélas! que pour jouir,
    Il faut savoir varier son plaisir ;
On croit se préparer une ennuyeuse vie
En bornant un peu trop son incessante envie.
L'âme goûte un bonheur plus vrai, plus assuré,
    Si chaque désir est modéré.
Alors elle est tranquille, en plaisirs purs féconde ;
Dégoût, nouveaux désirs troublent sa paix profonde.
Une trop grande joie est cause de tourments,
Et souvent du plaisir l'ennui fut un enfant.
Quel mal que cet ennui ! il poursuit l'opulence
Au milieu des flatteurs et de leur insolence!
Loin des salons dorés, croyant chasser l'ennui,
Le grand seigneur blasé l'a toujours près de lui !

On se trompe en croyant que l'on peut se soustraire
Aux ennuis par des jeux en sachant se distraire,
Ou bien par le théâtre ou des concerts charmants,
Par de bruyants festins, des divertissements.
L'ennui se glisse au sein des plus splendides fêtes.
Ah ! si tu veux goûter des voluptés parfaites,
Sans dégoûts, il te faut recourir au travail.
D'un travail choisi naît le plaisir véritable ;
Un plaisir continu n'est jamais supportable.
Les plaisirs innocents sont de charmantes fleurs
Que les dieux, des humains sages consolateurs,
Sur la terrestre vie ici-bas ont semées ;
Mais d'épines, hélas ! elles sont entourées,

Les deux modes d'aimer.

Sur cette terre il n'est que deux modes d'aimer :
L'un imparfait et vil, et que l'on peut nommer
Mensonge, quand ce n'est que pour soi que l'on aime ;
L'autre est plus généreux, car s'oubliant lui-même,
Il aime pour le bien de l'être aimé par lui,
Et loin d'un tel amour tout égoïsme a fui !

Aux dames, sur le bain.

Vénus, nous dit Ovide en sa Métamorphose,
Naquit au sein des flots de l'Océan surpris !
Son corps, son cou d'albâtre et sa bouche de rose,
D'écume et de corail furent soudain pétris.
Ainsi, sexe charmant, ta beauté qu'on adore
Aux bienfaisantes eaux doit un plus pur éclat ;
Mais comme un lis privé des perles de l'aurore,
Sans la fraîcheur du bain, tu perds ton incarnat.
Il semble qu'un beau sein plus à l'aise respire,
Caressé par les eaux d'un bain délicieux,
Surtout quand le parfum des fleurs que l'on admire
Vient ajouter encore aux charmes de ces lieux.
Bientôt on voit s'ouvrir leurs corolles fermées,
On sent au même instant des vapeurs embaumées

Se répandre à l'envi sur l'agréable bain !
De l'Olympe on croirait savourer le festin ;
On semble respirer le souffle de la vie
De ces dieux immortels qui vivent d'ambroisie.
La beauté sort de l'onde, et le reflet subtil
Des flots d'azur lui montre un plus charmant profil.
Elle rougit, palpite à l'ombre du feuillage,
L'onde est humide encor sur son charmant corsage...
Mais fussé-je un Apelle, ici de mon pinceau
Je n'abuserais point,... je peindrais un rideau.

Dieu, le Diable et Mirabeau.

Dieu, se lassant un jour des crimes de la terre,
Voulut les châtier par un affreux fléau.
Il se recueille un peu dans sa sagesse austère,
Et commande à Satan d'engendrer Mirabeau !
Lucifer à l'instant le crée à son image :
D'une hideuse peau ses traits sont recouverts,
Son âme se pétrit de génie et de rage,
Au cerveau, comme au cœur, il eut plus d'un travers.
Le diable lui donna l'éloquence en partage ;
Mais par l'attrait puissant d'un imposant langage,
Sur les âmes des morts il eut tant de pouvoir,
Que le démon, par là réduit au désespoir,
Se dit enfin un jour : Détruisons notre ouvrage.
Il le fit, et fit bien. Ce monstre audacieux
Aurait peut-être un jour anéanti son père,
Renversé les autels élevés vers les cieux,
Et de Satan eût mis l'empire sur la terre !

Sophronie.

Je te vois t'avancer, ô chaste Sophronie !
Sans voiler tes appas ou sans les exposer ;
Tes beaux yeux sont guidés par l'humble modestie ;
Ton air est gracieux sans paraître y penser :
On doute, en te voyant, si ta simple parure
Est l'ouvrage de l'art, ou bien de la nature,
Si le hasard, l'amour, l'adresse et la beauté
Ont uni l'artifice à la simplicité.   TASSO, CANTO 2.

La Vergine...... sono artifici.

D'un genio che mi accende,
Tu vuoi ragion da me :
Non ha ragione Amore,
O've ragione intende,
Amore non sara.

D'un amoureux martyre
Exiger la raison,
C'est de la passion
Reconnaître l'empire !

A brûler nuit et jour
Si la raison l'ordonne,
Ou si l'amour raisonne,
Ce n'est plus de l'amour :

La fille chaste.

Ut flos in septis secretus nascitur hortis,
Ignotus pecori, nullo contusus aratro,
Quem mulcent auræ, firmat sol, educit imber,
Multi illum pueri, multæ optavere puellæ ;
Idem cum tenui carptus defloruit ungue,
Nulli illum pueri, nullæ optavere puellæ.
Sic virgo dum intacta manet, tum cara fuit ; sed
Cum castum amisit polluto corpore florem,
Nec pueris jucunda manet, nec cara puellis.

Comme une fleur naissante en nos secrets jardins,
  Au bétail inconnue,
  Ainsi qu'au fer de la charrue,
S'ouvre aux zéphyrs caressants et badins,
Puis aux feux du soleil, d'une féconde pluie
  Eprouve les bienfaits ;
Filles, garçons, chacun la désire et l'envie.
  Mais elle a perdu ses attraits,
Sa beauté s'est flétrie, aussitôt qu'on la cueille,
Et l'on ne trouve plus personne qui la veuille.
Tout de même la vierge, ayant perdu sa fleur,
Est partout délaissée et seule en son malheur.

La Verginella e la Rosa.

La verginella è simile à la rosa,
Che'n bel giardin su la natiua spina,
Mentre sola e sicura si riposa,
Nè gregge, nò pastor se le auicina ;
L'aura soaue, e l'alba rugiadosa,
L'acqua, la terra al suo fauor s'inchina ;
Gioueni naghi e Donne inamorate,
Amano hauerne e seni, e tempie ornate.

Ma non sì tosto dal materno stelo
Limossa uiene, e dal suo ceppo uerde,
Che, quàto hauea da gli huomini, e dal cielo
Fauor, gratia, e bellezza, tutto perde.
La vergine, che'l flor, di che più zelo,
Che de'begli occhi, e de la uita, hauer dè,
Lascia altrui corre ; il pregio, c'hauea inati.
Perde nel cor di tutti gli altri amanti.

Vénus, la déesse de la beauté, et Venise la belle.

Vénus est la belle déesse,
Venise est la belle cité !
Etoile et ville enchanteresse,
Perles d'amour et de beauté,
Vous vous couchez dans l'onde amère,
Le soir, comme dans vos berceaux ;
Car vous êtes sœurs, et pour mère
Vous eûtes l'écume des eaux !

L'homme peu difficile.

Moi, je suis de ces bonnes âmes
Dont les vœux sont fort limités :
J'aime les arts, la chère, et le vin, et les femmes,
Et toutes mes facilités !

Lucretia (1).

Si tibi forte fuit, Lucretia, gratus adulter,
    Immerito ex merità præmia cæde petis :
Sin potius casto vis est allata pudori,
    Quis furor est hostis crimine velle mori?
Frustrà igitur laudem captas, Lucretia, namque
    Vel furiosa ruis, vel scelerata cadis !

Lucrèce.

Si l'adultère t'a plu, Lucrèce, c'est à tort
Que, coupable, tu veux la gloire par ta mort :
Mais si ta chasteté par lui fut violée,
Pour le crime d'autrui faut-il être immolée?
Ainsi, Lucrèce, en vain tu recherches l'honneur:
Ou tu meurs dans le crime, ou tu meurs en fureur!

Le négligé d'une jolie femme en été.

Dans ce déshabillé ne nous laissant rien voir,
Et fait tout deviner, j'ai pu l'apercevoir!
Heureux qui peut se dire, et tout bas : Elle m'aime,
Celle à qui c'est assez pour nous d'être elle-même,
Et qui, bien plus qu'au jour brille, et charme la nuit,
A qui l'attirail vain de la parure nuit!
Son air de négligé, d'abandon, seul la pare;
Tout ce qui la dérobe à nos yeux la dépare.
Grâces aux vents brûlants, à l'ardente chaleur,
On peut l'apprécier à sa juste valeur,
Comme dans un ciel pur une éclatante étoile!
Déshabillé galant de la plus simple toile,
Vous laissez voir sa taille et ronde et souple aux yeux,
Des trésors ravissants, des contours gracieux!
Sur son sein blanc se voit la simple mousseline,
Qu'orne un tissu léger, dentelle de Maline,

---

(1) J'ai trouvé ces vers latins remarquables si mal traduits dans le fameux Dictionnaire de Bayle en six vers avec six rimes toutes féminines, que j'ai cru devoir en faire une traduction réelle en vers français.

Qui permet aux regards pénétrants et furtifs
De voir le blanc, l'azur de deux globes captifs,
Plus doux que le satin, de forme enchanteresse.
Ils font naître en nos sens cette indicible ivresse,
Ce sentiment d'amour, divin, délicieux,
Qui dans l'extase sait nous ravir jusqu'aux cieux.
Des douces voluptés l'ineffable mystère
Est le plus vif plaisir que l'homme ait sur la terre.

Vers à Mme Luigia Mathey,

PRIMA DONNA DU THÉATRE ITALIEN A BRUXELLES.

Admirable Mathey, peintre de la nature,
Tout Bruxelles en toi chaudement applaudit
Le sentiment, la voix, la grâce et la figure.
Non, dans ces lieux, jamais on n'entendit
De sons plus doux. Par un pouvoir magique,
Ton jeu, ton chant échauffent tous les cœurs;
Tu connais l'art d'unir à la muse tragique
De ces nobles accents qui de tous sont vainqueurs.
Oui, ce double sublime est un si rare don,
Que le *dilettantisme* à l'envi au théâtre
Vient te jeter des fleurs pour couronner ton front,
Aux applaudissements d'une foule idolâtre.

Les adieux d'une célèbre artiste.

Quand je dus te quitter, ma bonne et tendre mère,
Je te vis tant pleurer, sur ton cœur me pressant:
« Ma fille, chère enfant, sur la rive étrangère,
Hélas! me disais-tu d'un ton attendrissant,
Ne pleureras-tu point ta famille chérie,
Le ciel italien de ta douce patrie,
La ville de Viterbe et ses sites si beaux,
      Ses arbres et ses eaux? »

La passion de l'art dominait dans mon âme.
Afin de la dompter je fis un vain effort!
Il me fallut céder à sa puissante flamme;
A la scène lyrique était fixé mon sort!

Parfois vient m'oppresser une douleur amère;
Mais sur mes pas le ciel exprès semble avoir mis,
Afin de dissiper mes maux sur cette terre,
  De vrais, de bons amis!
Quand je foulai le sol de la libre Belgique,
La douce émotion a captivé mes sens :
Ce pays est au Nord une terre italique
Que ravissaient jadis par leurs divins accents,
Lassus, Grétry, Méhul... Je fus heureuse et fière
De l'accueil que me fit un peuple aimé de Dieu;
Belges, pour vous des pleurs ont mouillé ma paupière
  En vous disant adieu!

Les yeux bleus et les yeux noirs.

(TRADUIT DE L'ITALIEN.)

Un certain jour, on vit les yeux noirs, les yeux bleus,
Se quereller sur ceux qui doivent plaire mieux :
— Les yeux noirs sont muets et d'une fierté rare.
— De la sincérité tout œil bleu semble avare.
— C'est bien une couleur fort triste que le noir.
— Le bleu change sitôt, du matin même au soir.
— Mais d'un ciel azuré, bleus, nous sommes l'image.
— Nous sommes des flambeaux, mais voilés d'un nuage.
— Pallas et Junon même ont de fort beaux yeux bleus.
— La déesse Vénus les a noirs, amoureux!...
— Ils se seraient encor disputé davantage,
  Ils en auraient, hélas! dit encor;
Mais l'Amour entre eux deux se place comme un sage
Et la grande querelle en ces mots décida :
Un fidèle berger aussitôt la grava
Dans le code qu'on voit au beau temple de Gnide:
« Ce n'est pas la couleur qui seulement décide
« Des yeux noirs, des yeux bleus la réelle valeur,
« Les plus beaux yeux sont ceux qui parlent mieux au cœur. »

Les albums blancs pour vers en prose et les albums pour dessins ou gravures.

Quant à moi, des *albums* je voudrais voir proscrire
Ce feuillet blanc à tout le monde ouvert;

Livre banal, bourgeois, où la prose et les vers
Luttent entr'eux, hélas! pour simplement écrire
Des riens ou moins que rien... De dessins précieux,
D'esquisses de talent, de superbes gravures,
De croquis ou d'essais, de belles mignatures...
Voilà le seul *album* dont je sois soucieux.

Les oiseaux.

Heureux oiseaux, que je vous porte envie!
A la nature uniquement soumis,
Dans vos penchants rien ne vous contrarie :
Les suivre en tout, cela vous est permis.
Vois, mon amie! vois sous ce feuillage
Cette fauvette et son petit amant :
Ils étaient hier tous deux sous cet ombrage
L'un près de l'autre, à leur aise dormant.
Aucun souci, nul chagrin, nulle honte
Ne fatiguaient leur paisible repos ;
Le petit dieu que révère Amathonte
Et la nature en broyaient les pavots.
Dormir ainsi, quel charme! quel délire!
Nous n'avons pas de sommeil aussi doux.
Avec nos mots de vertu, crime ou vice,
Un tel bonheur n'existe plus pour nous.
Ah! ma Corine..., ah! chère et tendre amie
Que la nature a pris plaisir d'orner,
Pleurons le jour où l'homme eut la folie,
Le sot orgueil de vouloir raisonner.
Dès cet instant les froides convenances
Ont asservi les plus doux sentiments.
Tous les plaisirs, toutes les jouissances,
Près du devoir devinrent des tourments.
O sacriléges, ô nature, ô ma mère!
Le tendre amour put être vicieux,
Et pour s'aimer, il fallut le soustraire
A tous les yeux, même à celui des dieux.
Oiseaux charmants, restez ce que vous êtes :
Que nos malheurs vous servent de leçon,
Et n'allez pas, honteux du sort des bêtes,
Abandonner l'instinct pour la raison.

Jugeons par nous ce qu'ils perdraient au change.
Retraçons-nous, s'il se peut, sans frémir,
De nos amours quel est le sort étrange,
Comme ils nous font souffrir, pleurer, gémir!
Nous nous aimons pourtant avec ivresse;
Un doux penchant, un charme naturel
Nous retient l'un vers l'autre sans cesse,
Et l'un de l'autre éloigné... Sort cruel!...
Souvent aussi la nature étonnée
De notre amour accuse la froideur...
Mais la raison... — contre nous déchaînée,
De notre amour elle fait le malheur.
Chez ces oiseaux que l'instinct seul dirige,
Rencontre-t-on un sort si douloureux?
En est-il un que cet instinct afflige?
Et la raison nous désole tous deux.
Ah! tendre amie, ah! quelle différence!
Du dieu brillant qui ramène le jour,
L'aurore à peine annonçait la présence,
Qu'ils se donnaient les baisers de l'amour.
Ils n'avaient pas besoin que le mystère
Vînt de son ombre abriter leurs plaisirs!
Ils les chantaient, et ne redoutaient guère
Qu'on entendît leurs chants ou leurs soupirs.
Se caresser sans gêne et sans contrainte,
Toujours jouer ensemble et folâtrer,
S'aimer vraiment, se le prouver sans crainte,
Il n'est pour eux d'autres lois à garder.
Un jeune arbuste, une tendre verdure,
Un bois bien frais, asile retiré,
Un champ de fleurs, les bords d'une onde pure,
C'est là qu'amour les enivre à leur gré...
Et nous vantons cette raison cruelle
Qui nous enlève un bonheur aussi doux,
Fait aux plaisirs une guerre éternelle,
Et les enchaîne ou les contredit tous!
Brisons son joug, ô ma tendre Corine:
A la nature obéis, soumets-toi,
Elle a tant fait pour ta beauté divine,
Oserais-tu ne pas suivre sa loi?

Donne à mes vers, chère amie, un sourire:
C'est l'amour seul qui me les a dictés.

Si ta vertu les trouve peu sensés,
Pardonne-moi, je n'ai pu sans délire
Voir la nature, au temps des jouissances,
Les prodiguer à qui vit sous sa loi,
Et mesurer les affreuses distances
Que la raison met d'une amie à moi.

Le printemps, les bois et les oiseaux.

Souvent un livre en main, loin des murs de nos villes,
Je vais méditer, seul, aux champêtres asiles :
J'y sens le vrai bonheur, la joie et le plaisir;
Mais je l'y sens surtout, au retour du zéphir!
Combien j'aime, ô printemps, ton spectacle sublime!
La nature aux rayons du soleil se ranime;
Il fait épanouir les germes et les fleurs,
Il inspire à l'oiseau ses concerts enchanteurs.
De la verte forêt assis sous la ramée,
Près des naissantes fleurs dont elle est parfumée,
Au lever de l'aurore, on entend ses soupirs
Et ses plaintes d'amour! Il te peint ses désirs,
Sa vive ardeur, à toi, l'objet de sa tendresse.
Les airs ont retenti de ses chants d'allégresse,
De joie et de triomphe : il défie aux combats
Ses rivaux les plus fiers qu'il ne redoute pas;
On le voit même, ardent à suivre sa conquête,
Lui prodiguer ses soins, et se faire une fête
De l'aimer, la défendre et de bien la nourrir :
Ses peines, par ses chants, il sait les adoucir.
Peut-être à son épouse, à sa famille chère,
Raconte-t-il sa vie et les faits de ses pères?
Fait-il à ses petits quelques descriptions
De passage de mers ou de migrations,
Ou de lieux de repos après les aventures,
Et de climats nouveaux pour leurs courses futures?
Si les oiseaux n'ont pas le don de raisonner
Comme nous, on pourrait cependant s'imaginer
Ce qu'entre eux il se dit, des bois sous le feuillage,
Dans leurs doux entretiens, leur charmant gazouillage.
Quel mortel cependant sait les faits curieux
Que vous nous dérobez, arbres mystérieux!

Asile de l'amour, de la secrète intrigue,
Des lois, de la police, et souvent de la brigue.
Qui décrirait les mœurs de ces nomades fiers,
République peuplant les vastes champs des airs?

Les femmes, les oiseaux et les fleurs.

    Sans trop savoir pour quel sujet,
      Voici quel est le triple objet
Que mon cœur préféra toujours dans la nature :
Les femmes, les oiseaux, les fleurs ou la verdure.
Les fleurs vivent bien peu, c'est dommage ; et je vois
Les oiseaux inconstants et les femmes sans foi !
Peut-on compter sur eux, peut-on compter sur elles?
Les uns sont trop légers, les autres infidelles !
Pour moi, j'y compte peu ; de leurs charmes divers
En sage je jouis, prévoyant les revers.
      S'ils arrivent, je m'en console.
Il fut un temps où ce bonheur frivole
Semblait devoir durer autant que l'univers !
On me rendait heureux d'un mot, d'une parole
Qui s'échappait des lèvres de Phyllis,
Avec un doux accent, un aimable souris.
Le chant du rossignol, le chant de la fauvette,
Me charmaient ainsi que le doux parfum des fleurs.
Tout enivrait mes sens aux jours que je regrette.
Dans ces jours du bel âge, en ces jours enchanteurs,
La nature pour moi se montrait bien coquette !
Elle l'est moins : tout change, on doit se résigner,
Et pour ce seul défaut ne point la dédaigner.

Les querelles d'amour.

L'amour le plus constant a ses moments d'humeur ;
L'amant le mieux épris d'un rien peut prendre ombrage
Et le moindre soupçon peut troubler son bonheur.
Il veut avec raison être aimé sans partage ;
Mais il souffre beaucoup s'il voit que sa rigueur
Afflige un tendre objet qui le charme et le touche.

Le chagrin, le tourment s'emparent de son cœur,
Lorsque l'amer reproche est sorti de sa bouche ;
Mais parfois en amour on gagne à se bouder ;
Un plaisir bien plus vif suit souvent la disgrâce :
Aux cœurs aimants, il est si doux de pardonner !
Ensuite il est si doux pour eux d'obtenir grâce !
Le bien inattendu nous est toujours plus cher
Par les piquants refus que le dépit oppose ;
Ne sont-ce pas surtout les rigueurs de l'hiver
Qui font le prix des fleurs, et surtout de la rose ?
Térence a donc raison : les querelles d'amants
Rallument dans les cœurs la flamme presque éteinte ;
Elles doublent l'amour de deux êtres aimants,
En ravivant l'ardeur dont leur âme est atteinte.

L'Insensible.

Quand avril embellit la douce matinée,
Une rose brillait de pourpre et d'or ornée ;
Mille fleurs autour d'elle, aux parfums ravissants,
Présentaient à leur reine un agréable encens.
La rose souriait à l'inconstant zéphyr ;
Elle éveillait en tous l'amour et le désir,
Mais les repoussait tous dans son humeur altière,
  Orgueilleuse et trop fière.

En s'élevant aux cieux, dans son cours, le soleil
De la rose admirait l'or, l'éclat sans pareil ;
Bientôt à sa beauté désirant rendre hommage,
De ses plus beaux rayons embellit la volage,
Qui, fière de l'éclat de l'astre jaillissant,
Disait : « Ah ! quel souhait ai-je à faire à présent ?
De mainte créature a mon char attachée
  Qui donc ai-je cherchée ? »

Mais le soleil, montant plus avant dans les cieux,
D'un aussi fol orgueil, transporté furieux,
Lança contre la rose un rayon délétère.
Elle en sentit bientôt l'atteinte meurtrière,
Qui ternit son éclat, et sa pourpre et son or ;
Elle se vit flétrie, effeuillée, et la mort
La surprit, créature, hélas ! tant adorée
  Dont nulle autre ne fut aimée !

Celui qui la flattait d'un hommage amoureux
Vit s'exhaler sa plainte en termes douloureux.
La rose, avant sa mort, dans sa splendeur
Au zéphyr fit entendre une voix adorée :
« Mourir sans une larme! Ah! quel plus triste sort!
Hélas! voilà pour moi la plus cruelle mort!
Moi qui n'aimais personne et qui fus tant aimée,
  Qui me regrette inanimée?? »

La danse.

(IMITATION DE L'ITALIEN)

L'âme, exempte jadis d'un fardeau déplorable,
  Habitait au séjour des cieux,
  Et tournoyant loin de nos yeux,
Elle y dansait d'une grâce admirable,
  Aux sons harmonieux
  De mille globes radieux.
  De nos jours, elle est à la gêne
Dans un limon grossier, sur un vil élément ;
Mais elle peut encor, sans fatigue et sans peine,
En esprit s'élancer autour du firmament.
Aux membres ici-bas cette âme communique
L'art de danser, qu'elle a mis en pratique,
  Excellent don, sublime prix,
  Qui ne convient qu'aux seuls esprits (1).
  Notre âme ainsi, dès sa naissance,
Habituée aux sons, à la douce cadence,
Sait rendre le corps souple obéissant, léger.
  Elle le meut, le soutient, le balance
  Et le fait d'un pas juste rouler,
A l'aide de l'oreille, observer la mesure ;
Tantôt elle lui donne une grotesque allure,
Tantôt tout simplement elle le fait aller.

(1) (Pregio gentil, che all'alma sol si deve.)

Prudence et défiance.

Aux autres rarement, ici-bas, dans la vie,
    Avec succès on se confie !
    Aussi l'homme sage et prudent
Très souvent ne prend-t-il que lui pour confident.

Juvenis auctor munus petens.

Sum juvenis, probus, auctor, egens et munere; munus
    Quidquid sit, promptum, rure vel urbe, peto.
Permultas doctus linguas, queo, Mentor, ephebos,
    Seu ditem, aut vigilem scriba juvare virum :
Plura loquar, nommo si pagina cessa, petentem
    Qui volet, hâc quâ me, se notat, oro, viâ (1).

Je suis jeune, auteur, probe, et j'ai besoin d'emploi.
J'en demande un bien vite, aux champs ou dans la ville;
Je sais plus d'une langue, et puis ainsi, je crois,
A l'élève, au savant, à maint autre être utile.
J'en voudrais dire plus, mais en fonds je suis mal,
Si quelqu'un veut de moi, qu'il l'écrive au journal.

Vers sur l'éducation.

Pères et professeurs, que la seule vertu
    Soit pour vous la science première
    Dont un enfant doit être imbu.
De la loi du Seigneur montrez-lui la lumière,
Inspirez-lui d'aimer tout ce qu'elle prescrit;
Inspirez-lui l'horreur des vices et des crimes,
Perpétuels ennemis des plus saintes maximes,
Et toujours vers le ciel élevez son esprit.
Cependant donnez-lui de mûres connaissances
    Sur les beaux-arts, les lettres, les sciences;
Mais faites que l'élève, en devenant chrétien,
    Soit honnête homme, homme de bien !

(1) Voici comme on peut rendre, avec concision et fidélité, ce latin si laconique et qui n'offrent pas un mot oiseux.

Traduction française du plus beau sonnet du galant Zoppi.

Deux nymphes en talents comme en beautés rivales,
Formant les mêmes pas, le même chant du cœur,
Toutes deux à nos yeux se présentent égales,
Deux roses, double étoile au même éclat vainqueur !
De ces objets divins nul ne sait qui l'emporte
Ou qui cède :... on hésite à prononcer entre eux.
On dit bien que nulle autre ainsi ne nous transporte,
On ne peut indiquer la plus belle des deux !
Si Pâris avait vu ces beautés accomplies
Au mont Ida, Vénus ne l'eût pas emporté,
La mère des Amours n'aurait point contesté ;
Mais qu'eût fait le berger ? Certes en deux parties
En divisant la pomme, il eût pu terminer
Un procès autrement encor à décider !

La trinité philosophique et la constance.

O trinité du *Vrai*, du *Beau*, du *Bien*,
    Oh ! sois toujours mon guide !
La *conscience* ferme est la plus sûre égide
    D'un cœur pur comme le mien
    Qui ne doit rougir de rien !
Sans persévérance point de succès.
    Oui, la constance est seule un bouclier
    Contre lequel vient s'émousser le glaive
    Que sur nous tous l'adversité soulève !
    Et la douleur, qu'elle a fait oublier,
    Devient par elle aimable jouissance.
Tel est donc le pouvoir de la persévérance.
    Elle sait fixer le destin,
    Variable, incertain !
Elle change bientôt la ruine en gloire,
Nous conduit au succès et donne la victoire.
Quand une cause est juste, un principe honorable,
Ne désespérons point d'un succès véritable.
    Malgré de nombreux revers !!!
    En dépit de tous les travers,
Et fut-ce même après la plus longue souffrance,
Tout tombe sous les coups de la persévérance !

FIN

TABLE DES MATIÈRES

Esquisse d'une biographie de Schiller.

Appréciation critique et æsthétique de ce grand poète. 5 à 16

Poésies lyriques de Schiller . . . . 17 à 20

Études schillériennes ou poésies de Schiller.

La femme célèbre 21	A la Muse 66
Chant de la Cloche 23	Le père . . . . . . id.
La Ceinture 32	Le Secret . . . . . . id.
Le Discoureur d'art ou l'Amateur . . . . . . id.	La Rencontre 67
	Le comte de Habsbourg . . . 68
La Fille infanticide 33	A un enfant 72
Adieux au dernier siècle ; aurore du xixe 36	L'harmonie ou l'accord philosophique . . . . . . id.
Le xixe siècle 38	Plaintes de Cérès sur la perte de sa fille . . . . . . id.
La Fontaine de Jouvence 39	
La Faveur des Muses . . . . . . id.	Écrits astronomiques 76
Les Ressorts ou mobile 40	Majestas populi . . . . . . id.
Jeanne d'Arc . . . . . . id.	Immortalité . . . . . . id.
Le Bonheur 41	Le chevalier de Toggenbourg . . . 77
La Bataille 42	Amour et désir 79
La tombe de Rousseau 43	La Poésie en défaut . . . . . . id.
La puissance du chant . . . . . . id.	Problème social . . . . . . id.
La tête d'Homère pour cachet . . . 45	Aux mystiques 80
Faux goût pour les études . . . . id.	Dignité des femmes . . . . . . id.
Résignation . . . . . . id.	Le génie allemand 81
Attente et accomplissement . . . 48	Bonté et grandeur 83
L'alliance difficile 49	Le Plongeur . . . . . . id.
La loi de nature . . . . . . id.	Les philosophes 87
Activité morale et artiste . . . . id.	La Fête de la victoire . . . . . . id.
L'activité humaine . . . . . . id.	La clef des cœurs 91
Amélie 50	La grandeur du monde . . . . . . id.
L'époque actuelle . . . . . . id.	La science 92
Un lien de notre société . . . . id.	Le partage de la terre . . . . . . id.
Au poète 51	La sortie de la vie 94
Adieux d'Hector à Andromaque . . id.	La valeur et la dignité 95
Le jugement ou le fort de la femme 52	L'hymne à la joie . . . . . . id.
	Cassandre . . . . . . id.
Colomb . . . . . . id.	Ce qu'il y a de plus haut 99
Le livre des destins en vente . . 53	La langue . . . . . . id.
L'adresse ou l'artifice . . . . . . id.	A mon professeur . . . . . . id.
Désir . . . . . . id.	Héro et Léandre . . . . . . id.
L'Étrangère 54	L'extérieur et l'intérieur 103
Le Gant 55	Le partage de la terre, ou le poète indigent . . . . . . id.
Le maître 57	
Théophanie . . . . . . id.	Au printemps 109
Les chimères ou l'idéal . . . . . . id.	La force morale . . . . . . id.
La fortune, ou le bonheur et la sagesse 59	L'Attente 110
	Zénith et Nadir 111
Le Génie 60	Imitation de plusieurs strophes du triomphe de l'amour . . . 112
L'Enchantement . . . . . . id.	
Ce qui vivifie 61	Le meilleur des États . . . . . . id.
Plainte d'une jeune fille . . . . . . id.	Pompeia et Herculanum 113
Le poète moraliste 62	Sur un savant 115
Damon et Pythias, ou la Caution . id.	Communication . . . . . . id.
Différence des états 66	L'idéal proprement dit . . . . . . id.

Le cheval Pégasse mis au joug.	116	Les dieux de la Grèce	155
L'étude	118	Le philosophe égoïste	159
La génération actuelle	id.	Les deux sexes	160
Le dragon de l'Ile de Rhodes	119	La muse allemande	161
La plus belle apparition	126	Poésie de la vie	162
L'enfant au berceau	id.	Le jeu de la vie	163
Ami et ennemi	id.	Les naturalistes et les adeptes de la philosophie transcendantale	id.
Le sage toujours libre	id.		
La musique	id		
Les trois âges de la nature	127	Les quatre âges du monde	164
La Statue ou l'image voilée	id.	Le paganisme et le christianisme	166
L'idéal de la vie	130		
Épître à Gœthe	131	Sur la porte d'une ville	id.
Aux philosophes	133	A ma jeune amie	167
Devoir pour chacun	id.	Les dignités	id.
Les fleurs	134	A Minna	168
L'église de St-Pierre de Rome	135	Sur Ulysse	169
Les grues d'Ibycus	id.	Le métaphysicien	id.
La malédiction du poète	140	L'anneau de Polycrate	170
A Emma	142	Le jeune homme sur les bords du ruisseau	172
L'agriculteur	143		
L'homme, (imitation de Schiller : Le misanthrope	id.	Le banni	173
		L'Elysée	id.
Belle individualité	144	A une jeune mariée	174
Imitation de la fantaisie à Laura.	id.	Élégie	175
Fragment d'une ode sur la dignité de l'homme	146	La lumière et la chaleur	176
		Réminiscence. — A Laura	id.
Thecla ou l'apparition	id.	Sur le punch	177
Le Pèlerin	147	Élégie sur la mort d'un Natché	178
La flotte invincible	148	Carthage	179
Le soir	149	A un jeune philosophe	id.
Les trois paroles de la Foi	150	Les ombres du Tartare	180
Les paroles de l'erreur	151	Le chasseur des Alpes. — La mère et le fils	id.
Les poètes anciens	152		
La danse	153	Adieux au lecteur	181
Dithyrambe	154	Aux mânes de Schiller	182

Choix de morceaux d'Uhland, Gœthe, Tieck, Rückert et Heine.

Uhland à lui-même	183	L'Empereur et l'Artiste	190
La fille de l'orfévre, d'après Uhland	184	Le petit frère	192
		Le salut du revenant, d'après Gœthe	194
Le chantre des châteaux, ou le minsinnger	185		
		L'heureuse mort	195
Chanson d'un pauvre, par Uhland	id	Le bois périlleux	id.
		Mauvais voisinage	196
Le droit, traduction littérale d'Uhland	186	Le chevalier nocturne	id.
		La résolution	197
Chant national de l'artiste poète, imitation de Gœthe	187	L'étudiant, plaintes d'amour	id.
		La fleur mourante, par Rückert	200
Le Roi de Thulé, ball. de Gœthe.	188	Donna Clara, par Heine	201
La nuit, traduit de Tieck	189	Les protecteurs, traduit de Heine	204

Petits poëmes et poésies diverses de Becart.

La vie, les œuvres et la mort de Chateaubriand, 1768 — 1848.	205	Ministre de Wakefield	213
		Le démon et la jeune mère, imitation libre d'une ballade écossaise	217
Edwin et Euphémie, imitation de la ballade insérée dans le			

Le chant du ménestrel, imité de Chatterton 218
Imprécations contre Paris industrialiste, égoïste et sensualiste. 220
Transformations de l'amour . . 220
Les trésors de l'amitié. 222
Éloge de J.-B. Vanloo et de Karl Vanloo, célèbres peintres belges. 224

Apologues, Contes et Fables.

Tout est fable 226
Les trois plaintes 227
Virginie, ou la vierge ermite malade 228
L'Œillet et la Rose 229
La Vierge et la Rose 230
Le Paysan, ses Fils et les Moineaux. . . . . id.
Thémis et la Toile d'araignée . . 231
Les arbres choisis par les dieux. id.
Le Nègre 233
Aux roses du vallon. . . . . . . id.
L'Esprit et le Bon-Sens. . . . . id.
L'Amitié surprise par l'Amour . 234
Le billet de banque avalé. . . 235
Une aventure de La Fontaine. . . 236
La Rose et la Violette . . . . . . id.
La Rose et le Pavot 237
Les Singes. — Allégorie . . . . id.
L'Imagination et le Bonheur . . 239
Le Pot de terre et le Pot de fer . 240
Le Chiffonnier philosophe. . . . id.
La Statue orgueilleuse 241
L'Amitié horticole. . . . . id.
Apologue moral 242
Le cardinal de Richelieu et son lion, (récit historique) . . . 243
Fable d'un philosophe indien. — La rose et le zéphyr . . . 244
L'Âne joueur de flûte 245
Le vieux Moucheron 246
Le Chat dévorant une pie pour une souris. . . . . id.
La Fauvette 247
Le Renard et la Fortune. . . . . id.
Le Perroquet et les enfants . . 248
Le Coq et le Renard 249
La Violette et la Rose. 250
Les Guêpes et le Collégien . . 251
L'Aigle et le Limaçon 252
La tour de Pise, image allégorique du gouvernement pontifical. . . . . id.
Les trois Chansons. 253

Épigrammes choisies de l'Anthologie grecque et poésies diverses.

Philippe sur la Médée d'un mauvais peintre ancien 255
De Lucillius. — (Aux avares.). . 256
Épitaphe de Callimaque, pour son père et pour lui. 257
Le cataclysme d'Éphèse. . . . . id.
Impunité des parricides, attribuée à Jupiter. . . . . id.
De Bianor. . . . . id.
Épitaphe de la mère de deux jumeaux 258
De Pallladas. — Fierté des mortels 259
Sur les offrandes.—De Léonidas. 260
Hector. 261
L'Enfer aux 300 héros spartiates. id.
Le Loup et la vigne . . . . . . id.
Jupiter et l'Amour. 262
Un naufragé sauvé sur le cadavre de son père . . . . id.
Naufragus super paternum cadaver salvus enatans 263
Sur les encyclopédistes ou omnisavants. 264
Imitation. — L'homicide sauvé pour être pendu . . . . id.
La vie est une navigation périlleuse 265
Sur les femmes . . . . id.
Homère et les autres poètes. . . 266
Variante. 267
Sur le mariage. . . . . id.
Sur un homme à bouche malsaine 268
La mère d'un Lacédémonien . . id.
Autre imitation 269
Sur la journée des Thermopyles. id.
Sur Léonidas mort aux Thermopyles. . . . . id.
Sur l'or. — De Palladas. . . . 270
Pensée de Platon . . . . id.
Sur Homo, par Alphée de Mitylène. . . . . id.
La force de la vertu . . . . . . id.
Sur la vie humaine 271
La contre-partie, par Métrodore. 272
Paraphrase de la belle prière . . 273
Sur Hercule, traduit par Voltaire. . . . . id.
Imitation d'une épigramme grecque . . . . id.
Sur une nourrice tenant son en-

TABLE DES MATIÈRES.

fant auprès de la statue de Médée	274
Le rat	275
L'empereur Adrien à Hector	id.
Orphée	id.
Ménandre	276
Aratus, l'auteur des Phénomènes	id.
Aristophane	id.
Euripide	id.
Vers touchants sur la tombe de Sophocle	277
Coupe ciselée représentant un Tantale	id.
Sur Vénus armée, à Sparte	id.
La statue de Mercure brisée	278
Offrande à Vénus	id.
Statue de Jupiter par Phidias	id.
Sur Platon	id.
La passion de l'amour	279
Même sujet	id.
Offrande du miroir de Laïs	id.
La courtisane Laïs à son miroir	id.
Sur une beauté rare	280
Épigramme trouvée sur une antique, chez l'historien de Thou	id.
Anacréon. — Propos de table	id.
Anacréon sur sa lyre	id.
Effets du vin	281
Épigramme de Paladas	id.
Une femme à son mari mort	282
D'Agathias	id.
Vers d'Orphée sur Jupiter tout-puissant	id.
La vertu	283
Un enfant est plus cher à sa mère	id.
Comparaison avec un passage de l'Odyssée	id.
Sur les bains de Pallas	284
Sur Héraclite et Démocrite	id.
Qui est homme	id.
Le charme de la vie	285
Le héros de Sparte	id.
La lyre de Pindare	id.
Traduction exacte de la fameuse ode de Sapho à Phaon	286
Hymne à Vénus par Sapho	id.
Sommeil de Vénus	287
Les femmes	288
Les professeurs, imité d'Honorius	289
Le baiser. — Épigramme de l'Anthologie	id.
Le baiser et le sein. — Idem	290
Dernières plaintes de Sapho	id.
Prière de Cléanthe	291
Ode de Pindare à la Fortune	292
Éloge de Rome, par Érinne de Lesbos	id.
Maximes de Théognis	293
Quelques vers de Solon	294
La vapeur	295
L'Éloge de Venise	296
La biographie d'un grand homme n'est point une vie, une étude individuelle	id.
Littérateurs célèbres d'origine obscure	297
Force et faiblesse. — L'harmonie des contrastes	298
Le départ du guerrier	299
Le jeune homme romanesque	id.
L'Innocence et la Pudeur	301
Le Mariage	302
La fontaine d'amour à Schaerbeek	303
L'amant diffère selon sa nation	id.
Imitation d'Ossian	304
L'Amour endormi	id.
L'étude	305
Le luxe	id.
L'art d'être heureux, imité de l'italien	id.
Les deux modes d'aimer	306
Aux dames, sur le bain	id.
Dieu, le diable et Mirabeau	307
Sophronie	id.
La Vergine... sono artifici	308
La fille chaste	id.
La Verginella e la Rosa	309
Vénus, la déesse de la beauté, et Venise la belle	id.
L'homme peu difficile	id.
Lucretia	310
Lucrèce	id.
Le négligé d'une jolie femme en été	id.
Vers à Mme Luigia Mathey	311
Les adieux d'une célèbre artiste	id.
Les yeux bleus et les yeux noirs, (traduits de l'italien)	312
Les albums blancs pour vers en prose et les albums pour dessins ou gravures	id.
Les oiseaux	313
Le printemps, les bois et les oiseaux	315
Les femmes, les oiseaux et les fleurs	316
Les querelles d'amour	id.
L'insensible	317
La danse, imitation de l'italien	318
Prudence et défiance	319
Juvenis auctor munus petens	id.
Vers sur l'éducation	id.
Traduction française du plus beau sonnet du galant Zoppi	320
La trinité philosophique et la constance	id.

FIN DE LA TABLE.

Ouvrages imprimés & publiés de A.-J. Becart

Les œuvres et les jours d'Hésiode (le père de la poésie), pour la première fois en vers français, avec notes philologiques, in-12. Bruxelles, 1838. Cet ouvrage a eu à Paris les honneurs de l'imitation en 1843. Il n'en reste que 6 exemplaires.

L'œdipe roi de Sophocle, mis en vers français, complètement et littéralement pour la première fois, avec commentaires critiques, æsthétiques et philologiques, etc. 1 vol. in-8°. Paris et Bruxelles, 1845. Presque épuisé. Cet ouvrage a valu à l'auteur les suffrages les plus encourageants, les lettres les plus honorables de littérateurs français de la plus haute distinction. Il a eu naguère aussi à Paris les honneurs de l'imitation, plus de douze ans après avoir paru à Bruxelles.

L'autocrate philosophe et le philosophe autocrate, comédie en 3 actes, réunie sous le titre : *La comédie antique et moderne* aux *nuées d'Aristophane*, en vers français, 1857. 1 vol. in-8°. Épuisé.

Æsthèse, drame lyrique, en 3 actes et en vers. 1 vol. in-32. Les deux tirages sont épuisés.

Introduction à la philosophie, avec tableaux, questionnaires, etc. ; 1 vol. in-12. Bruxelles, 1838.

Exposé des facultés des lois et des opérations de l'âme, de l'esprit et de la pensée, ou psychologie et logique. 3e édition, (épuisée) avec tableaux, etc. Wahlen, 1845, in-16.

Précis d'Histoire Universelle et pragmatique ou exposé d'après les meilleures sources et sur un nouveau plan, des faits les plus utiles de l'histoire, 1 vol. in-8° compacte. Bruxelles, 18... Épuisé. La nouvelle édition coûtera 7 fr.

Précis populaire d'Histoire de Belgique, avec notice biographique de ses grands hommes, 1 vol. in-8°. Bruxelles, 1857. 2e édition. Il n'en reste que 10 exemplaires.

Fragments de pédagogique et de Didactique et variétés en prose et en vers, insérés dans l'*Utile* et l'*Agréable*, dans les *Archives historiques et littéraires* et dans le *Progrès belge*, journaux d'éducation et d'instruction. Bruxelles, 1839-1840, 2 vol. grand in-8° à 2 colonnes.

Une Chronique belge du VIIe siècle, insérée dans les *Archives historiques et littéraires*, in-8°. Gand, 1838.

Guide des Humanistes, entièrement refondu et considérablement augmenté, in-12. Bruxelles, 1840.

Cours théorique et pratique de rhétorique et de belles-lettres, en 24 leçons, 1 beau vol. in-8° compacte. Il ne reste fort peu d'exemplaires de cet ouvrage tiré à 1,000. Bruxelles, 1842. Une 3e édition, plus correcte et plus complète paraîtra prochainement.

Études Schillériennes ou poésies de Schiller, mises en français pour la première fois. — *Petits poèmes et poésies diverses* de A.-J. Becart. 1 vol. in-8° beau papier vélin.

plaires.

L'œpide roi de Sophocle, mis en vers français, complè[te]-ment et littéralement pour la première fois, avec commenta[ires] critiques, æsthétiques et philologiques, etc. 1 vol. in-8°: [   ] Paris et Bruxelles, 1845. Presque épuisé. Cet ouvrage a v[alu] à l'auteur les suffrages les plus encourageants, les lettres le[s] plus honorables de littérateurs français de la plus haute distinction. Il a eu naguère aussi à Paris les honneurs de l'imitation, plus de douze ans après avoir paru à Bruxelles.

L'autocrate philosophe et le philosophe autocrate, coméd[ie] en 3 actes, réunie sous le titre: *La comédie antique et moder[ne]* aux *nuées d'Aristophane*, en vers français, 1857. 1 vol. in-8°. Epuisé. 6 f[r.]

Æsthèse, drame lyrique, en 3 actes et en vers. 1 vol. in-32. L[es] deux tirages sont épuisés.

Introduction à la philosophie, avec tableaux, questionnaires, etc.; 1 vol. in-12. Bruxelles, 183[ ]. 1 f[r.]

Exposé des facultés des lois et des opérations de l'â[me] **de l'esprit et de la pensée, ou psychologie et logi[que]** 3e édition, (épuisée) avec tableaux, etc. Wahlen, 1845, in-16.

Précis d'Histoire Universelle et pragmatique ou exp[osé] d'après les meilleures sources et sur un nouveau plan, des [faits] les plus utiles de l'histoire; 1 vol. in-8° compacte. Bruxelles, 183[ ] Epuisé. La nouvelle édition coûtera 7 f[r.]

Précis populaire d'Histoire de Belgique, avec notice biographique de ses grands hommes, 1 vol. in-8°. Bruxelles, 183[ ] 2e édition. Il n'en reste que 10 exemplaires. 2 f[r.]

Fragments de pédagogique et de Didactique et *vari[és]* en prose et en vers, insérés dans l'*Utile* et l'*Agréable*, dans l[es] *Archives historiques et littéraires* et dans le *Progrès belge*, journaux d'éducation et d'instruction. Bruxelles, 1839-1840, 2 vo[l.] grand in-8° à 2 colonnes.

Une Chronique belge du VIIe siècle, insérée dans les *Archives historiques et littéraires*, in-8°. Gand, 1838.

Guide des Humanistes, entièrement refondu et considérab[le]-ment augmenté, in-12. Bruxelles, 1840.

Cours théorique et pratique de rhétorique et de bel[les-] lettres, en 24 leçons, 1 beau vol. in-8° compacte. Il ne reste fort peu d'exemplaires de cet ouvrage tiré à 1,500. Bruxel[les] 1842. Une 3e édition, plus correcte et plus compl[ète pa]r[aîtra] prochainement.

Études Schillériennes ou poésies de Schiller, [trad]u[ites en] français pour la première fois. — *Petits po[èmes et poésies] diverses de A.-J. Becart*, 1 vol. in-8°, beau papier vél[in] 3e édition qui sort de la presse, est plus belle et for[t aug]mentée. 7 f[r.]

Toute la 2me édition a été enlevée en six semaines: il n'y a [jamais] eu d'exemple d'un tel succès littéraire en Belgique.

Bruxelles. — Typ., Lith. et Taille-Douce de J. NYS, rue Potagè[re], 4[ ]

www.ingramcontent.com/pod-product-compliance
Lightning Source LLC
Chambersburg PA
CBHW060352170426
43199CB00013B/1838